HEBREW POETRY FROM LATE ANTIQUITY

Liturgical Poems of Yehudah
Critical Edition with Introduction and Commentary

WOUT JAC. VAN BEKKUM

BRILL
LEIDEN · BOSTON · KÖLN
1998

Published with the assistance of The Memorial Foundation for Jewish Culture

This book is printed on acid-free paper.

Die Deutsche Bibliothek - CIP-Einheitsaufnahme

Bekkum, Wout Jac. van:
Hebrew poetry from late antiquity : liturgical poems of Jehudah ;
critical edition ; with introduction and commentary / by Wout Jac.
van Bekkum. – Leiden ; Boston ; Köln : Brill, 1998
(Arbeiten zur Geschichte des antiken Judentums und des
Urchristentums ; 43)
ISBN 90-04-11216-2

Library of Congress Cataloging-in-Publication Data is also available

ISSN   0169-734X
ISBN   90 04 11216 2

PRINTED IN THE NETHERLANDS

HEBREW POETRY
FROM LATE ANTIQUITY

ARBEITEN ZUR GESCHICHTE DES ANTIKEN JUDENTUMS UND DES URCHRISTENTUMS

HERAUSGEGEBEN VON

Martin Hengel (Tübingen), Peter Schäfer (Berlin),
Pieter W. van der Horst (Utrecht), Martin Goodman (Oxford),
Daniël R. Schwartz (Jerusalem), Cilliers Breytenbach (Berlin)

XLIII

voor Henny Sachs en Jan van Bekkum,
mijn ouders

CONTENTS

FOREWORD

In his study *Zur Liturgie der babylonischen Juden* (Stuttgart 1933) Menahem Zulay introduced a poet (*payy^etan*) known as Yehudah into the study of Hebrew liturgical poetry (*Piyyut**). This poet wrote *q^edushtot* (sing. *q^edushta*), compositions for the embellishment of the morning prayer (*`^amidah*) on regular Sabbaths and festivals containing the sanctification of God's name (*q^edushah*). The themes of such works were borrowed from the day's Torah lections (*s^edarim*), for regular Sabbaths based on the three-and-a-half-year Palestinian reading cycle for the Torah.

Yehudah's poems are characterized by the strict use of strophic patterns, alphabetical acrostics and biblical passages at the end of almost every strophe. His conventions regarding the openings of the fourth piyyut (*`ad matay*) and the fifth piyyut (*omnam*, followed by a number) of the qedushta add to his recognizability in the vast body of piyyutic material from the Cairo Genizah. We have no other echoes of Yehudah's poetic activity in the history of Jewish liturgy; no works of his are known outside the Genizah.

Opinions about the provenance and chronology of Yehudah were at variance from the moment that he was first studied by modern researchers. His poetry was partly transmitted through manuscripts which have undoubtedly been rewritten by a later Babylonian hand. As with the classical paytanim Yannai and Shim'on bar Megas, Yehudah's mention of *Edom* or *Adummah* is a possible reference to Christian, *i.e.*, Byzantine rule. Another passage indicates that Yehudah apparently served a community outside Palestine that lay within the Byzantine sphere of influence, probably early seventh century.

Yehudah's approach to the genre of qedushtot represents a unique stage in the history of early Piyyut, offering us new insights into this important part of medieval Hebrew literary tradition.

This book is indebted to Professor Joseph Yahalom of the Department of Hebrew Literature at the Hebrew University of Jerusalem, who introduced me to the world of medieval Hebrew poetry. I would like to thank him for his valuable assistance. I also owe many thanks to the Hebrew Manuscripts Microfilm Room in the National Library, Jerusalem; the Institute for Research into Hebrew Poetry, especially Professor Ezra Fleischer; Professor Shulamith Elizur of the Department of Hebrew Literature; the Academy of the Hebrew Language in Jerusalem, especially Dr Binyamin Löffler and Dr Yechiel Kara; and the Schocken Institute for Jewish Research of the Jewish Theological Seminary of America, Jerusalem. Finally, I would like to thank Dr Ada Yardeni, daughter of Menahem Zulay, for her inspiring words and good advice.

---

* *Piyyut* is used as the collective term for Hebrew religious poetry; strictly, it means a single liturgical composition, having a plural *piyyutim*. In this book the transliteration of frequent Hebrew terminology is represented in a simplified way, *e.g.*, Piyyut, piyyut(im), piyyutic, paytan(im), paytanic, qedushta, qedushtot, etc.

INTRODUCTION

YEHUDAH IN THE STUDY OF *PIYYUT*

In 1933 Menahem Zulay published *Zur Liturgie der babylonischen Juden* (ZLBJ). This book aroused great interest and enthusiasm because for the first time unknown Hebrew compositions were presented, written by an early poet named Yehudah. Zulay described this poet or paytan with the aid of fragments and manuscripts from the Cairo Genizah, now for the most part deposited in the libraries of Cambridge and Oxford. One particular manuscript from the Cambridge Taylor-Schechter collection drew his attention. It is known by its siglum as T-S 8 H 18.12, and it consists of five parchment folios containing the remnants of compositions for three consecutive lections of the Torah: פנחס (Num. 25,10), מטות (Num. 30,2), and מסעי (Num. 33,1). Yehudah apparently wrote his works in accordance with what was thought to be the 'Babylonian' sequence of the Torah reading practice. Zulay assumed that these three poems to which he referred using the general term $q^e rovot$ (sing. $q^e rovah$), were composed for the ordinary sabbath, based upon Torah portions (*parashot*) of the Babylonian one-year reading cycle, and therefore Yehudah had to be considered a Babylonian paytan. As a result, the creations of Yehudah could be regarded as a counterpart to the oeuvre of Yannai, the Byzantine-Jewish poetic genius who composed hundreds of poems or piyyutim in accordance with the Palestinian Torah lections ($s^e darim$), read within an approximate three-and-a-half-year reading cycle (Shirman 1979; Rabinovitz 1985). At the same time he considered the language of Yehudah to belong to the period of Yannai, in modern terms the Classical Period of the Piyyut which is essentially set in sixth-century Palestine (1938:IX). Yehudah must have known Yannai's oeuvre at a time when his compositions had not yet been superseded by those of another famous paytan, El`azar birabbi Qilir. Therefore Zulay carefully dated Yehudah "not too far from the days of Yannai and Qilir" (1933:7).

Most of the introduction to ZLBJ is devoted to the structure and development of the qerovah composition for the embellishment of the morning prayer (`^{a}midah*, $t^e fillah$) on the sabbath. Zulay differentiated between qerovot in their 'full' form for all benedictions ($b^e rakhot$, sing. $b^e rakhah$) of the morning prayer, and a 'limited' form called $q^e dushta$ (plur. $q^e dushtot$), only comprising the first three parts of the morning prayer. The qedushta composition was specifically directed to the third part, the $q^e dushah$ or sanctification of God's name built around Isaiah 6,3 (Fleischer 1975:138-140, 1988:21-24).

Yehudah, like other classical paytanim, composed qedushtot for every sabbath within the cycle of weekly Torah readings. Zulay discovered that the first and second piyyutim within each qedushta composition closed with allusions to the first and second verses of the Torah lection. He also found out that the third piyyut closes with a direct reference to the first verse of the corresponding reading from the books of the Prophets (*haftarah*). This important finding teaches us a great deal about the interchanging relations between readings from the Torah and the Prophets during this period. An important part of Zulay's book deals with the vocalisation systems of the manuscripts involved, especially T-S 8 H 18.12 because of its peculiar Babylonian vocalization. With this section Zulay closed his introduction; texts, translations and commentaries completed the work (1933:21-26; Yeivin 1985:227).

Since the publication of ZLBJ, Piyyut studies have increased considerably and many manuscripts and fragments have been discovered in several Genizah collections offering new material on Yehudah's poetry. Most important are two fragments from the Adler collection in the Jewish Theological Seminary of America, known as ENA 2779.11 and ENA 2672.17. Both manuscripts were parts of a lost codex of piyyutim, showing features in the division of the text on the folio pages which are identical to an important reconstructed codex of Yannai`s poetry (Yahalom 1984,1987). Two piyyutim belong to a composition for ויהי בימי אמרפל (Gen. 14,1), followed by the first four piyyutim from a qedushta for אנכי מגן לך (Gen. 15,1). Such Torah lections do not occur in Babylonian reading practice, but clearly belong to the Palestinian reading tradition! Additionally, fragments were found from a qedushta for ואברהם זקן (Gen. 24,1) in T-S N.S. 273.35, and for שור או כשב (Lev. 17,3) in HUC Acc. 978. Ezra Fleischer published a complete qedushta for כי המצוה הזאת (Deut. 30,11) from Oxford manuscript Heb.f.59 (1980: 25-47), proving that Yehudah was originally a paytan who followed the tradition of classical paytanim like Yannai and Shim`on bar Megas (Yahalom 1984), and who wrote his qedushtot according to the Palestinian tradition of Torah readings. However, the same paytan seems to have composed qedushtot for Babylonian Torah lections. Apart from the three consecutive parashot in T-S 8 H 18.12, a qedushta for צו (Lev. 6,2) is preserved in a manuscript from the British Library, Or.5557R, fols. 5a-9a (Fleischer 1980:31; Opher 1989:174). In ENA 2048.1 together with T-S H 2.34 a sequence of two parashot is found: האזינו (Deut. 32,1) and וזאת הברכה (Deut. 33:1). These features have not only complicated the discussions about Yehudah`s provenance, but also about his chronology and his position within the history of the Piyyut (Elizur 1988:118-120; Fleischer 1988:255-256; Fleischer 1990; Yahalom 1990).

The fundamental change within the practices regarding the lectionary of the Torah and the Prophets affected Yehudah's work profoundly. Part of his oeuvre shows that his qedushtot functioned within Babylonian reading practice. There is reason to suppose that these qedushtot were reworked for a community which initially read the Torah according to the triennial reading cycle, but changed to the annual reading tradition (Friedman 1994). At any rate, it is clear from other findings that Yehudah himself was a Palestinian paytan, who followed the Palestinian-Jewish liturgical rite. He signed his compositions by putting his name in acrostic sequence in the third part of the qedushta, the *m^eshallesh*, just as all classical and later paytanim did. This convention was evidently instigated by Syriac and, in particular, Graeco-

Byzantine poetry in which the use of name acrostics stood in a long revered tradition (Grosdidier de Matons 1977:42-45). Yehudah did not permit himself to use a name acrostic in other parts of the qedushta, and he did not add to his name information about his descent, his place of birth or his status. The name Yehudah is widespread in Genizah texts, and from his proper name only no knowledge can be gained about the historical circumstances in which he lived and worked. Generally, the paytanim refrain from making any direct references to their own life or to the history of their time. They are aware of their position as authorised representatives of the congregation, and their poetry speaks on behalf of the entire people of Israel. On the other hand, within the contents of the piyyutim a number of allusions or appellations (כינויים), though derived from Biblical or Rabbinical literature, may be employed as references to the actual political or historical situation. In a qedushta for וישלח (Gen. 32,4) Yehudah opens the meshallesh with the words: יְעַקֵּר קֵן אֲדֻ[וּ]מָּה, "May He (God) exterminate the nest of *Adummah* (the Red One)". Names like *Adummah* or *Edom* are identified with the power of Esau/Edom in opposition to the people of Jacob/Israel. Esau's strength is equated with the political and military rule of the Byzantine empire as it existed during Yehudah's own lifetime. Biographical and historical information is generally to be found at one specific point in his qedushtot, *viz.* in the first strophe of the fourth piyyut, always introduced by the words עד מתי (*until when*). Yehudah turns the profound meaning of these words of protest and sorrow into a dramatic presentation of problems with regard to the relationship between God and Israel. In allusion to the wider context of the qedushta, the paytan refers in the first line, or in the first two lines, of the fourth piyyut to the theologically and historically knife-edge situation of Israel. The third line and the biblical passage in the fourth line include an appeal to God to come to Israel's rescue and to re-establish its dignity. This is what we read in his qedushta for שור או כשב:

עַד [מָתַי בָּטֵל] הַתָּמִיד [מֵהֲ]מוֹנֶיךָ
וּבְ[יַ]ד אוֹכְלֵי[ן] בְּשַׂר הַחֲזִיר נִיתַּן בֵּית מְלוֹ[נֶיךָ]
קַנֵּא קִנְאָתֵינוּ לְהַחֲזִירוֹ לִמְעוֹנֶיךָ
תִּכּוֹן תְּפִלָּתִי קְטֹ[רֶת] לְ[פָנֶ]יךָ

Until when shall the daily offering be void from your multitudes,
and in the hands of those who eat pork shall your residence be given?
Be zealous for our zeal to return it to your dwelling.
Let my prayer be counted as incense before you. <Ps. 141,2>

The definition of 'those who eat pork' is used to denote the Christian Byzantines who rule the land of Israel and the city of Jerusalem (Yahalom 1985:39-40; Van Bekkum 1990:17). Yehudah explicitly mentions the eating of pork in order to express his abhorrence of the defilement of the Temple. In his qedushta for האזינו he gives vent to a clear opinion on Edom's power:

עַד מָתַי נֵשֵׁב חוּצָה לָאָרֶץ
וְשַׂר מַלְכוּת אֱדוֹם נִתְעַלֶּה עַד שְׁמֵי עָרֶץ
הַשְׁפִּילֵיהוּ וְהוֹרִידֵיהוּ עַד תַּחְתִּיּוֹת אָרֶץ
וְיִשְׂמְחוּ הַשָּׁמַיִם וְתָגֵל הָאָרֶץ

Until when shall we sit outside the Land,
and will the ruler of the kingdom of Edom be extolled unto heaven?
Humiliate him and pull him down into the depths of the earth,
and let the heavens be glad, and the earth rejoice. <Ps. 96,10>

The midrashic expression 'ruler of the kingdom of Edom' symbolizes the Byzantine emperor who imposed an oppressive policy upon his Jewish subjects. The geographical hint 'outside the Land' is of great interest, and may be a direct indication that the community to which Yehudah belonged lay somewhere outside the land of Israel. Although no details of Yehudah's life are known, this information could testify to Yehudah's identity as a Byzantine poet. Similar words of dissent are found in an anonymous New Year composition dating from the period of Byzantine rule. The fourth piyyut of this מוסף תקיעות opens with a formulation which is very reminiscent of Yehudah: מָתַי מַלְכוּת מֵעֲדִינָה עֲנִיָּה תִּירָשׁ (*When will the Poor One* <Is. 51,21: Israel> *inherit royal power from the Spoilt One?* <Is. 47,8: the Byzantine empire>). The anti-Roman or anti-Byzantine motif is introduced by the identical formula מָתַי (*when*) in the opening line of the fourth piyyut, suggesting that this prelude had a parallel rhetorical function in different compositions from the period of early Palestinian Piyyut (Edelmann 1933:ח,27).

Many new fragments are identified as belonging to Yehudah's cycle of qedushtot, and in this edition more than 120 piyyutim are included. Although Yehudah has his own outspoken ways of patterning his qedushtot and many other strict conventions, unfortunately a number of piyyutim could not be identified as having been composed by the same paytan Yehudah. These poems are presented in a separate section. All poetic texts are edited with vocalization, variant readings, and commentary.

STRUCTURAL DEVICES IN THE *QEDUSHTOT* OF YEHUDAH

The classical type of the qedushta composition is the basis of Yehudah's activities as a paytan. Yehudah follows the conventions of the standard model, as may be found in the works of Yannai and Shim`on bar Megas (Yahalom 1984:19-27). His personal characteristics are manifest in the strictness of strophic patterns and in acrostics, in fixed opening words and most of all in the use of scriptural verse conclusions for every fourth line of every strophe. Seven separate poems or piyyutim appear in Yehudah's qedushta composition. The first and second piyyutim, the *magen* and the *mᵉhayyeh*, each consist of three four-line strophes, connected by one full alphabetical acrostic: from *aleph* to *lamed* in the magen, and from *mem* to *taw* in the mehayyeh. The discrepancy between the number of letters in the Hebrew alphabet (22) and the total number of lines (24) is resolved by the repetition of the *shin* and *taw* in the last strophe of the mehayyeh. The last line of the third strophe in both the magen and the mehayyeh comprises in most cases an allusion to the first and second verses of the day's Torah lection, introduced by the word כבתוב - "as it is written". These verses are followed by a series of biblical citations introduced by the word ונאמר - "as it is said". The selection of this verse chain can often be explained in the context of midrashic or talmudic exegesis of the Torah lection involved. The last cited biblical verse is linked to a concluding strophe of four lines leading to the first and second benediction of the morning prayer.

The meshallesh, too, is a stanzaic unity, consisting of four strophes. Every strophe opens with the four consonants of the name of the paytan, *yud, he, daleth, he*, whereas the fifth, the *waw*, appears in the third line of the second strophe. The fourth strophe brings the transition to the first verse of the Prophet reading. Comparison with the qedushtot of Yannai as well as reading lists from the Genizah show a great deal of correspondence to the Prophet readings mentioned in Yehudah's qedushtot (Opher 1989:176-185). The verse chain after the meshallesh concludes with Ps. 146,10: ימלוך ה' לעולם אלהיך ציון לדור ודור הללויה, or with Ps. 22,4: ואתה קדוש יושב תהלות ישראל together with the words אל נא (*O God*).

Yehudah`s strong desire for strophic patterns is shown in the fourth piyyut, whereas other classical paytanim never brought this piyyut to a strictly stanzaic form. Within Yehudah's corpus the first strophe of piyyut four always opens with the words עד מתי (*until when*), followed by three strophes of four lines, and frequently complemented by one additional strophe of four, five, or six lines. Yehudah follows the classical convention of leaving piyyut four without an alphabetical acrostic, and in some instances he applies monorhyme instead of strophic rhyme. Piyyut four concludes with the expression האל נורא מרום וקדוש (*Awesome, Exalted and Holy God*). The fifth piyyut also opens with an introductory word: אמנם (*truly*), followed by a number. The most common pattern of this composition seems to be five four-line strophes with an alphabetical acrostic from *aleph* to *yud* in every first and third line. This pattern is strongly reminiscent of Yannay's עשיריות ('ten-parts'), the only difference being that Yehudah keeps to the quatrain structure and a corresponding rhyme scheme. In some versions of the fifth piyyut we find only four strophes or an additional sixth strophe, opening with *kaf* and *lamed*. It is likely that the paytan originally wrote this composition according to a full acrostic, leading to the supposition that only parts of these piyyutim have survived in the manuscripts. An additional problem is the lack of congruency between the numeric motif, mentioned in the opening line, and the number of strophes. The number after the word אמנם often relates to a midrashic or aggadic source in which a number plays the main part (Allony 1948). Piyyut five of the qedushta for ואברהם זקן (Gen. 24,1): אמנם שלשה שאלו שאלות (*Truly, three <men> asked questions*) displays harmony between the numeric motif and the number of strophes. The same is true for אמנם שלש כתות (*Truly, His people was divided into three sections*) composed for מה תצעק (Ex. 14,15), and אמנם חמשה הרים (*Truly, five mountains were favoured for the sake of My multitudes*) for ואתם תהיו לי (Ex. 19,6). However, אמנם עשר ירידות (*Truly, ten descents has the Dreaded and Feared One enacted*) mentions *ten* descents in accordance with the midrashic sources, but only *five* of them are versified. Also, in piyyut five in the qedushta for מסעי (Num. 33,1) *seven* travels of Israel are announced (אמנם שבע מסעות על יד רועה אמונה), but only *four* of them are mentioned in the next four strophes. Either the remaining strophes of these piyyutim have been lost or, even more plausible, the paytan felt free to only partially versify the subject connected with the number, and did not wish to bind himself to a fixed number of strophes.

In most manuscripts is piyyut five concluded by the words לעולם תערץ (in combination with אל נא: *O God, may You be eternally extolled*). All the formulae surrounding the third, fourth and fifth piyyutim are in fact derived from one and the same eulogy, but in the manuscripts they suffer notably from changes in diction and position (Fleischer 1975:145). The vocative value of these formulae point to their use as refrains within this part of the qedushta composition, parallel with the use of refrains in Romanos' *kontakia* (Grosdidier de Matons 1977:45-47).

The structure of piyyut six comprises eleven four-line strophes with complete alphabetical acrostic openings every first and third lines. Yehudah, like Shim`on bar Megas, concludes every strophe with a biblical verse. The verses cited in every fourth line are the opening words of the first eleven verses of the Torah reading. Also, piyyut seven has a surprising structure: eleven two-line strophes, each second line being a biblical citation. Every first two words of the first line are opened by one of the acrostic letters. The summarizing effect of this piyyut was apparently sufficient as a direct transition to the third liturgical benediction, the qedushah. It is most striking that Yehudah did not insert a *silluq*, a closing section and the eighth piyyut which belongs to the standard parts of the classical qedushta, but rather confines himself to the introductory words ולך תעלה קדושה, sometimes, not consistently, preceded by the word ובכן. Opinions differ as to why Yehudah did not compose silluqim at the conclusion of his compositions. Yahalom believes that there is a connection between Yehudah's complaint in the fourth piyyut of the qedushta for נצבים (Deut. 29,9): וְעִיכְּבוּנִי לְדוֹרְשָׁךְ וְיִיחַדְתִּיךְ מֶלֶךְ עוֹלָם (*And they have stopped me from applying to you, whereas I have professed your unity as king of the world*), and the writing of Pirqoy ben Ba`aboy who states: שגזרו שמד על בני ארץ ישראל שלא יקראו קרית שמע ולא יתפללו והיו מניחין אותן ליכנס שחרית בשבת לומר ולזמר מעמדות והיו אומרים בשחרית מעמד וקדוש ושמע בגניבה (*the* <Byzantines> *issued a decree that the Israelites were prohibited from reading Shema` and praying, but they were allowed to convene on sabbath morning in order to recite and to sing prayers. In the morning they were used to say prayer, Qedushah and Shema` secretly*). This is perhaps an external reason for Yehudah to leave out the silluq, because its often forceful religious rhetoric did not please the Byzantine government (Yahalom 1990:199).

THE USE OF LITERARY SOURCES IN THE *QEDUSHTOT* OF YEHUDAH

The qedushtot are first and foremost based upon the themes of the first three liturgical benedictions in the morning prayer. The classical paytanim wrote their compositions according to the triennial cycle of Torah reading. As we have seen, the first three piyyutim are followed by verse chains of which the first citation indicates the first and second verses of the Torah lection and the first verse of the Prophet reading respectively. Allusions to these verses are very often made by transitional words in the last lines of the closing strophes.

The content of these three verses are taken as the *leitmotiv* for the entire qedushta. Yehudah stresses his strong commitment to the Torah lections by adducing its verses as concluding citations in every fourth line of the strophes in piyyut six. The themes of the Torah verses were brought into the context of Talmud and Midrash, as can be demonstrated by the poetry of preclassical paytanim like Yosse ben Yosse (Mirski 1991). In the classical period of the Piyyut, the paytanim had an immense collection of midrashic and aggadic traditions at their disposal and their commitment to this material seems very strong. The paytanim stood between exegetical traditionality and piyyutic creativity. On the whole they remained true to the standard exegesis, but their poetic qualities were expressed by deliberate attempts to paraphrase the formulations of traditional Midrash and by causing unexpected effects in the selection and diction of aggadic passages Yannai, Shim`on bar Megas, and Yehudah tried to exploit the nuances and associations of the various motifs to the fullest. Within their qedushta compositions, each paytan creates verbal and conceptual links between the day's biblical lesson and its exegesis, but all of them derive from common sources and share a common liturgical objective: the embellishment of Jewish prayer by poetry.

The high degree of uniformity in the piyyutic tradition has the effect of obscuring the identity of the individual paytan, but direct comparisons of idiomatic expressions and thematical parallels may adduce some evidence for the links between Yehudah and other paytanim. For instance, in the meshallesh from a qedushta for אנכי מגן לך (Gen. 15,1) Yannai versifies on the basis of a derashah in *Genesis Rabbah* 44,6 (Rabinovitz 1985:136-137):

יְקָר לְאֵיתָן אָנֹזַ יִיְ[דַּ]עְתָּה
כִּי בְּשְׁלֹשֶׁת הַיְקָרִים שֶׁבָּהֶם לוֹ נוֹדַעְתָּה
יִידוּעַ דִּיבֵּר וְאוֹמֶר וְחָזֹון
[לְדַבֵּר] וְלֹאוֹמַר לִשְׁמוֹעַ וְלָאֱזֹון

The Dignified One [God] *informed Eytan* [Abraham]:
<there are> three valuable designations through which you are informed:
to wit: speech, saying and vision,
[to speak] and to say, to listen and to hear.

Yehudah states in the meshallesh of his qedushta to the same Torah lection:

דִּיבּוּר אוֹמֶר וְחָזוֹן לְבָא בַּיָּמִים
[הִ]נֵּה אֵלּוּ ג׳ הַנְּבוּאוֹת הַמְקוּיָּמִים
וְסָח חֵן וְכָבוֹד יִתֵּן רָם עַל רָמִים
וְלֹא יִמְנַע טוֹב לַה<וֹלְכִים> בְּתָ<מִים>

Speech, saying and vision for him who is well advanced in days [Abraham],
here, these are the three confirmed <ways of> prophecy,
he said: favour and honour shall the Most High give,
no good thing does He withhold from those who walk uprightly. <Ps. 84,12>

Both paytanim versify the same derashah, explicitly mentioning *three* specific ways of communication between God and Abraham, whereas the midrashic passage mentions only *two*: speech and vision are considered as the severest form of divine converse with Abraham. More often Yannai and Yehudah derive the same motifs from midrashic sources and use the same biblical citations in their verse chains. One instance clearly shows Yehudah's imitation of Yannai. Yehudah writes in the fourth piyyut from a qedushta for האזינו (Deut. 32,1):

כִּי מֶמְשַׁלְתָּךְ בַּשָּׁמַיִם וְשִׁילְטוֹנָךְ בָּאָרֶץ
וְכָל אֲשֶׁר בַּשָּׁמַיִם כֵּן יֵשׁ בָּאָרֶץ
בַּעֲבוּרֵינוּ הֵעִיד עָנָיו בַּשָּׁמַיִם וְהִסְהִיד בָּאָרֶץ
הַאֲזִינוּ הַשָּׁמַיִם וַאֲדַבֵּרָה וְתִשְׁמַע הָאָרֶץ

For Your reign is in heaven and Your power is on earth,
and all that is in heaven, thus it is on earth,
for our sake the meek one [Moses] *called heaven and earth to witness,*
give ear, O heavens, and I will speak, and let the earth hear. <Deut. 32,1>

The interplay of synonyms and antonyms is strongly reminiscent of Yannai's poetic and stylistic devices, especially when we read his qedushta for the same Torah lection at the end of the meshallesh:

יָהּ מֶמְשַׁלְתָּךְ בַּשָּׁמַיִם וְשִׁלְטוֹנָךְ בָּאָרֶץ
..
כַּאֲשֶׁר יֵשׁ לָךְ בַּעֲלִיּוֹת שָׁמַיִם
כְּמוֹ כֵן יֵשׁ לָךְ בְּתַחְתִּיּוֹת אָרֶץ
וְכֵן נָם עוֹלֶה [שָׁמַיִם] וְיוֹרֵד אָרֶץ
הַאֲזִינוּ הַשָּׁמַיִם וְתִשְׁמַע [הָאָרֶץ]
..
וְהֵיעִיד בָּנוּ בַשָּׁמַיִם וְהִסְהִיד בָּנוּ בָאָרֶץ

For Your reign is in heaven and Your power is on earth..
what is Yours in the upper rooms of heaven,
is likewise Yours in the depths of the earth,
and so said he who ascended to heaven and descended to earth [Moses],
give ear, O heavens, and let the earth hear..
and he called heaven and earth to witness against us.
(Rabinovitz 1987:192)

From these and other lines one may conclude that Yehudah knew this qedushta which Yannai composed for seder האזינו, and that he used a great number of its expressions.

A direct link also exists between Yehudah and Shim`on bar Megas. Both paytanim elaborate parallel midrashic themes in the fifth piyyut of the qedushta for אשה כי תזריע (Lev. 12,1) with regard to the five pains and the five types of impure blood of woman, as described in *Genesis Rabbah* 20,6 (Yahalom 1984:213-214). To this can be added the opening lines of a fifth piyyut from Yannai`s qedushta for ואשה כי יזוב זוב דמה (Lev. 15,25) (Rabinovitz 1985:434). Another piyyut five from Shim`on bar Megas`s qedushta for וידבר משה אל ראשי המטות (Num. 30,2) opens with two comparisons:

מְחֻמוּרוֹת וְקַלּוֹת פִּילְּשׁוּ יוֹדְעֵי בִינוֹת
כִּי דִבְרֵי חֲכָמִים כְּדָרְבוֹנוֹת
נוֹדֵר וּמְקַיֵּים כְּבוֹנֶה חָרְבָּנוֹת
נוֹדֵר וּמְאַחֵר כִּמְבַטֵּל קָרְבָּנוֹת

Weighty and light things have men of understanding explored,
for the sayings of the wise are like goads,
he who takes a vow and fulfils is like one who builds up ruins,
he who takes a vow and tarries is like one who suspends offerings.
(Yahalom 1984:31-32,233)

A source may be found in the Talmud (*Nedarim* 22a) and in the Midrash (*Leviticus Rabbah* 37,4) for the first comparison. Yehudah touches on this subject in the fifth piyyut of his qedushta for the same Torah lection which, as a rule, opens with the numeric motif in the first strophe:

אָמְנָם בִּשְׁתַּיִם נִמְשְׁלָה עֲדַת קְהָלוֹ
הַנֹּדֵר נִדְרוֹ בְּבִטּוּי מִלּוּלוֹ
בְּבֹנֵי חֳרָבוֹת וְכִמְבַטְּלֵי קָרְבָּנוֹת הִמְשִׁילוֹ
מַתָּן אָדָם יַרְחִיב לוֹ

Truly, to two things is His assembled community [Israel] *compared,*
he, who explicitly takes a vow,
is likened to those who build up ruins and who suspend offerings,
a man`s gift makes room for him. <Prov. 18,16>

In the second and third strophes the double comparison is specified:

גַּם הָרִאשׁוֹן דָּת לָקַח
נֵרְדְּ וְכַרְכּוֹם יְרֻקַּח
דּוֹמֶה בְּבוֹנֶה וּכְחָכָם יוֹסִף לֶקַח
אִם צָדַקְתָּ מַה תִּתֶּן לוֹ אוֹ מַה מִיָּדְךָ יִקָּח

הַשֵּׁנִי הַנֹּדֵר וְאֵינוֹ מְשַׁלֵּם לְנַפְשׁוֹ דּוֹקֵר
בִּמְבַטֵּל קָרְבָּנוֹת דִּמָּהוּ [לִגְדֻ]לָּתוֹ אֵין חֵקֶר
וּמְשׁוֹטֵט בַּסֵּתֶר אַחַר נְדָרִים לְבַקֵּר
נְשִׂיאִים וְרוּחַ וְגֶשֶׁם אַיִן אִישׁ מִתְהַלֵּל בְּמַתַּת שָׁקֶר

Also the first one accepted learning,
let him be perfumed with nard and saffron,
he is like one who builds up; like a wise man he increases in learning,
if you are righteous, what do you give to him, or what does he receive from your hand? <Job 35,7>

The second one who takes a vow and does not fulfil it, stabs his own soul,
to one who suspends offerings, he is likened by Him whose greatness is unsearchable [God],
He roams about secretly to examine vows,
like clouds and wind without rain is a man who boasts of a gift he does not give. <Prov. 25,14>

Yehudah employed identical wording in versifiying this derashah, proving that rhetorically and stylistically he is very close to his elder 'colleague' Shim`on bar Megas. The midrashic elaborations of Torah lections are particularly present in the fifth part of their qedushtot and this is why these piyyutim may be useful for revealing direct parallels. The same is true for the seventh century paytan Yohanan ha-Kohen, who took the motif of the five *`orlot* ('foreskins') from a piyyut five composed by Yehudah for one of the three 'sabbaths of repayment' (תלת דפורענותא) on which Jer. 2,4 is read (שבת שמעו). Yohanan ha-Kohen composed a qedushta for the same sabbath. Piyyut five opens with the words:

אָמְנָם חָמֵשׁ עָרְלוֹת אֲמוּרוֹת
בַּגּוּף אַרְבָּעָה לְהוֹרוֹת
וְהַחֲמִישִׁי בְּאִילָנוֹ<ת> סְדוּרוֹת

Truly, five `orlot are being told,
with regard to the body, four can be learned,
and the fifth is set with regard to the trees.
(Weisenstern 1984:72,קנה)

Yehudah introduces this subject in the following way:

אָמְנָם חָמֵשׁ עָרְלוֹת רָמַז צִיר לַעֲדָתוֹ
אַרְבַּע בָּאָדָם וְאַחַת בָּעֵץ חִיוָּה בְּמִילָּתוֹ
בֵּיאוּר רִאשׁוֹנָה זָכָר כִּי יִוָּלֵד דָּתוֹ
בַּיּוֹם הַשְּׁמִינִי יִמּוֹל בְּשַׂר עָרְלָתוֹ

Truly, five `orlot gave the messenger [Moses] *his community to understand,*
four regarding man and one regarding the tree did he explicitly state,
the first one, explained in his law, regards the male child that will be born,
and on the eighth day the flesh of his foreskin shall be circumcised.
<Lev. 12,3>

The opening lines as well as the further contents reveal striking parallels between both piyyutim. One is tempted to assume that Yohanan ha-Kohen knew Yehudah`s work for this specific sabbath and adopted this motif for his own composition. This supposition is strengthened by one biblical citation (Jer. 6,10) that is copied verbatim from the fourth strophe in Yehudah`s piyyut five (Yahalom 1990: 198).

Yehudah's oeuvre may have served as an example for a number of post-classical Babylonian and Palestinian paytanim during the period of late Eastern Piyyut (late eighth century - late tenth century): Yehudah birabbi Benyamin (Elizur 1988), the Anonymous (Fleischer 1974), Munir, and particularly El`azar birabbi Qilar. These paytanim are involved in composing other genres of piyyut, but they share several outstanding structural and stylistic traits with Yehudah. He may have been an early example for El`azar birabbi Qilar, who consistently inserted biblical citations in his *yozer* compositions and employed rhyme forms according to the construct state plural ending masculine, e.g., נֹסְעֵי instead of נֹסְעִים, מַסְעֵי instead of מַסָּעִים (Elizur 1988:107-111,118-120; Elizur 1993:19-20).

The general tendency to moralize in the classical qedushta can also be detected in the works of Yehudah. He stresses more specifically the importance of the Torah as a primary thematical element. Time and again the people of Israel are urged to keep the Torah and to realise that it is their most precious possession. Its commandments are like the commandments concerning offerings, as he states in his qedushta for צו (Lev. 6,2): פִּיקוּדֵי דָת

הֶגְיוֹנַיי / צִיווּי אִמְרֵי עִנְיָינַי / קִיּוּם עַם סוֹדְרֵי קָרְבָּנַי / רֵיחַ נִיחֹחַ לַייי (*The commands of My thoughtful law, the commanding of the words on My matters, is the existence of a people, who put My offerings in order, a pleasing odour to God* <Lev. 6,14>). In the qedushta for אם בחקתי (Lev. 26,3) Yehudah has an opportunity to praise the virtues of the Torah and to demonstrate the necessity of keeping the commandments. Only loyalty to the Torah will bring the fulfilment of promises to the people and land of Israel, stressed repeatedly by the first word from the lection: *if* (אם): אִם יִשְׁמְעוּ לִי (*If they will listen to Me*), יַחַד אִם תִּשְׁמְעוּ לִי (*If you all will listen to Me*), קוֹלִי אִם תִּשְׁמְעוּ (*If you will hear My voice*), אִם תַּעֲשֶׂה כְּפִיקּוּד שׁוֹכֵן מְעוֹנָה (*If you will do according to the command of the One who lives in* <*His*> *residence*), לְתוֹכַחְתִּי אִם תֹּאהֲבוּ (*If you will love My reproof*).

Israel's attitude towards the Torah is Yehudah's main concern and this influences his views on the past and the future. Israel's distress is caused by forsaking the Torah, and the people are accused of neglecting the commandments. The first prerequisite for the realisation of Israel`s glorious future is the fulfilling of the commandments, and this is what the paytan consistently repeats throughout his oeuvre. However, Israel should not be blamed for the sins of their fathers: וְאִם עָבְרוּ אֲבוֹתֵינוּ עַל פִּיקּוּדֶיךָ הַחֲרוּתִים / לִבְנֵיהֶם אַל תְּשַׁלֵּם וּפוֹשְׁעֵיהֶם תַּתִּים (*And if our fathers have transgressed Your written commands, do not let their sons pay for it and hold them responsible for their sins*). Even though Israel has sinned in the past, let God be compassionate: דָּגוּל בְּרָעוֹתֵינוּ אִם עָזַבְנוּ תוֹרָתֶיךָ / תִּגְמְלֵינוּ טוֹבָה כִּי רַבָּה אֱמוּנָתֶיךָ (*Outstanding One, if we in our evil deeds have left Your laws, do render unto us good, for great is Your faithfulness*). Only when Israel persists in sinning will the end be disastrous: פִּיקּוּדָיו אִם מִלִּשְׁמוֹעַ תְּזִידוּן / וּכְפוֹשְׁעִים וּכְמוֹרְדִים תִּמְרְדוּן / צַלְמֵי הַגּוֹיִם אִם תַּעֲבוֹדוּן / הִגַּדְתִּי לָכֶם הַיּוֹם כִּי אָבֹד תֹּאבֵדוּן (*If you act presumptuously and do not obey His commandments, and rebel like sinners and like rebels, if you worship the idols of the Gentiles, I declare to you this day, that you will perish* (Deut. 30,18).

The warnings of the paytan are often accompanied by his prayers for the end of exile and future redemption. In the qedushta for ואברהם זקן (Gen. 24,1) Yehudah impatiently looks forward to seeing the coming of salvation: מְהֵרָה יָחִישׁ יְשׁוּעָה (*Let salvation hurry speedily*), כַּמָּה יִתְאַחֵר עָלֵינוּ הַקֵּץ וְרִגּוּשׁוֹ (*How long will tarry for us the end of time and its commotion?*). The same impatience is expressed by the words עַד מָתַי (*until when*) in the first strophe of piyyut four, implicitly referring to an actual situation and expressing the desire to bring this situation to an end. Depending on the context of the qedushta, variant themes are present in Yehudah's pleadings for redemption. He asks for the destruction of the enemies, as in the qedushta for וישלח (Gen. 32,4), or he directs his hope towards the rebuilding of the Temple, as in the qedushta for תרומה (Ex. 25,1), or he turns to the future of the land of Israel, as in the qedushta for בחקתי (Lev. 26,3).

The choice of themes in Yehudah's poetry is inspired by the paytan`s awareness of speaking on behalf of the people of Israel, in harmony with his own community and with the listeners or readers of his piyyutim. Yehudah is not personally involved as a direct speaker. He never uses the first person for himself but always addresses God as Israel or Israel as God. Direct speech or dialogue is meant to cause a direct effect upon the paytanic intentions of his message, whereas the use of the third person enables the paytan to look at things from a certain distance. Yehudah likes to interchange the first, second and third persons, often unexpectedly, without real consistency. The vividness of speech is reinforced by numerous verbs of expression, often used as introductory words to the biblical citation at the end of the strophes or to the chain of biblical verses. Many others function as a binder within the line or between lines or strophes, and only in a few instances do they link the parts of a dialogue, as in piyyut four from the qedushta for אנכי מגן לך (Gen. 15,1). The most current verbs of expression are: איזן, האזין, אמר, באר, ביטא, ביטה, הבטיח, ביקש, בישר, גד, הגעיר, נדבר, דיבר, הגה, הזכיר, זמם, זעק, חיווה, חינן, יידע, הודיע, הכריז, מילל, נם, נאם, הביע, הסהיד, סח, העיד, ענה, פילל, פץ, פצח, הפציח, ציווה, צעק, תינה, השמיע, שמע, שורר, השיב, שאל, הקשיב, קשב, ציפצף. All these verbal forms influenced the creation and use of an equally impressive group of nouns and combinations thereof: אומר, מאמר, ביאור, ביטוי, ביטוי מילולו, דבר, דיבור, דיבור שיחו, הגיון, בהגיון ניבו, זעק חינונך, זמימה, חינון, תחן, טעם, מוצא שפה, מלה, מילול, מילול טעמיך, מילול נואמו, נואם, מבוע, ניב, מען, מענה, עניין, פילול, פירוש, צפצוף, שיח שמיעה, עניינך. Indirect speech is usually found in piyyut five, where a midrashic motif is versified and communicational effects are less essential, and it is also found in piyyut seven because of the division into two-line strophes with a biblical citation in every second line. This structure does not leave much opportunity for speech, but rather for summarizing remarks within the context of the qedushta themes.

IV

LANGUAGE AND STYLE

The diction and grammar of early Piyyut may be considered as a very special kind of poetic language. The paytanim drew upon Classical and Rabbinic Hebrew and simultaneously created a multitude of innovations which contributed considerably to the aesthetic and stylistic values of their poetry. Medieval and modern linguists might consider these novel features as aberrations from the standard rules of Hebrew grammar and lexicography. The persistent criticism of Piyyut from the ninth century until modern times was due to a great extent to the divergent Hebrew used in piyyutim. Modern studies and the publication of important piyyut collections have contributed to the recognition of piyyutic language as a separate entity within Hebrew linguistics (Yahalom 1985:31-40).

The qedushtot of Yehudah are part of a larger linguistic and even stylistic tradition in the history of early Hebrew poetry, and therefore this select corpus of compositions offers the opportunity to describe the common traits shared by Yehudah with other classical and post-classical paytanim, as well as his individual imprint on these traits.

The grammar and style of Classical Hebrew form an intrinsic part of the piyyutic expressiveness. Most of this is due to the fact that biblical citations are present in the Piyyut to the same extent as in all other post-biblical literature. Compared with biblical citations and allusions, insertions of biblical words or phrases within the text are relatively limited in Yehudah's compositions. However, biblical phraseology establishes one of the rhetorical layers in the language used by the paytan, and causes side effects such as the use of consecutive forms, the relative אֲשֶׁר, and suffixes like -הוּ alongside -וֹ, -מוֹ alongside -הֶם.

Most paytanic themes are based upon derashot and aggadot originally written in Rabbinic Hebrew. The impact of its grammar and lexicon upon the language of the Piyyut was therefore inevitable. A prominent sign of the Rabbinic Hebrew layer in Yehudah's qedushtot is the wealth of nouns, structured in correspondence with nominal patterns derived from verbs, in particular those of qal and pi`el. Additionally, Rabbinic Hebrew grammar has influenced verbal forms such as the infinitives qal, constructed with ל, the infinitives of verba פ"י which are formed by analogy with the imperfect form such as לֵידַע (to know) and לִירַשׁ (to inherit), the collision of the verbal classes ל"א and ל"ה/י, shown by infinitives like לְמַלּאת instead of לְמַלֵּא (to fulfil) or לְבַטוֹת instead of לְבַטֵּא (to express).

The third layer of Yehudah`s language may be defined as typically piyyutic. Yehudah`s attitude towards the language of the Classical Piyyut is mainly one of loyalty and traditionality. Apart from the nouns according to the pattern derived from verbs, a large group of outstanding piyyutic words was shaped by dropping the ending ה-, for example תַּחַן instead of תְּחִנָּה (*supplication*), אַהַב instead of אַהֲבָה (*love*), and מַעַשׂ instead of מַעֲשֶׂה (*deed*). The same phenomenon of shortened forms may be found in the *qal* perfect conjugation of different verbal classes. Some of them are extremely common in Piyyut, such as the verbs of expression: גָּד, נָם, סָח, פָּץ. Special attention must be drawn to the role of the infinitive in the compositions of Yehudah. The position of the infinitive within the poetic line can be very variable, often functioning as a substitute for the finite verb (Van Bekkum 1991; Yeivin 1996). Morphological changes in the infinitives were made for the sake of rhyme by lengthening the forms: לְדַבְּרָה instead of לְדַבֵּר (*to speak*), לְהִתְרוֹמְמָה instead of לְהִתְרוֹמֵם (*to be extolled*), לְהַצְדִּיקָה (*to justify*). The use of infinitive forms in the compositions of Yehudah does not stop with the infinitive contruct with ל. A few of them are attached to other prepositions such as ב, as in בְּהֵחָבֵא (*in being hidden*), or the negative מ as in מִלִּשְׁמוֹעַ (*not to listen*), and also בְּלִי (*without*) as in בְּלִי לְהָסִיר (*not to remove*).

Characteristic of the language of the Piyyut is the extensive use of pronominal suffixes. In the case of the 1st pers. sing. this leads to an interesting grammatical phenomenon: in לְיַחֲלִי (*to expect me*) the suffix is ִי- instead of ֵנִי-, as well as in verbal forms like תְּשַׁלְּמִי (*you will pay me*) and תַּצִּיבִי (*you will place me*). This proniminal suffix is one of the distinguishing marks of spoken Aramaic in Palestine (Yahalom 1985:132-133), but Yehudah also shows the Classical Hebrew equivalent in תִּסְמְכֵנִי (*you will support me*) and וְטַהֲרֵנִי (*and purify me*).

In particular, the plural forms of participles and nouns attract our attention because Yehudah employs the plural ending ֵי- for both construct and absolute state forms. The reason for the employment of construct state plurals in absolute state position is in the first place for the sake of rhyme, as in the fifth piyyut for אשה כי תזריע (Lev. 12,1): כְּאוּבֵי / בְּמַכְאוֹבֵי / מְרֻבֶּה / אַרְבֶּה, or in the first two piyyutim from the qedushta for מסעי (Num. 33,1): רוֹעֶה / נֹסְעֵי / תִּנְטְעֵי / מַסָּעֵי, בְּפֵרוּשֵׁי / מִמְּשֶׁה / קְדוֹשֵׁי / מֹשֶׁה /. These examples prove that the paytan widened his possibilities for rhyming words ending in ֵי- and ֶה-. Even within the poetic lines we find the use of plurals in an interrupted construct state, of which the *nomen rectum* is introduced by a preposition: כּוֹרְעֵי לְזָר (*those who bow before the strange god*), בּסְסֵי בְדָמִים (*those who welter in blood*) (Ben-David 1994:32). Inversion of *nomen regens* and *nomen rectum* may be observed in the expression נֶפֶשׁ מְשִׁיבַת instead of מְשִׁיבַת נֶפֶשׁ in accordance with Ps. 19,8 (*reviving the soul*). One wonders why Yehudah permitted himself to rhyme with construct state forms. The same question applies to many later paytanim who were active during the period of late Eastern Piyyut. El`azar birabbi Qilar often employs these forms as rhyme words. Elizur argues that the influence of Rabbinic Hebrew and Aramaic may have played a part (1988:107-111), but biblical examples too, such as I Kings 6,4: חַלּוֹנֵי שְׁקֻפִים אֲטֻמִים (*windows with recessed frames*), and Ps. 78,49 מִשְׁלַחַת מַלְאֲכֵי רָעִים (*a company of destroying angels*), may have been of some significance in order to identify construct state plurals as absolute state.

In this and other ways of rhyming, the use of pronominal suffixes was very popular in Yehudah's qedushtot, apparently without much semantic difference between singular and plural. Thus, one can discern the rhyme ending נ with the pronominal suffix for the first pers. plur. which enabled him to create word groups rhyming with frequent words like ייי (אֲדֹנָי, *God*), and סִינַי (*Sinai*), the interchange of the second pers. masc. sing. ךָ and plur. ךִי, or the third pers. fem. sing. הָ and plur. יהָ. Many other examples show the interchange of vowels and laryngals which are also known in late Eastern Piyyut (Elizur 1988:105-106).

THE EDITING OF THE MANUSCRIPTS

This edition of the piyyutim is based upon Genizah manuscripts, the majority of which are fragmentary. In only one instance are the piyyutim copied according to their original structure. All available texts have been reconstructed: omissions or additions are indicated by square brackets [ ]. Completions to abbreviated words are indicated by angular brackets < >. Parentheses ( ) refer to additions within the manuscripts. Two dots refer to a *lacuna* of one or two characters; a missing word is indicated by three dots; an indefinite number of words within the verse by six or nine dots. The absence of complete verses, strophes or piyyutim is represented by seven dots between square brackets. All qedushtot and piyyutim are presented according to the Torah lectionary within the Palestinian triennial reading practice. The edition of the poetic texts is completed without any secondary additions or deletions. The vocalization of the poetic texts does not reflect the situation within the manuscripts. Different systems of vocalisation are found, and many Genizah fragments are handed down unvocalized, but all texts in this edition are provided with biblical or Tiberian vocalization.

The forgotten oeuvre of Yehudah, presented in this critical edition, will contribute to the study of Hebrew poetry in the early Middle Ages and its relation to the contemporary liturgical practice of Judaism. May other students follow and grant the religious poetry of Yehudah its appropriate place within the scholarly research of Hebrew poetry between tradition and change.

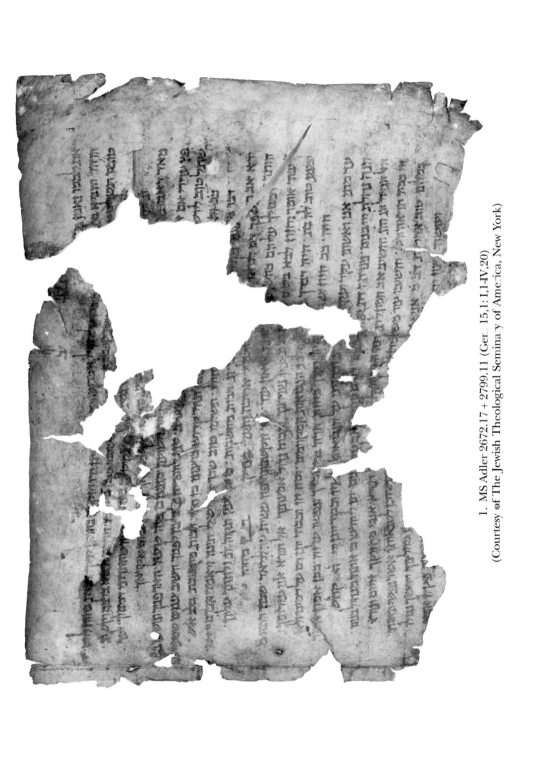

1. MS Adler 2672.17 + 2799.11 (Gen. 15,1: I,1-IV,20)
(Courtesy of The Jewish Theological Seminary of America, New York)

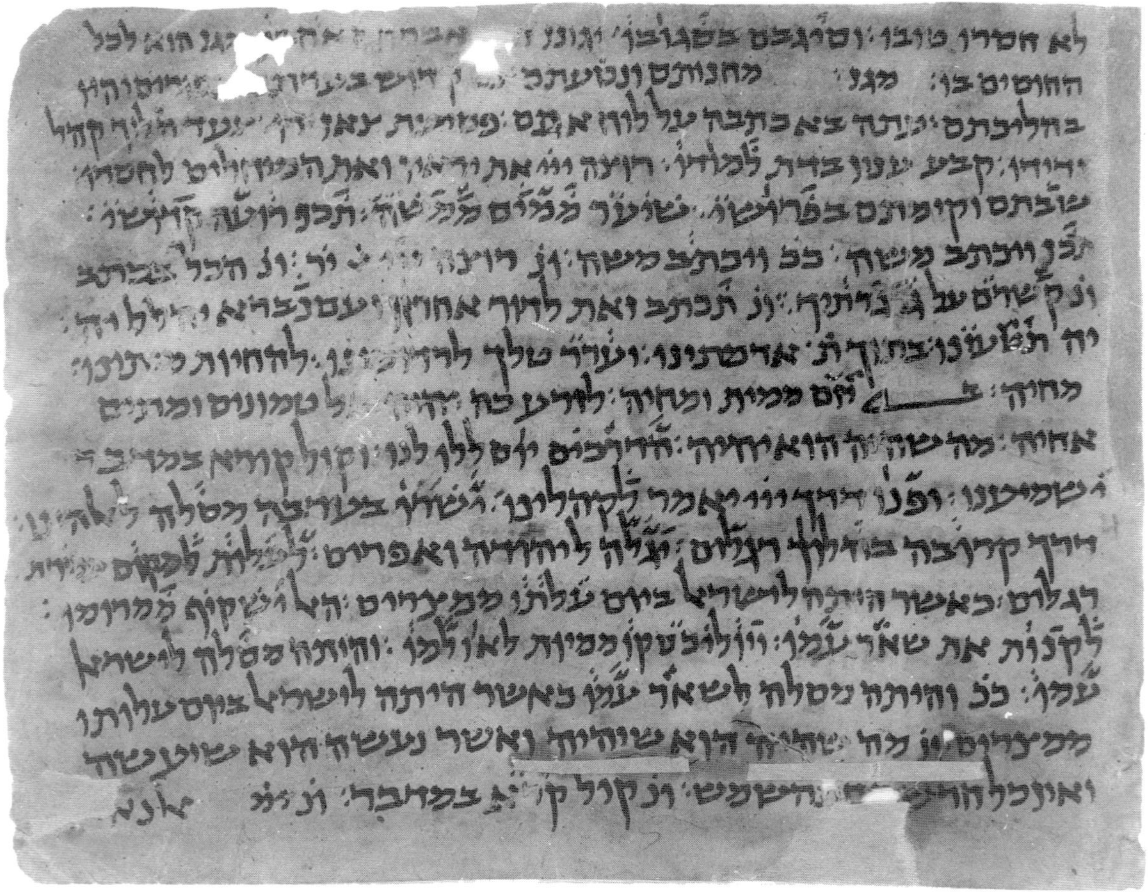

2. MS T-S 8 H 18.12 (Num 33,1:I,19-III,21)
(Courtesy of Cambridge University Library)

3. MS T-S 6 H 4.4 (Deut. 29,9; VI,34-VII,22)
(Courtesy of Cambridge University Library)

GENESIS

הפיוטים והפירושים

POEMS AND COMMENTARIES

GENESIS - בראשית

[א] לך לך <בר׳ יב:א>

א [ט..] לַחֲסוֹת בְּצִלָּךְ אֵל רָם
[י..] הִצַּלְתּוֹ מִכֶּשֶׂד וּמֵאֲרָם
[כ..] אַתָּה אוֹהֵב צַדִּיקִים וְתִשְׁמְרָם
לֵךְ לְךָ לָכֵן סַחְתָּה לְאַבְרָם

ככתו׳ ויאמר יי אל אברם לך לך <מארצך וממולדתך ומבית אביך אל הארץ אשר אראך> <בר׳ יב:א>
ונ׳ רגלי חסידיו יש<מר> ורשעים בחשך ידמו <כי לא בכח יגבר איש> <ש״א ב:ט>
ונ׳ שמעי בת וראי <והטי אזנך ושכחי עמך ובית אביך> <תה׳ מה:יא>
ונ׳ ויתאיו המלך יפיך <כי הוא אדניך והשתחוי לו> <תה׳ מה:יב>
ונ׳ משכיני אחריך נרוצה <הביאני המלך חדריו נגילה ונשמחה בך נזכירה דדיך מיין מישרים אהבוך> <שה״ש א:ד>
ונ׳ שומר יי את כל אוה<ביו ואת כל הרשעים ישמיד> <תה׳ קמה:כ>

יַשְׁמִיד תְּפִלָּה דוֹבֵר בְּהֶגְיוֹן נִיבוֹ
הַדּוֹבֵר שָׁלוֹם [...] עִם רֵיעֵהוּ בִלְבָבוֹ
[...] וּמָגֵן עַם קְרוֹבוֹ
מָגֵן הוּא לְכֹל הַחוֹסִים בּוֹ <תה׳ יח:לא>

ב מִילַּטְתּוֹ מֵאֵשׁ נוֹרָא עֲלִילָה
נ[.] אַחֲרָיו שִׁמְךָ לְהַגְדִּילָה
סִיבַּרְתּוֹ אֻומּוֹת אַעֲמִיד מִמָּךְ לְהָרִיק מִמַּעְלָה
עַל עַמְּךָ בִרְכָתֶךָ סֶּלָה <תה׳ ג:ט>

פָּרַח אֵלֶיךָ וּמַאֲמָר שָׁמַע
צִיוִּיתוֹ וְהִקְשִׁיב [... ...]
[.......]

ככ׳ ואעשך לגוי גדול ואברך <ואגדלה שמך והיה ברכה> <בר׳ יב:ב>
ככ׳ כי מבורכיו יירשו ארץ <ומקלליו יכרתו> <תה׳ לז:כב>

ונ' הביטו אל אברהם אביכם <ואל שרה תחוללכם כי אחד
קראתיו ואברכהו וארבהו> <יש' נא:ב>
ונ' נבחר שם מעושר רב מכסף ומזהב חן טוב <מש' כב:א>
ונ' קול ששון וקול שמחה קול חתן וקול כלה <קול אומרים
הודו את ה' צבאות כי טוב ה' כי לעולם חסדו מביאים
תודה בית ה' כי אשיב את שבות הארץ כבראשונה אמר
ה'> <יר' לג:יא>
ונ' רצון יראיו יעשה ואת שועתם יש<מע> ויוש<יעם>
<תה' קמה:יט>

וַיּוֹשִׁיעֵם בְּחֶמְלָה
נוֹרָא עֲלִילָה
בְּגִשְׁמֵי מַעְלָה
לְהַחֲיוֹת אֲ[ט]וּמֵי [מַ]כְפֵּלָה ב מחיה המתים

ג
יַקַּרְתִּי אֲבִיכֶם וְחִיזַּקְתִּי זְרוֹעוֹ
כְּכוֹכְבֵי שַׁחַק לְהָשִׁית זַרְעוֹ
מֵעֵבֶר הַנָּהָר לְקַחְתִּיהוּ לְשַׁעַשְׁעוֹ
וָאוֹלֵךְ אוֹתוֹ בְּכָל אֶרֶץ כְּנָעַן וָאַרְבֶּה אֶת זַרְעוֹ <יה' כד:ג>

הִכִּירָךְ בֶּן שָׁלוֹשׁ וְהִיכַּרְתּוֹ
וִיִקְּרָךְ וְיִיקַּרְתּוֹ
וְגִידְּלָךְ וְגִידַּלְתּוֹ
אַתָּה הוּא ייי הָאֱלֹהִים אֲשֶׁר בָּחַרְתָּ בְּאַבְרָם וְהוֹצֵאתוֹ <נח' ט:ז>

דְּ[רָ]שָׁךְ וּלְיַחֲדָךְ קָרַב
וְעִם כּוֹרְעֵי לַזָּר לֹא נִתְעָרַב
וְרֵיחוֹ לְפָנֶיךָ עָרַב
נִבְחָר שֵׁם מֵעוֹשֶׁר רָב <מש' כב:א>

[ה......]

א

1 **לחסות...רם**: הוא אברהם שנכנס תחת כנפי השכינה. 2 **מכשד ומארם**: ה' הוציא את אברהם מאור כשדים ומארם נהרים. 3 **אוהב צדיקים**: על פי תה' קמו,ח. **ותשמרם**: על פי תה' יב,ח: אתה ה' תשמרם. 11 **ישמיד תפלה**: ה' ישמיד עבודה זרה. **בהגיון ניבו**: בדיבורו. 12 **הדובר שלום**: על פי אסתר י,ג: ודבר שלום לכל זרעו, השו' גם תה' כח,ג: דברי שלום עם רעיהם. 13 **ועם קרובו**: על פי תה' קמח,יד. 14 **מגן...בו**: ר' בר"ר מד,א: מגן הוא לכל החוסים בו, אל תירא אברם אנכי מגן לך.

ב

1 **מילטתו...עלילה**: השו' בר"ר מד,יג: הקב"ה הצילו מכבשן האש. **נורא עלילה**: כינוי לה', על פי תה' סו,ה: נורא עלילה על בני אדם. 2 **להגדילה**: על פי בר' יב,ב: ואגדלה שמך. 3

סיברתו: הבטחת לו. **אומות...ממך**: ה׳ יקים מאברהם גוי גדול. **להריק ממעלה**: על פי מלאכי ג,י: והריקותי לכם ברכה, כאן שיעורו: להריק ממעלה ברכתך על עמך. 5 **פרח אליך**: אברהם התקרב אל ארץ ישראל, הש׳ אג״ב לא,ג: זה אברהם שהיה מהלך במהרה. 14 **ויושיעם בחמלה**: על פי יש׳ סג,ט: ומלאך פניו הושיעם באהבתו ובחמלתו הוא גאלם. הפרק כולו מדבר במעשי ה׳ ביציאת מצרים. 15 **נורא עלילה**: ר׳ טור 1. אף עלילות ה׳ מוסבות על יציאת מצרים. 16 **בגשמי מעלה**: ר׳ מכ׳ דבחודש ט, גבורת גשמים קשורה לתחיית המתים, ר׳ בר״ר יג,ו, ירוש׳ ברכות ה,ב, ט: כשם שתחיית המתים חיים לעולם כך ירידת גשמים חיים לעולם, הפייטן בוודאי ניסח ״בטללי מעלה״, אבל מכיוון שהשתמשו ביצירה בשבת לך לך לפי השיטה החד-שנתית כאשר פרשה זו נקראת בחורף תיקנו מן ״טללי מעלה״ אל ״גשמי מעלה״. 17 **א[ט]ומי [מ]כפלה**: הכוונה לאבות הקבורים במערת המכפלה.

ג

1 **יקרתי**: יצירת פועל מן המילה ״יקר״ ומשמעו כבדתי. **אביכם**: ר׳ יה׳ כד,ג: ואקח את אביכם את אברהם, המשך הפסוק בט׳ 3. **וחיזקתי זרועו**: ר׳ יח׳ ל,כד: וחזקתי את זרעות. 2 **ככוכבי...זרעו**: על פי בר׳ כב,יז. 3 **מעבר...לקחתיהו**: יה׳ כד,ג. **לשעשעו**: כדי לשמח את אברהם. 5 **הכירך...שלוש**: בר״ר טו,ו: בן נ״ח שנה הכיר אברהם את בוראו... ר׳ לוי בשם ר׳ שמעון בן לקיש בן ג׳ שנים. **והיכרתו**: בר״ר מג,ז: אני לא היה שמי ניכר בבריותי והיכרתה אותו בבריותי... מעלה אני עליך כאילו אתה שותף עימי בבריית העולם. 6 **ויקרך וייקרתו**: כבדך וכבדתו, ר׳ ש״א ב,ל: כי מכבדי אכבד. הש׳ ברב״ת עמ׳ 85-86: כיון שבא אברהם היה הקב״ה מונה שבחו בפני מלאכי השרת ובפני כל מעשי ידיו והיה נמלך בו על כל דבר ודבר... אמר הקב״ה כל המכבד אברהם לי מכבד. 7 **וגידלתו**: על פי בר׳ יב,ב: ואעשך לגוי גדול... ואגדלה שמך. 9 **וליחדך קרב**: אברהם הוא הראשון שייחד את הבריאה תחת אל אחד, הש׳ בר״ר כו,ג. 10 **ועם...נתערב**: על פי מש׳ יד,י: ובשמחתו לא יתערב זר. אברהם לא התערב עם עובדי כוכבים. 11 **וריחו...ערב**: הש׳ תנ״ב וירא ד,מג: תשובת ה׳ למלאכים בבואו לבקר את אברהם אחר שמל: חייכם ערב עלי ריח של אותו דם ממור ולבונה.

[ב] ויהי בימי אמרפל <בר׳ יד:א>

ו אָב אֲשֶׁר יְדָעֲךָ מִנּוֹ[עַר]
אַהֲבָת[וֹ ... ... להער]
בְּצִדְקוֹ בֶּן אָחִיו [... ..ער]
וַיְהִי בִּימֵי אַמְרָפֶ[ל] מֶ<לֶךְ> שִׁ<נְעָר> <בר׳ יד:א>

גְּבוּרָתְךָ לֵידַע בבו[.. ...]
אֲ[שֶׁר ... ...]
[ד]קרו להד[.. ...]
[עָשׂ]וּ מִלְחָמָ<ה> אֶ<ת> בֶּ<רַע> <בר׳ יד:ב>

הֻוחְבְּרוּ ד׳ מְלָכִ[ים אֶת] ה׳ אֲפוּדִים
וְנָפְלוּ לְנוּ[כַח ... .דים]
[ו.. ..]ליהם מוֹשִׁיב יְחִידִים
כָּל אֵלֶּה [חָבְרוּ אֶל עֵמֶק הַשִּׂדִּים] <בר׳ יד:ג>

זְמַן וְקֵץ [ניש.. ... ...]
[... ... ...]
חומר[ים] אב[ד ... ...]
שְׁתֵּים עֶשְׂרֵה שָׁנָ<ה> עָבְ<דוּ> אֶ<ת כְּדָרְלָעֹמֶר> <בר׳ יד:ד>

טֶכֶס י׳ב שָׁנָה מָרְדוּ בַּעֲבוֹדָתוֹ
וְעָבְדוּ [ש.. ... ...]
[י.. ... ...]
וּבְאַרְבַּע עֶ[שְׂרֵה שָׁנָה בָּא כְדָרְלָעֹמֶר וְהַמְּלָכִים אֲשֶׁר אִתּוֹ] <בר׳ יד:ה>

כְּלוּלִים רַב וְצָעִיר
בְּ[כָ]ל מָקוֹם וּבְכָל עִיר
לוֹ [... ... ...]
[וְאֶת הַחֹרִי] בְּהַרְרָם שֵׂעִיר <בר׳ יד:ו>

מְנוּיִם לְ[דִּ]וֹן בְּעֵ[מֶ]ק יְהוֹשָׁפָט
[ו..הו תביץ ע]ל [... ...]
[נ.. ... ...] בָּהֶם וּמִשְׁ[פָּט]
וַיָּשֻׁבוּ וַיָּבֹ<אוּ> אֶל [עֵין מִשְׁפָּט] <בר׳ יד:ז>

סְדוּרִים ה׳ בְּרִישְׁ[עָ]ה [גְ]מוּרָה
לִנְקוֹם מֵהֶם אַ[חֲרֵי ... ...]
[ע.. ... .]מה חֲמוּרָה
וַיֵּצֵא מֶלֶךְ סְ<דוֹם> וּמֶלֶךְ עֲמוֹרָה <בר׳ יד:ח>

פּוֹשְׁעִים וְחַטָּאִים בְּכָל [פֹּו]עֳלָם
וּבְעִיקּוּל אוֹרַח [... ... ...]
[צ.. ... נ]חלק בְּרוֹב קִלְקוּלָם
וַיִּקְחוּ אֶ[ת כָּל רְכוּשׁ סְדוֹם וַעֲמוֹרָה וְאֶת כָּל אָכְלָם] <בר׳ יד:יא>

קוֹלְעוּ סְדוֹמִים כְּדִבְּרוּ סָרָה
לִפְנֵי אֵל נֶאְזָר בִּגְבוּרָה
רגשו [... ... ...]
[וַיָּנֻסוּ מֶלֶךְ סְדֹם וַעֲמֹרָה] <בר׳ יד:י ?>

שִׁימַּעְתָּה אוֹי לָרָשָׁע וְאוֹי לִשְׁכֵנוֹ אֵל רָם
[שָׁב]וּי לוֹט כְּנִשְׁבָּה מִ[.. ...]
[ת.. ... ...] בָּא לְעָוֹבְרָם
וַיָּבֹא הַפָּלִיט וַיַּגֵּד לְאַ<בְרָם> <בר׳ יד:יג>

ז אַרְבָּעָה בַחֲמִשָּׁה נִלְחֲמוּ וְנָפְלוּ בְּרֶשֶׁת
כִּי הִנֵּה הָרְשָׁ[עִים יִדְרְכוּן קֶשֶׁת] <תה׳ יא:ב>

גְּלָעוּ דְחוּפִים וְהֻוזְעָפוּ
וּרְשָׁעִים בַּחֹשֶׁךְ יִדָּמּוּ <ש״א ב:ט>

הֻופְגְּעוּ וּבָאוּ אֵלּוּ בְאֵלּוּ לְהַגְעִיר
וְכֻתְּתוּ גוֹי בְּגוֹי וְ<עִיר> בְּ<עִיר> <דה״ב טו:ו>

[ז.. ח.. עֲ]לֵיהֶם וְגַם עֶבְרָה
כִּי אֱלֹהִים הֲמָמָם בְּ<כָול> צָ<רָה> <דה״ב טו:ו>

טְבָחָם יָהּ עַל יַד מְיֻופֶּה בְ[מַעֲ]מָדוֹ
כִּי הִנֵּה הַמְּלָכִ<ים> נוֹעֲדוּ <תה׳ מח:ה>

[כ..ף] לִבָּם כִּילָּם בְּחָרֶץ
מַשְׁבִּית מִלְחָמוֹת עַ[ד קְצֵה הָאָרֶץ] <תה׳ מו:י>

מֵעַל נְשִׁיָּיה עָבְרוּ כְשִׁיעוּ[ר ...]
[... ... ... חטאים ... ...] <?>

סֻוכְּרוּ עָרִיצִים בִּשְׁמִיעַת אוֹנָם
הָפוֹךְ רְשָׁ<עִים> וְאֵנָ<ם> <מש׳ יב:ז>

פִּיגֵּר צִבְאוֹתָם לְהַכְחִידָם [...]
[... ... מא.. ...] <?>

[קדמ.. ר.. ..]שך פָּץ אַב הֲמוֹן גּוֹיִם
יִהְיוּ כְּאַיִן כָּ<ל> הַגּ<וֹיִם> <יש׳ מ:יז>

שִׁיכּוּךְ תָּוקְ[פָּךְ ... ...]
ייי עַל יְמִינְךָ מָחַץ בְּ<יוֹם> אַ<פּוֹ> מְ<לָכִים> <תה׳ קי:ה>

ו

1 **אב**: הוא אברהם על פי בר׳ יז,ה: אב המון גוים נתתיך. **ידעך מנו[ער]**: מתייחס לעיל ג 5. 3 **בצדקו**: בזכותו של אברהם. **בן אחיו**: לוט, על פי בר׳ יב,ה: ואת לוט בן אחיו, הש׳ בר״ר נ,יא: ההרה המלט בזכותו שלאברהם. 9 **הוחברו**: על פי בר׳ יד,ג: כל אלו חברו אל עמק השדים. **ד׳...ה׳**: שם שם,ט: ארבעה מלכים את החמשה. **אפודים**: קשורים (ראה שמ׳ כט,ה, ויק׳ ח,ז), וכאן הכוונה לקשר מרד, שמרדו חמשת המלכים. 11 **מושיב יחידים**: על פי תה׳ סה,ז: אלהים מושיב יחידים ביתה. 17 **טכס...מרדו**: בר׳ שם שם,ד: ושלש עשרה שנה מרדו, ואולי הכוונה כל שתים עשרה שנה. **בעבודתו**: שם שם: שתים עשרה שנה עבדו את כדרלעמר. 18 **ועבדו**: ראה לעיל: בעבודתו. 21 **רב וצעיר**: הם יעקב ועשו על פי בר׳ כה,כג: ורב יעבד צעיר, מתייחס לסיומת המקראית: בהררם שעיר. 25 **מנוים**: השם נוה כפועל: מנויים, פקודים, שאלה יפקדו למשפט בעתיד בעמק יהושפט עם כל הגויים. **לדון...יהושפט**: על פי יואל ד,ב: וקבצתי את כל הגוים והורדתים אל עמק יהושפט ונשפטתי עמם שם על עמי ונחלתי ישראל, בונה על הקשר ׳בעמק השדים׳ (בר׳ יד,ח) ששם נשפטו מלכי ערי הככר. 27 **ומש[פט]**: הש׳ תנח׳ לך לך ח: וישובו ויבואו אל עין משפט, ית׳ שמו של הקב״ה שכתוב בו (יש׳ מו,י) מגיד מראשית אחרית, על ידי שעתיד משה ליטול משפטו בקדש על ידי המים לפיכך נקרא מקדם עין משפט. 29 **סדורים...[ג]מורה**: חמשת מלכי ערי הככר מוכנים

ברשעתם לערוך מלחמה. 30 **לנקום מהם**: מארבעה המלכים. 33 **פושעים וחטאים**: על פי בר׳ יג,יג: ואנשי סדם רעים וחטאים לה׳, וכן על פי יש׳ א,כח: ושבר פשעים וחטאים יחדו. 34 **ובעיקול אורח**: על פי שופ׳ ה,ו: ארחות עקלקלות (שם מדובר בדרכים ממש). 35 **[נ]חלק**: הכוונה כאן לארבעת המלכים שנצחו, אבל הלשון על פי בר׳ יד,טו: ויחלק עליהם לילה, והפירוש המדרשי אינו נצחון בעלמא כמו כאן אלא חלוקת הלילה, הש׳ בר״ר מב,ג: הלילה נחלק מאליו. **קולעו**: על פי יר׳ י,יח: הנני קולע את יושבי הארץ בפעם הזאת, והכוונה להעניש, הש׳ פדר״א לד: וכל המתים מן הרשעים בארץ ישראל נפשותם נשלכות בקלע. **כדברו סרה**: על פי דב׳ יג,ו: כי דבר סרה על ה׳ אלהיכם, מקובל לדרוש על דור המבול ׳שאמרו לאל סור ממנו׳ (איוב כא,יד), הש׳ תוספתא סוטה ג,ז: ודברו על ה׳, אולם הסדומיים חטאו בין אדם לחברו שלא נתנו צדקה, הש׳ שהש״ז א,טו: ומנין לאנשי [דור] המבול כסדום... אף אנשי דור המבול לא הכירו למי שבראם ולא רצו לעשות צדקה. 38 **נאזר בגבורה**: על פי תה׳ סה,ז: מכין הרים בכחו נאזר בגבורה. 39 **רגשו**: על פי תה׳ ב,א: למה רגשו גוים. 41 **שימעתה**: השמעת, השורש שמ״ע מופיע במקרא רק אצל שאול (ש״א טו,ד): וישמע שאול את העם. **אוי... לשכנו**: נגעים יב,ו: אוי לרשע אוי לשכנו (לגבי שכן הבית המנוגע), אולי על פי יש׳ ג,יא, הכוונה למלך סדום? **אל רם**: כמו בתפילת שחרית בשבת: אל רם ונשא אדון עולמים. 42 **[שב]וי...כנשבה**: על פי בר׳ יד,יד: וישמע אברם כי נשבה אחיו.

ז

1 **ונפלו ברשת**: בר׳ יד,י: ועמק השדים בארת בארת חמר וינסו מלך סדם ועמורה ויפלו שמה. 3 **גלעו**: הש׳ מש׳ כ,ג: וכל אויל יתגלע, והכוונה יתגלה, בענייננו נראה שמתייחס לפסוק ויחלק עליהם לילה, שהמלכים נתגלו בחשך ונפלו לפני אברהם. **דחופים**: הש׳ אסתר ח,יד: מבהלים ודחופים בדבר המלך. **והוזעפו**: הומר כאן הֻוְעֲמוּ באחיו למשמעות (זע״ף). 5 **הופגעו**: נפגשו, כבלשון חז״ל. **ובאו...באלו**: הש׳ פדר״א ט: כך עתידים העובדי גלולים לשרוץ בעולם ונלחמים אלו עם אלו להשחית שנאמר וכתתו גוי בגוי ועיר בעיר כי אלהים הממם בכל צרה. **להגעיר**: ׳גער׳ בא גם בהוראת תרועת קרב: אולי הכוונה להילחם. 9 **על יד**: על ידי. **מיופה ב[מע]מדו**: הוא אברהם, בר״ר לט,א: ויתאב המלך יפיך (תה׳ מה,יב) ליפותך בעולם, שם נט,ה: יפיפית מבני אדם (תה׳ מה,ג) נתיפיתה בעיליונים... נתיפיתה בתחתונים, תנח׳ חיי שרה: א״ל אי זה היפוי שלי. 11 **כילם בחרץ**: על פי יש׳ י,כב: כליון חרוץ, ומשמעו כאן: לחלוטין. 13 **נשייה**: על פי תה׳ פח,יג: וצדקתך בארץ נשיה, ארץ. 15 **סוכרו**: הוסגרו, על פי יש׳ יט,ד: וסכרתי את מצרים ביד אדונים. **בשמיעת אונם**: כשהושמע אונם, מלשון אָוֶן, ר׳ תה׳ צד,כג: וישב עליהם את אונם, ומשמעו עון, עול, הש׳ תנח״ב נצבים א: זש״ה הפוך רשעים ואינם... כל זמן שהקב״ה מסתכל במעשיהם של רשעים ומתהפך בהם אין להם תקומה... הפך במעשיהם של סדומיים ולא היתה להם תקומה ועל כולם אמר דוד שם נפלו פועלי און. 17 **פיגר**: כמו ׳פגרים מתים׳. 19 **פץ**: אמר. **אב...גוים**: על פי בר׳ יז,ד: אברהם.

[ג] אנכי מגן לך <בר׳ טו:א>

א אֶת לְבָבוֹ נֶאֱמָן מִכָּל יְדִידֶיךָ
בְּכֵן גִּילִּיתָה לוֹ אֱמֶת חֲסָדֶיךָ
[ג..] יָדוֹ חִזַּק[תָּה] בְחוֹזֶק יָדֶיךָ
דִּבַּרְתָּ בְחָזוֹן לַחֲ<סִידֶיךָ> <תה׳ פט:כ>

הִרְהֵר וְהֵבִיא בל[.. ...]
[ו..] דָּמָם אֲ[שֶׁר] שָׁפַכְתִּי [ב..]
[ז..] שִׁיבֵּ[ר ... ...]
חַרְבָּם תָּבוֹא בְלִבָּם וְקַשְׁת<וֹתָם> <תה׳ לז:טו>

טובם תַּשְׁלוּם [ט.. ... ...]
[י..]ו נַמְתִּי [... ...] לך
[כ.. ה..ה] שֶׁהִתַּרְתִּי דָמָם לָךְ
לָעַד אָ[נֹכִי מָגֵן לָךְ]

ככ' [אל תירא אברם אנכי מגן לך שכרך הרבה מאד] <בר' טו:א>
ונ' [הקשיבה לקול] שועי מ[לכי ואלהי כי אליך אתפלל] <תה' ה:ג>
ונ' [קרבת] ביום אקראך [אמרת אל תירא] <איכה ג:נז>
ונ' [.......] <?>

[... ... ...]
[לְעַמְּ]ךָ הָיְתָה יְשׁוּעָה
מַגִּנֵּינוּ כִּי גָעָה שָׁעָה
הָאֵר פָּנֶיךָ וְנִוָּשֵׁ<עָה> <תה' פ:כ> ב מגן

ב מְאֹד דְּאָג[וֹת ... ...]
[נ.. ... ... הִ]קְשִׁיב
סֶ[גֶן] לְהַפְרִיחַ מֵחֲלָצָיו לְפָנֶיךָ הֵשִׁיב
עֲנָוִים שָׁמַע ייי [תָּכִין לִבָּם תַּקְשִׁיב] <תה' י:יז>

פֶּץ עֲרִירִי אִם א[.. ... ...]
[צ.. ... .]בִי תְּהִי
קָדוֹשׁ כִּרְצוֹנוֹ כֵּן יְהִי
רַבּוֹת מַחֲשָׁבוֹת בְּלֶב אִישׁ [וַעֲצַת ייי הִיא] <מש' יט:כא>

שֶׁתֶל טוֹב לִירַשׁ [אֵין] לִי
[ש.. ... ...] חֵילִי
תְּשַׁלְּמִי טוֹב שָׂכָר אִ[ם] יֵשׁ לִי
תְּינָּה וַיֹּאמֶר אַבְרָם ייי אֱ<לֹהִים> [מַה תִּתֶּן לִי]

ככ' ויא[מר אברם אדני אלהים מה תתן לי ואנכי הולך ערירי ובן משק ביתי הוא דמשק אליעזר] <בר' טו:ב>
ונ' רבות מחשבות <בלב איש ועצת ה' היא תקום> <מש' יט:כא>
ונ' כי יש לעץ תקוה <אם יכרת ועוד יחליף ויונקתו לא תחדל> <איוב יד:ז>
ונ' ולתתך עליון <על כל הגוים אשר עשה לתהלה ולשם ולתפארת ולהיותך עם קדוש לה' אלהיך כאשר דבר> <דב' כו:יט>

דֶּבֶר מִמַּעַ[ל] מוֹרִי[ד] וַיָּעַל
[... ... ...]
[לְ]הַטְלִיל אֲרוּכָה וַתַּעַל
בְּצֶדֶק אָב [... ...] ב מחיה

ג
יָרֵא אָב כְּשָׁפַךְ דָּם לִמְאֹד
[כִּי] אַתָּה אֵל וְאֵין עוֹד
[עַ]ד הִקְשַׁבְתּוֹ יָפֶה עָשִׂיתָ עַד לִמְאֹד
שְׂכָרְךָ הַרְבֵּה מְ[אֹד] <בר׳ טו:א>

הוּתַר דָּמָם לָךְ עֲלֵיהֶם כְּהִשְׁ[לַכְתִּיךָ]
[... כְּ]בָבַת עַיִן נְצַרְתִּיךָ
[וּ]בְכוֹחַ גָּדוֹל אִמַּצְתִּיךָ
אַל תִּירָא אֲנִי עֲזַרְתִּיךָ <יש׳ מא:יג>

דִּיבּוּר אוֹמֶר וְחָזוֹן לָבֹא בַּיָּמִים
[הִ]נֵּה אֵלּוּ ג׳ הַנְּבוּאוֹת הַמְקוּיָּמִים
וְסָח חֵן וְכָבוֹד יִתֵּן רָם עַל רָמִים
וְלֹא יִמְנַע טוֹב לַה<וֹלְכִים> בְּתָ<מִים> <תה׳ פד:יב>

הָיָה דְבָרְךָ בְּ[מַחֲ]זֶה
יְקָרְךָ כְּחָזָה
חָדָה בְמַאֲמָרְךָ וְנַפְשׁוֹ עָלְזָה
כְּבֶן אָמוֹץ אֲשֶׁר חָזָה

ככ׳ חזון ישע[יהו בן אמוץ אשר חזה על יהודה וירושלם בימי עוזיהו יותם אחז יחזקיהו מלכי יהודה] <יש׳ א:א>

ונ׳ ודברתי על הנביאים <ואנכי חזון הרביתי וביד הנביאים אדמה> <הוש׳ יב:יא>

ונ׳ [כי שמש ומגן ייי אלהים] חן וכבוד יתן ייי <לא ימנע טוב להלכים בתמים> <תה׳ פד:יב>

וא<תה> קדוש <יושב תהלות ישראל> <תה׳ כב:ד>

ד
עַד מָתַי אֲנִי וְאִשְׁתִּי עָקָר וַעֲקָרָ[ה] מִבָּ[נִים]
רַחֵם עָלַיי כְּ[אֵם] עַ[ל בָּנִי]ם
תֵּן לִי יוֹרֵשׁ כִּי אַתָּה מַנְחִיל בָּנִים
הִנֵּה נַחֲלַת ייי בָּנִים <תה׳ קכז:ג>

נָצַרְתָּ דָת עַ[ד ...] תִּהְיֶה [...]
לָכֵן נַמְתִּי לָךְ אַל תִּירָא
אָנֹכִי מַחֲזִיקְךָ אָיוֹם וְנוֹרָא
הָאֵל הַגָּדוֹל הַגִּ<בּוֹר> וְהַנּ<וֹרָא> <דב׳ י:יז>

וְהֵשִׁיב אַב הֲמוֹן לְדָג[וּל] מֵרְבָ[בָה]
[ל.. ... ...ה] ק[ש..ה]
וְתֶן לִי תַאֲוָתִי אֲשֶׁר נַפְשִׁי תְאַוָּה
ייי כַּמָּה תִרְאֶה הָ[שִׁ]יבָה <תה׳ לה:יז>

וְהֶשִׁיבוֹ צוּר מִשְׁ[מֵי] מְעוֹנָתוֹ
[... ... ...תו]
בֵּ[ן] מֵחֲלָצֶיךָ יִירָשְׁךָ נָם לוֹ בְמִלָּתוֹ
טוֹב אַחֲרִית דָּבָ<ר> מֵ<רֵאשִׁיתוֹ> <קה׳ ז:ח>

אֲנִי [... ... ...]
[... ... ... כ]סה
פָּץ לוֹ אוֹמֵ[ר] וְעוֹשֶׂה
רְצוֹן יְרֵ<אָיו> יַעֲשֶׂה <תה׳ קמה:יט>

א

1 **את...נאמן**: על פי נח׳ ט,ז-ח: אתה הוא ה׳ האלהים אשר בחרת באברם... ומצאת את לבבו נאמן לפניך. **מכל ידידיך**: אולי הכוונה לנביאיך, הש׳ פדר״א כח: לכל הנביאים היה נראה בחזון הלילה ולאברהם בחזון ובמראה, ספרי דב׳ שנב: אברהם נקרא ידיד. 2 **בכן... לו**: הש׳ מדרש ילמדנו, בתי מדרשות, מהד׳ ורטהימר, עמ׳ קנב: זה שאמר הכתוב יגלה אזן אנשים וגו׳ (איוב לג,טז) זה אברהם שגלה לו הקדוש ברוך הוא שעבוד מלכיות וגלה לו את הקץ, כאן מדובר במראה שראה אברהם בברית בין הבתרים, ר׳ המשך בנח׳ שם: לבבו נאמן לפניך וכרות עמו ברית, הש׳ בר״ר מד,כב: העולם הזה גילה לו העולם הבא לא גילה לו... חד אמר עד היום ההוא גילה לו ואוחרנא אמר מן היום ההוא גילה לו. **אמת חסדיך**: ההבטחה לאברהם על הישועה שתבוא בקץ הגלות, הש׳ שו״ט קיט,יז: ויבואני חסדיך ה׳ תשועתך כאמרתך אותן החסדים שאמרת לאבותינו וכה״א תתן אמת ליעקב חסד לאברהם (מיכה ז,כ) וגו׳... ומהו החסד שאתה עושה עמנו שאתה מושיענו. 3 **ידו חזק[תה]**: הש׳ יש׳ לה,ג: חזק ידים רפות, וגם שם מא,ח-ט: יעקב אשר בחרתיך זרע אברהם אהבי אשר החזקתיך וכו׳, הש׳ בר״ר מד,ג. **בחוזק ידיך**: על פי שמ׳ יג,ג: בחזק יד, נראה שהפייטן פירש זאת על אברהם ולא רק על זרעו, הש׳ בר״ר מד,ד: מפני שהיה אברהם מתפחד ואומר תאמר אותן האוכלוסין שהרגתי שהיה בהם צדיק או ירא שמים... אמר לו הקב״ה אל תירא אברם אנכי מגן לך, תנח״ב לך לך יח: זש״ה אז דברת בחזון לחסידיך (תה׳ פט,כ) זה אברהם שנאמר במחזה לאמר ותאמר שויתי עזר על גבור (שם) שעזרו הקב״ה על חמשת המלכים. 5 **הרהר**: ר׳ בר״ר מד,ה: מי הרהר אברהם הרהר, המיוחס ליונתן בר׳ טו,א: חשב אברם בלביה. 6 **דמם...שפכתי**: ר׳ להלן ג,1. 11 **שהתרתי...לך**: ר׳ להלן ג,5. 12 **לעד**: הש׳ פדר״כ כז: שאתה מגן לי בעולם הזה ולעולם הבא... וענו העליונים ואמרו ברוך אתה ה׳ מגן אברהם. 19 **געה**: הגיעה, ר׳ להלן [ה],ז,3.

ב

3 **ס[גן]**: בן. **להפריח מחלציו**: הש׳ יח׳ יז,כד: והפרחתי עץ יבש, בר״ר נג,א: זו שרה. **לפניך השיב**: ר׳ הטור הבא. 4 **ענוים...[תקשיב]**: הש׳ תנח׳ חיי שרה א: ואין לך אדם שכיון לבו ודעתו לתפלה כאברהם אבינו, כך מבקש אברהם מה׳ להוליד לו בנים. 5 **ערירי**: על פי בר׳ טו,ב: ואנכי הולך ערירי, זהו אברהם שאין לו בנים. 7 **כן יהי**: על פי תה׳ לג,ט: הוא אמר ויהי. 9 **שתל**: בן, על פי תה׳ קכח,ג: בניך כשתלי זיתים. **לירש אין לי**: בר׳ טו,ג: הן לי לא נתתה זרע והנה בן ביתי יורש אותי. 11 **תשלמי...שכר**: שלם לי שכרי, הש׳ בר״ר מד,יד: במה אדע... באי זה זכות, המיוחס ליונתן שם טו,א: דלמא אתקבלת אגר מצוותי בעלמא דין. **א[ם]...לי**: אם מגיע לי. 17 **ממע[ל]**: מן השמים. **מורי[ד] ויעל**: ש״א ב,ו: ממית ומחיה מוריד

שאול ויעל. 19 **[ל]הטליל**: עניין הטל קשור לתחיית המתים ומוזכר בקביעות לקראת ברכת מחיה המתים, ע׳ ירוש׳ תענית א,א ועוד. **ארוכה ותעל**: הש׳ דה״ב כד,יג: ותעל ארוכה. 20 **בצדק אב**: בזכות אברהם.

ג

1 **ירא...למאד**: הש׳ תנח״ב לך לך יט: ועוד היה אברהם אבינו מתירא כשהרג את המלכים היה תמה ואמר שמא בטלתי מצות הקב״ה שצוה את בני נח שופך דם האדם (בר׳ ט,ו) ואני הרגתי כל אותן האוכלוסין, וכן ראה המיוחס ליונתן שם: דלמא ייזלון אחיהון וקריבהון דאילן קטיליא ויצטרפון בליגיונין וייתון עלי. 2 **[כי]...עוד**: הש׳ יש׳ מה,כב: כי אני אל ואין עוד. 3 **[ע]ד...למאד**: תנח״ב שם: א״ל הקב״ה אל תירא אברם אלא שכר הרבה אני צריך ליתן לך. 5 **הותר...עליהם**: ר׳ טור 1. 6 **[כ]בבת...נצרתיך**: אולי מתייחס כאן לעניין שאברהם היה עינו של עולם שהמלכים נתכוונו להלחם בה, וכנגד זה שמרו ה׳ כבבת עין, הש׳ בר״ר מא,ז: וישובו ויבואו אל עין משפט היא קדש אמר ר׳ אחא לא באו ליזדויג אלא לתוך גלגל עינו שלעולם, עין שעשת מידת הדין בעולם הן מבקשין לסמותה, היא קדש. 9 **דיבור...וחזון**: הש׳ בר״ר מד,ו: עשרה לשונות נקראת נבואה חזון... דיבור אמירה... גדול כוח אברהם שנידבר עימו בחזון ובדיבור. **לבא בימים**: אברהם, על פי בר׳ כד,א. 10 **ג׳ הנבואות**: כאן ג׳ לשונות, נראה שהפייטן רואה את קיום הנבואות בתה׳ פד,יב: חן, כבוד וטוב כנגד ג׳ הנבואות, הש׳ בר״ר לט,יא: לפי שהדרך מגרמת לשלשה דברים ממעטת פירייה וריביה, ממעטת את היציאה ואת השם. ממעטת פירייה וריביה ואעשך לגוי גדול ממעטת את היציאה (ממון) ואברכך ממעטת את השם ואגדלה שמך, מצות ׳לך לך׳ של אברהם מתקשרת עם חן הכבוד והטוב אשר לא ימנע להולכים בתמים, הש׳ שו״ט א,ד: חן וכבוד יתן ה׳ לא ימנע טוב להולכים בתמים מדבר באברהם אבינו. 11 **רם...רמים**: ר׳ תה׳ צט,ב: ורם הוא על כל העמים, ועוד. 13 **היה...ב[מח]זה**: על פי בר׳ טו,א. 14 **יקרך**: כבודך, ר׳ אונקלוס לשמ׳ מ,לד: וכבוד ה׳ - ויקרא דה׳. 15 **חדה**: שמח, על פי הארמית, כמו שמ׳ יח,ט: ויחד יתרו. **במאמרך**: הש׳ בר״ר לט,ט: ואם תאמר שלא גהץ ושמח אברהם על דיבור המקום. 16 **כבן...חזה**: על פי יש׳ א,א: חזון ישעיהו בן אמוץ אשר חזה.

ד

1 **עקר ועקר[ה]**: על פי דב׳ ז,יד: לא יהיה בך עקר ועקרה, על כך שאברהם גם כן היה עקר ולא רק שרה, הש׳ בר״ר לח,ו: אברהם זה פרדה עקרה. 2 **כ[אם]...[בני]ם**: על פי דב׳ לב,יא: והכני אם על בנים. 3 **תן...יורש**: ר׳ בר׳ טו,ג. **כי...בנים**: הש׳ מש׳ יג,כב: טוב ינחיל בני בנים, וכן ר׳ הסיומת המקראית, טור 4. 5 **נצרת דת**: הש׳ בר״ר מד,ב: וזורע צדקה זה אברהם ושמרו דרך ה׳ לעשות צדקה ומשפט (בר׳ יח,יט), שכר אמת אל תירא אברם אנכי מגן לך שכרך הרבה מאד. 6 **אל תירא**: על פי בר׳ טו,א: אל תירא אברם. 7 **איום ונורא**: ה׳, על פי חב׳ א,ז, ושם הכוונה לכשדים. 9 **אב המון**: אברהם, על פי בר׳ יז,ד. **לדג[ול] מרב[בה]**: ה׳, על פי שה״ש ה,י: דודי צח ואדום דגול מרבבה. 11 **נפשי תאוה**: הש׳ להלן [ו],ה,2. 13 **צור**: ה׳, על פי ש״א ב,ב: ואין צור כאלהינו, ועוד הרבה במקרא. **מש[מי] מעונתו**: הכוונה למעון מגורים, הש׳ דב׳ לג,כז: מענה אלהי קדם. 15 **בנן]...יירשך**: על פי בר׳ טו,ד: לא יירשך זה כי אם אשר יצא ממעיך. **נם...במלתו**: אולי הכוונה למשמעות הפשוטה במאמרו, הש׳ פדר״א מח: הן לי לא נתת זרע במה אדע כי אירשנה כל העולם כלו בדבורי הוא עומד ואין אתה מאמין בדברי. 16 **טוב...מ<ראשיתו>**: אולי לפרש כבהמשך טוב הילד האחרון שנולד לאחר המילה מן הראשון שנולד לפניה. 19 **אומ[ר] ועושה**: הש׳ ירוש׳ ברכות ט,א,יב ע״ד: ברוך אומר ועושה.

[ד] ויהי אברם בן תשעים <בר׳ יז:א>

זולת לחן אתויי לצוען וג׳

ה אָמְנָם שֶׁבַע בְּרִיתוֹת כָּרַתָּה אֵל שׁוֹכֵן שְׁמֵי עֶרֶץ
בַּעֲבוּר הַצַּדִּיקִים מוֹסְדֵי אָרֶץ
גָּזַרְתָּה תְחִלָּה לַמַּיִם בְּגָדְרָךְ הַפֶּרֶץ
אֶת קַשְׁתִּי נָתַתִּי בֶּעָ<נָן> וְהָיְתָה לְא<וֹת> בְּרִ<ית> בֵּ<ינִי> וּ<בֵין> הָאָרֶץ <בר׳ ט:יג>

הַשְּׁנִיָּה דָּלַק נֵר בַּחֹשֶׁךְ הוּא אַב הֲמוֹנֶיךָ
הָלַךְ בְּתָמִים לַעֲשׂוֹת רְצוֹנֶיךָ
וּמָצָאתָ אֶת לְבָבוֹ נֶאֱמָן לְפָנֶיךָ
וְאֶתְּנָה בְרִ<יתִי> בֵּ<ינִי> וּבֵינֶךָ <בר׳ יז:ב>

הַשְּׁלִישִׁית זְמַן צֵאת [... ... פר.. ..]לם
חָנוּ בְאָלוּשׁ [... ... ...]
[.......]

ה

1 **שבע בריתות**: מקור קרוב הוא באוצר המדרשים סא, עמ׳ תקלו: עשרה דברים נאמר בהן ברית: הקשת, המילה, השבת, ע״ז, תלמוד תורה, שחרור עבדים, כהונה, לויה, מלכות בית דוד, וארץ ישראל. הקשת שנאמר את קשתי נתתי בענן והיתה לאות ברית (בר׳ ט,יג), המילה שנאמר והיתה בריתי בבשרכם (בר׳ יז,יג), השבת שנאמר לעשות את השבת לדורותם ברית עולם (שמ׳ לא,טז).. **שוכן...ערץ**: ר׳ [מב],ה,3. 2 **בעבור...ארץ**: ר׳ מיכה ו,ב: והאיתנים מסדי ארץ. 3 **גזרתה...למים**: ראשון כרת ה׳ ברית שלא יהיה עוד המים למבול. **בגדרך הפרץ**: כשה׳ עצר את מי המבול, ר׳ יש׳ נח,יב: וקרא לך גדר פרץ. 5 **השניה**: הברית השנייה. **דלק...בחשך**: הש׳ בר״ר ב,ג: אמר הקדוש ברוך הוא עד מתי יהא העולם מתנהג באפילה תבא האורה, ויאמר אלהים יהי אור (בר׳ א,ג) זה אברהם הה״ד מי העיר ממזרח צדק וגו׳ (יש׳ מא,ב). **הוא...המוניך**: על פי בר׳ יז,ד: והיית לאב המון גוים. 6 **הלך [ב]תמים**: הש׳ שו״ט א,ד: להולך בתמים, ומהו להולכים בתמים, אלא זה אברהם שהלך לפני הקב״ה בתמימות. 7 **ומצאת...לפניך**: נח׳ ט,ח, ר׳ [ג],א,1. 9 **זמן צאת**: יציאת מצרים? 10 **חנו**: על פי במ׳ לג,יג: ויחנו באלוש, ר׳ טור 1.

[ה] וירא <בר׳ יח:א>

ז אָז בְּעֵת מָל שׁוֹגֵב וְנָם לְיַחֲלִי
מֵרָחוֹק ייי נִרְאָה לִי <יר׳ לא:ב>

גָּשָׁה דְמוּת שְׁלֹשָׁה בְפֵירוּשִׁים
וַיַּרְא וְהִנֵּה שְׁלֹשָׁה אֲנָשִׁים <בר׳ יח:ב>

הַאֲזֵין וְקַבֵּל תַּחַן מְפַלְלֶיךָ
יֵרָאֶה אֶל עֲבָדֶיךָ פָעֳלֶיךָ <תה׳ צ:טז>

זָכָה חוֹתֵךְ עָרְלָה כְּצִיווּי מִתְגָּאֶה
כִּי רָם ייי וְשָׁפָל יִרְאֶה <תה׳ קלח:ו>

טוֹב יְקַדְּמוּנִי רַחֲמֶיךָ בְּעֵת אֲשַׁוְּועֶיךָ
וַתִּתֶּן לִי מָגֵן יִשְׁעֶיךָ <תה׳ יח:לו>

כְּנִגְלֵיתִי לָךְ לְהָאִיר פָּנֶיךָ
מֶלֶךְ בְּיָפְיוֹ תֶּחֱזֶינָה עֵינֶיךָ <יש׳ לג:יז>

מְהוּלָּל נָקָה בְּשָׂרְךָ בִּבְרִית חוֹתָם
הָרוֹפֵא לִשְׁבוּרֵי לֵב וּמְחַבֵּשׁ לְעַצְּבוֹתָם <תה׳ קמז:ג>

סִילּוּף עָרְלָה לְהָסִיר מִבְּשָׂרְךָ בְּחִיבָּה
מַיִם רַבִּים לֹא יוּכְלוּ לְכַבּוֹת אֶת הָאַהֲבָה <שה״ש ח:ז>

פָּץ צוּר לְהַסְגִּילָךְ וּלְהַצְהִילָךְ
כִּי מַלְאָכָיו יְצַוֶּה לָּךְ <תה׳ צא:יא>

קַלּוּ רַגְלֶךָ לִפְנֵי מַלְאָכִים שְׁבָח לַעֲרוֹךְ
עַל שַׁחַל וָפֶתֶן תִּדְרוֹךְ <תה׳ צא:יג>

שְׁלוּחִים תָּכְפּוּ וּמִהֲרוּ לְבַשֵּׂר אֶזְרָח בְּנָגְהָם
וַייי אָמַר הַמְכַסֶּה אֲנִי מֵאַבְרָהָם <בר׳ יח:יז>

ז

1 **אז...שוגב**: מעט שמל אברהם נתגדל. **ליחלי**: לראות פני שכינה, הש׳ בר״ר מח,ב: אמר אברהם אחר שמלתי עצמי... אילולי שעשיתי כן מאיכן היה הקב״ה נגלה עלי... אמר עד שלא מלתי היו העוברים והשבים באים אצלי עכשיו שמלתי לא יבואו אמר לו הקב״ה עד עתה היו בני אדם ערלים באים אצלך עכשיו אני ופמליא שלי נגלים עליך. **נם**: תרגומו המילולי אמר, אולם תפקודו כאן כבלשון חז״ל התכונן. 3 **גשה**: ניגשה, ור׳ בר׳ יח,ב: וירץ לקראתם. **דמות שלשה**: שם שם: והנה שלשה אנשים, בר״ר מח,ט: אחד נדמה לו בדמות סדקי ואחד נדמה לו בדמות נווטי ואחד בדמות ערבי. **בפירושים**: הש׳ בר״ר שם: אמר אם אראה שכינה ממתנת עליהם אני יודע שהם הגונים ואם אראם חולקין כבוד זה לזה. 7 **זכה**: הש׳ תנח׳ לך לך: תשע מאות ושמנים דור קפל הקב״ה בשביל ליתן המילה לאברהם. **חותך ערלה**: הוא אברהם, הש׳ תנח״ב וירא ד: וימינך תסעדני (תה׳ יח,לו) כשאחזת עמי הערלה והייתי חותך. **מתגאה**: הש׳ אסת״ר ו,ב: מתגאה על כל גאים, ביחס לקב״ה. 8 **כי ...יראה**: הש׳ תנח׳ וירא ב בעניין ביקורו של ה׳ אצל אברהם לאחר המילה: בשבעה מקומות השוה הקב״ה עצמו עם חבורת הנמוכין... כי רם ה׳ ושפל יראה. 9 **יקדמוני רחמיך**: על פי תה׳ עט,ח: מהר יקדמוני רחמיך, תנח׳ וירא: הקדמתי חסד למשפט. **בעת אשוועיך**: כאשר אתפלל אליך, תנח׳ וירא ב: ואפילו אין אדם כדאי לענות בתפלתו ולעשות חסד עמו כיון ש[אברהם] מתפלל ומרבה בתחנונים אני עושה חסד עמו הקדמתי חסד לאמת. 11 **כנגליתי לך**: על פי בר׳ יח,א: וירא אליו, ור׳ תרגומים שם: ואתגלי ליה ה׳. 12 **מלך...עיניך**: הש׳ בר״ר מח,ו: מלך ביפיו... וירא אליו ה׳. 13 **מהולל**: ה׳, על פי תה׳ מח,ב: גדול ה׳ ומהלל מאד. **נקה...חותם**: הש׳ מדרש ילמדנו שם: ומוסרם יחתום (איוב לג,טז) שחתם הקב״ה בבשרו ברית מילה דכתיב ואתנה בריתי ביני ובינך וגו׳ (בר׳ יז,ב), פדר״א ט: הראהו חותמו של אברהם הביט לברית. 15 **ערלה...בחיבה**: הש׳ תנח, לך לך: מהו תמים שחיבב את המילה, חביבה המילה. 17 **פץ**: אמר, כבלשון חז״ל: התכונן. **להסגילך**: הש׳ תנח׳ לך לך ט: ובך

בחר ה׳ אלהיך להיות לו לעם סגולה מכל העמים אשר על פני האדמה. **ולהצהילך**: על פי תה׳ קד,טו: להצהיל פנים משמן, הכוונה שם לשמח, ר׳ לעיל 11. 18 **מלאכיו**: גילוי המלאכים נועד להאיר פני אברהם, הש׳ פס״ר כ: ומפני מה ברא כוכב חמה זה אבינו אברהם שמצהיל את כל העולם כולו כחמה. 19 **קלו...מלאכים**: ר׳ ש״ב ב,יח: קל ברגליו, הכוונה לזריזות אברהם: אברהם מיהר ורץ לקראת המלאכים, ר׳ בר״ר מח,ח: שאותם אנשים היו מלאכים, ר׳ יש׳ יח,ב: מלאכים קלים. 21 **שלוחים**: המלאכים הינם שליחים בין אנושי בין אלוהי. **לבשר**: הש׳ פדר״א כה: אנו למדין מהקב״ה כשנגלה על אברהם אבינו התחיל מבשרו על ההריון של שרה אשתו ואח״כ הגיד לו מעשה סדום. **אזרח**: על שם תה׳ פט,א: משכיל לאיתן האזרחי, ויק״ר ט,א: איתן זה אברהם אבינו.

[ו] וייי פקד <בר׳ כא:א>

ו [.......]

מַעְיָן נַעֲשׂוּ שְׁנֵי דַדֵּי יְשָׁרָה
כִּי דֶרֶךְ נָשִׁים שָׁמְרָה בְטָהֳרָה
נִינִים הֵנִיקָה וְלֹא חִיסְּרָה
וַתֹּאמֶר מִי מִלֵּל לְאַבְרָהָם הֵנִיקָה בָנִים שָׂרָה <בר׳ כא:ז>

סִימָן טוֹב הֶחֱנִיט זָקֵן בְּעֵת קָמַל
וְעָלָיו צוּר חִנֵּן וְחָמַל
עָשׂ מִשְׁתֶּה גָדוֹל עָלָיו בְּהִיגָּמַל
וַיִּגְדַּל הַיֶּלֶד וַיִּגָּמַל <בר׳ כא:ח>
[.......]

ו

1 **מעין...דדי**: הש׳ בר״ר נג,ט: גילתה דדיה והיו נובעות חלב כשני מעיינות. **ישרה**: שם: והיו אומרות אין אנו כדיי להניק מחלב חצדקת. 2 **כי...נשים**: על פי בר׳ לא,לה: כי דרך נשים לי. **בטהרה**: הש׳ ב״מ פפז, ע״א: ושרה אמנו אותו היום פירסה נדה ויאמרו אליו איה שרה...להודיע ששרה אמנו צנועה היתה. 3 **נינים...חיסרה**: הש׳ בר״ר שם שם: היו מטרוניות באות ומניקות את בניהן ממנה, תנח׳ תולדות ג: באותה שעה היה שופע ויורד חלב מדדיה של שרה ונטלה כל בניהן והניקה אותן. 5 **סימן טוב**: הש׳ מדרש משלי לא,ט: כנגד אברהם ושרה... והיו סימן טוב לעולם, הכוונה ליצחק שנולד לאברהם למזל טוב. **החניט...קמל**: הש׳ פס״ר מב: כי תאנה לא תפרח, כביכורה כתאינה בראשיתה (הוש׳ ט,י) זה אברהם. **זקן**: על פי בר׳ כד,א: ואברהם זקן. **בהיגמל**: בהיגמל את יצחק.

[ז] ואברהם זקן <בר׳ כד:א>

א [.......]
[... ... ...] חֲנַנְתָּנִי
דְּרָכֶיךָ ייי הוֹדַעְתָּנִי <תה׳ כה:ד>

הֵן לְרֹאשְׁךָ וּלְרֹאשׁ הֲמוֹנֶיךָ
וִיעַדְתָּה בְרָכָה [בְאוֹמְ]נֶיךָ
זַךְ כִּי אֲנִי מָגִ[נֶּיךָ]
חֵן עֲטֶרֶת תִּפְאֶרֶת תְּמַגְּנֶךָּ <מש׳ ד:ט>

טָהוֹר עוֹלָךְ נָסָא יֶתֶר מִכֹּל
יְדָעֲךָ כִּי אַתָּה אֲדוֹן כֹּל
כִּבְנֵי [... .יְ]רְאָתְךָ יוֹצֵר כֹּל
לָכֵן בֵּרַכְתָּה [אֶת אַבְרָהָם בַּכֹּל]

כב׳ ואברהם זקן בא בימים <וה׳ ברך את אברהם בכל> <בר׳ כד:א>
[ונא׳] תפארת בחורים כוחם ותפארת זקנים שיבה <מש׳ כ:כט>
[ונא׳] עטרת תפארת שיבה בדרך צד<קה> תמצא <מש׳ טז:לא>
ונא׳ תתן לראשך לוית חן <עטרת תפארת תמגנך> <מש׳ ד:ט>
ונא׳ כי אתה תברך צדיק <ה׳ כצנה רצון תעטרנו> <תה׳ ה:יג>
ונא׳ יפיפית מבני אדם <הוצק חן בשפתותיך על כן ברכך אלהים לעולם> <תה׳ מה:ג>
ונא׳ <רצון> יראיו יע<שה ואת שועתם ישמע ויושיעם> <תה׳ קמה:יט>

[וְיוֹשִׁי]עֵם שִׁמְךָ אֱלֹהֵינוּ
מָגִנֵּינוּ וְקֶרֶן יִשְׁעֵינוּ
כְּאַבְרָהָם אָבִינוּ
ייי כַּצִּנָּה רָצוֹן תַּעְטְרֶנּוּ <תה׳ ה:יג> ב מגן אברהם

ב
מֶלֶךְ דָּגוּל מֵרְבָבָה
נָחִיתָ מַשְׂכִּיל בְּאוֹרַח נְתִיבָה
סוֹכֶנֶת לְהָבִיא לִבְנוֹ מְחֻוּבָּבָה
עֲשֵׂה עִמִּי אוֹת לְטוֹבָה <תה׳ פו:יז>

פָּץ לְעַבְדּוֹ הַשְׁ[בְּעָה לִי] בֵאלֹהִים חַיִּים
צְלַח בְּאוֹרְחוֹ[תֶיךָ] וְיוֹסִיפוּ לְךָ שְׁנוֹת חַיִּים
קַח עֲשָׂרָה גְמַלִּים עַל שֵׁם אֱלֹהִים חַיִּים
רוֹדֵף צְדָקָה וָחָסֶד יִמְצָא צֶדֶק וְכָבוֹד וְחַיִּים <מש׳ כא:כא>

שָׁת יָדוֹ עַל יָדוֹ
שִׁימַּע בֶּאֱמוּנָה אִמְרֵ[י] סוֹדוֹ
תָּלָה [..]יאוּ עַל מְעוֹדְדוֹ
תִּינָּה וַיֹּאמֶר אַבְרָ<הָם> אֶל עַבְדּוֹ <בר׳ כד:ב>

[.......]

ג

[י.. ... ...]
[התזר. ... ...]
[... ... ...]
[ותאמר ... ...]

[ה.. ... ...]
[... ... ...]
[ו.. ... ...]
וְלֹא רָאִיתִי צַדִּיק נֶעֱזָב וְזַרְעוֹ מְבַקֶּ[שׁ לָחֶם] <תה׳ לז:כה>

[ד.. ... ..]יתו [...]
[... ...] שָׁם קֵץ לְ[כָל תִּכְ]לָה
[... ... ...] בִּשְׁמֵי מַעְלָה
עַל עַמְּךָ בִרְכָתֶךָ סֶּלָה <תה׳ ג:ט>

[ה.. ... ...] אוֹם יָפָה וּבָרָה
וּפְעֻלָּתָהּ א[... ... ...]
[... ... ...] בְּרֹאשׁ עֲטָרָה
הַבִּיטוּ אֶל אַבְרָהָם אֲבִיכֶם וְאֶל שָׂרָה

ככ׳ הביטו אל א[ברהם אביכם ואל שרה תחוללכם כי אחד קראתיו ואברכהו וארבהו] <יש׳ נא:ב>

ונ׳ נער הייתי גם זקנתי <ולא ראיתי צדיק נעזב וזרעו מבקש לחם> <תה׳ לז:כה>

ונ׳ וגם עד זקנה ושיבה אל<הים> אל תעזבני <תה׳ עא:יח>

ונ׳ [ו]עד זקנה אני הוא <ועד שיבה אני אסבל אני עשיתי ואני אשא ואני אסבל ואמלט> <יש׳ מו:ד>

ונ׳ ימלוך <ה׳ לעולם אלהיך ציון לדר ודר הללויה> <תה׳ קמו:י>

ונ׳ ואתה קדוש <יושב תהלות ישראל> <תה׳ כב:ד>

ד

עַד מָתַי עַזֵּי פָנִים לֹא יָקוּמוּ [מִפְּ]נֵי שֵׂיבָה
וְאֵין לָהֶם בּוֹשֶׁת פָּנִים [אתם תע..] (וְחוֹשְׁקִים בְּתוֹעֵבָה)
ייי כַּמָּה תִרְאֶה הַשֵּׂיבָה
עַד זִקְנָה אֲנִי הוּא [וְ]עַד שֵׂיבָה <יש׳ מו:ד>

אַתָּה (הוּא) עַתִּיק יוֹמִים
כְּקֶדֶם הֶרֶב לָנוּ יָמִים
כְּאַבְרָהָם [זָקֵן] בָּא בַּיָּמִים
וְהַמֶּלֶךְ דָּוִיד זָקֵן בָּא בַּיָּמִים <מ״א א:א>

מְלוּכָה לְהַחֲזִיר לְגִזְעֵי עֵבֶר בְּמַקְלוֹ
וְיִתְיַשֵּׁב עַל כִּסֵּא ייי בְּבֵית זְבוּלוֹ
חֲסִידָיו הַנֶּאֱמָנִים יַעַמְדוּ לָנוּ וְנִשְׁבַּע [...] לוֹ
וַיְכַסֻּהוּ בַּבְּגָדִים וְלֹא יִחַם לוֹ <מ״א א:א>

מְהֵרָה יָחִישׁ יְשׁוּעָה נוֹרָא [מִ]מִּקְדָּשׁוֹ
וְכָל מְבַקְשָׁיו יִתְהַלְ[לוּ] בְּשֵׁם קָדְשׁוֹ
כַּמָּה יִתְאַחֵר עָלֵינוּ הַקֵּץ וְרִגּוּשׁוֹ
לֵב יוֹדֵעַ מָרַת נַפְשׁוֹ <מש׳ יד:י>

לְפִלּוּלֵינוּ תַּאֲזִין וְתַקְשִׁיב
וּבְאַרְצֵנוּ [אֹתָנוּ] מְהֵרָה תְּיַשֵּׁב
וְאַרְמוֹן עַל מִשְׁפָּטוֹ יֵשֵׁב
וּקְדוּשָּׁתְךָ בָּנוּ תִּתְיַשֵּׁב
וְיוֹלִיכֵנוּ קוֹמְ[מִ]יּוּת וְעָרֵינוּ לְהָשֵׁב
(צִיר נֶאֱמָן לְשׁוֹלְחָיו וְנֶפֶשׁ אֲדוֹנָיו יָשִׁיב) <מש׳ כה:יג>

האל נ<ורא> מ<רום> וק<דוש>

ה אָמְנָם שְׁלֹשָׁה שָׁאֲלוּ שְׁאֵלוֹת מֵאֹמֶר וְעֹשֶׂה
בִּקֵּשׁ כָּל אֶחָד וְאֶחָד תַּאֲוַת נַפְשׁוֹ לְהֵעָשֵׂה
גְּדוֹל הָעֵצָה מִלֵּא מִשְׁאֲלוֹתָם בְּכָל מַעֲשֶׂה
רְצוֹן יְרֵאָיו יַעֲשֶׂה <תה׳ קמה:יט>

אַב הֲמוֹן עַל זִקְנָה דָּבָר שָׁאַל (לִחְיוֹת בְּ)אַחֲרִית הַיָּמִים
הוּא כְּסָ[ח] אֵין מַכִּיר בְּנִי מִמֶּנִּי וְלֹא אֲנִי מִבְּנִי לָרָם עַל רָמִים
וְחַיֶּיךָ אֲנִי [שׁ]וֹאֵל מִמְּךָ בַּתְּחִילָּה הֱשִׁיבוֹ אֲדוֹן עוֹלָמִים
וְאַבְרָהָם זָקֵן בָּ<א> בַּיָּמִ<ים> <בר׳ כד:א>

יַעֲקֹב (בִּיקֵּשׁ) עַל חֹלִים זְמַן [... מתע..]ים אָדָם הָיָה מֵת וּמִתְכַּלֶּה
חָשׁ יַעֲקֹב וְשָׁאַל [...] מְמוֹרִיד וּמַעֲלֶה
טֶרֶ[ם] יָמוּת אָדָם יִתְחַלֶּה יִ[...] תַּתְחִיל אַתָּה וְתֶחֱלֶה
וַיְהִי אַחֲרֵי הַדְּבָרִים הָאֵלֶ<ה> וַיֹּא<מֶר> לְיוֹסֵף הִנֵּה אָבִיךָ חוֹלֶה
<בר׳ מח:א>

חִזְקִיָּהוּ (בִּיקֵּשׁ) עַל תְּפִלַּת חֹלִים יִתֵּן שֶׁיִּשָּׁמַע ב[..]נה
(וְהִי כְּנֶאֱמַר) מִכְתָּב לִיחִזְקִיָּהוּ בַּחֲלוֹתוֹ בֶּאֱ[מוּנָה]
כְּלָל הֶשַׁבְתּוֹ שֶׁכֵּ[ן מְ]עוֹנָה
שָׁמַעְתִּי אֶת תְּפִלָּתֶיךָ וְהִנְנִי [אֹ]וֹסִיף עַל יָמֶיךָ חָמֵשׁ עֶשְׂרֵה שָׁנָה
<יש׳ לח:ה>

לעולם תערץ

ו אַשְׁרֵי תִּיבְחַר וּתְקָרֵב צוּר תָּמִים
כְּבֵאַרְתָּ וְקִדַּשְׁתָּ [.... ...]
[ב.. ...] תִּיעַבְתָּ כְּלָבִים] אִלְּמִים
וְאַבְרָהָם זָקֵן בָּא בַּיָּמִים <בר׳ כד:א>

[ג.. ... .ת] הוֹן בֵּיתוֹ
זִקְנָתוֹ [חש.. ...] בְּיוֹם חֲתֻונָּתוֹ
דָּץ לְהָבִיא לוֹ סֹכֶנֶת מִמִּשְׁפַּחְתּוֹ
וַיֹּ<אמֶר> אַבְ<רָהָם> אֶל [עַבְדּוֹ] זְ<קַן> בֵּיתוֹ <בר׳ כד:ב>

הָלוֹךְ תֵּלֵךְ לַאֲרַם נַהֲרַיִם
וְעַל ייי הַשְׁלֵךְ יְהָבְךָ עֶרֶב [וָבֹ]קֶ[ר] וְצָהֳרַיִם
וְתָבִיא לִבְנִי הַשְּׁקוּלָה לְמוּלוֹ בְמֹאזְנַיִם
וְאַשְׁבִּיעֲךָ בַּייי אֱלֹ<הֵי> הַשָּׁמַיִם <בר׳ כד:ג>

זְקֵנִי [... ... ...] קַח וָלֵךְ
וְאָדוֹן יִהְיֶה עִמָּךְ מִישׁוֹר אִם תֵּלֵךְ
חַי אֲשֶׁר לְקָחַנִי יָכִין לָךְ [מַ]הֲלָךְ
כִּי אִם אֶל אַרְצִי וְאֶ<ל> מ<וֹלַדְתִּי> תֵּלֵךְ <בר׳ כד:ד>

טוֹבַת מַרְאֶה הַחֲבוּיָה בְהֵחָבֵא
בְּחַדְרֵי חֲדָרִים אִם תִּתְחַבֵּא
י[..] אֵם מַקְרֵיבֶת [תְּהִי] לָבוֹא לִמְרֻובֵּי
וַיֹּאמֶר אֵלָיו הָעֶ<בֶד> אֻלַי לֹא תֹאבֶה <בר׳ כד:ה>

כְּלוּלָךְ לִשְׁמוֹר אָשִׁיב
כְּשָׁאַל כָּעִ[נְיָן וְכַ]הֲלָכָה מֵישִׁיב
לַאֲשֶׁר תֹּאמַר לִי אֲנִי מַקְשִׁיב
הִשָּׁמֶר לְךָ פֶּן תָּשִׁיב <בר׳ כד:ו>

מַשְׂכֶּלֶת הַשְּׁקוּלָה בְּמֹאזְנַיִם
בְּלֶכְתָּךְ לַהֲבִי[אָ]ה יְלַוּוּךְ מַלְאֲכֵי שָׁמַיִם
נָא יָכִין לְךָ [לְהָבִיא] אִשָּׁה לִבְנִי [הֶעָמוּס] מִמֵּעַיִם
ייי אֱלֹהֵי הַשָּׁמַיִם <בר׳ כד:ז>

סְלִילִי אֲיַחֵד בְּיָשְׁרֶיךָ
אִם תַּעֲשֶׂה כְצִיוּוּי אַשְׁרֶיךָ
עֶבֶד יִתְנַקֶּה ו[.. ...]
[וְאִם] לֹא תֹא<בֶה> הָאִ<שָּׁה> לָ<לֶכֶת> אַחֲרֶיךָ <בר׳ כד:ח>

פָּנָה לְצַוּוֹתוֹ באמ[..] עֵינָיו
הוּא לֹא שג[.. ... ...]
[צ..] הַנִּצְפֶּנֶת לְבֶן זְקוּנָיו
וַיָּשֶׂ<ם> הָ<עֶבֶד> אֶ<ת> יָדוֹ תַּ[חַת יֶרֶךְ אַבְרָהָם אֲדוֹנָיו]<בר׳ כד:ט>

[ק.. ... ...]
[... ... ...] אֶרְאֶלִּים ואלה [...]
[ר.. ... ..אים ...] וְכָל מְטַלְלִים
וַיִּ<קַּח> הָעֶ<בֶד> עֲשָׂ<רָה> גְמַלִּ<ים> <בר׳ כד:י>

[ש.. ... ...]
[... ... ...]
[ת.. ... ...]
[וַיַּבְרֵךְ הַגְּמַלִּים] <בר׳ כד:יא>

ז
אַחֲרִיתָךְ בְּסוֹפָהּ תִּהְיֶה מְחֻובָּבָה
תִּקָּבֵר בְּשֵׂ<יבָה> טוֹבָה <בר׳ טו:טו>

גּוֹדֶל דִּיבּוּר יַעֲלַת חֵן
תִּתֵּן לְרֹאשְׁךָ לִוְיַת חֵן <מש׳ ד:ט>

הַתּוֹרָה וְכָל שִׁמּוּשָׁהּ
הוֹד וְהָדָר לְבוּשָׁהּ <מש׳ לא:כה>

זָקֵן חָבִיב כְּזַיִת רַעֲנַנְתּוֹ
כַּעֲלוֹת הַגָּדִישׁ בְּעִתּוֹ <איוב ה:כו>

טוֹבָה יָזֵם בִּשְׁבֻעָה מְקוֹמָהּ
כְּנַעַן בְּיָדוֹ מֹאזְנֵי מִרְמָה <הוש׳ יב:ח>

כֵּוֵין לָךְ סִיחַ בְּהֶגְיוֹן נִבּוֹ
גַּם שֵׂבָה [זָרְקָה] בּוֹ <הוש׳ ז:ט>

מְצָאתִיךָ נָאֶ[ה] בְּסוֹד מְדוּבָּר
נֶאֱמַן רוּחַ מְכַסֶּה דָבָר <מש׳ יא:יג>

סְקִירַת עֵינֵי בָּךְ רָאוּ סִימָן טוֹב
וּמַשְׂכִּיל עַל דָּ<בָר> יִמְצָא טוֹב <מש׳ טז:כ>

פִּרְחֵי צֶדֶק בְּ[רֶצ]וֹתְךָ אקב[ו]ל
עַד זִקְנָה אֶ[סְבֹּל אֲנִי] ה<וּא> וְעָ<שִׂיתִי> [וַאֲנִי אֶשָּׂא וַ]אֲ<נִי> אֶסְבֹּל <יש׳ מו:ד>

קַלִּים רָצִ[ים] בָּךְ לְהָבִין
תֵּיחַת גְּעָרָה בְּמֵבִין <מש׳ יז:י>

שָׂת תְּהִלָּ[ה לְמֶלֶךְ] הַכָּבוֹד
וְנֶגֶד זְקֵנָיו כָּבוֹד <יש׳ כד:כג>

ולך תעלה [קדושה]

א

3 **הודעתני**: במקרא: הודיעני. 4 **לראשך**: אברהם, על פי מש׳ ד,ט: תתן לראשך לוית חן, ר׳ טור 15. **ולראש המוניך**: אברהם, על פי בר׳ יז,ד: והיית לאב המון גוים. 5 **ויעדתה**: קבעת, הבטחת. **[באומ]ניך**: הש׳ יש׳ מט,כג: והיו מלכים אֹמְנַיִךְ. 6 **זך**: ה׳. **כי...מג[ניך]**: על פי בר׳ טו,א: אנכי מגן לך. 8 **טהור**: הוא ה׳ על פי חב׳ א,יג: טהור עינים מראות רע. **עולך...מכל**: ה׳ בירך את אברהם במידה מרובה. 9 **ידעך**: אברהם הודיע את דבר הבורא לכל העולם. **כי...כל**: חילוף הגוף, ה׳ שהוא אדון הכל. 10 **כבני**: יצחק. **יוצר כל**: ה׳, על פי יר׳ י,טז: כי יוצר הכל הוא. 13 **ותפארת**: במקרא: והדר. 20 **מגנינו...ישעינו**: על פי תה׳ יח,ג: מגני וקרן ישעי.

ב

1 **דגול מרבבה**: ה׳, ר׳ [ג],ד,9. 2 **משכיל**: אליעזר, הש׳ מש׳ יז,ב: עבד משכיל ימשל בבן מביש, ר׳ בר״ר ס,ב: עבד משכיל זה אליעזר. 3 **סוכנת להביא**: להביא אישה, על פי מ״א א,ב: ותהי לו סכנת, כינוי לרבקה. **לבנו מחובבה**: אהובה לבנו יצחק. 5 **פץ לעבדו**: על פי בר׳ כד,ב: ויאמר אברהם אל עבדו. **הש[בעה]...חיים**: על פי בר׳ כו,ג: ואשביעך בה׳ אלהי השמים ואלהי הארץ, הש׳ גם בר׳ כא,כג: השבעה לי באלהים. 6 **צלח באורחו[תיו]**: הש׳ יה׳ א,ח: אז תצליח את דרכיך. **ויוסיפו...חיים**: מש׳ ט,יא. 7 **קח...גמלים**: על פי בר׳ כד,י: ויקח העבד עשרה גמלים. 8 **צדק...וחיים**: במקרא: חיים צדקה וכבוד. 9 **שת...ידו**: על פי בר׳ כד,ט: וישם העבד את ידו תחת ירך אברהם. 10 **שימע...סודו**: אברהם הודיע לאליעזר את הוראותיו. 11 **תלה [..]יאו**: כך בכה״י, תלה [עיניו]? **מעודדו**: אברהם דחף את עבדו לעשות את מה שציווה לו. 12 **תינה**: דיבר.

ג

10 **שם קץ**: נראה שהוא שם קץ ללילה על פי איוב כח,ה: קץ שם לחשך. 13 **יפה וברה**: על פי שה״ש ו,י: יפה כלבנה ברה כחמה, עם ישראל, הש׳ שהש״ר ו,טז: אי מה שחר זה שאין לו צל יכול אף ישראל כן תלמוד לומר יפה כלבנה אי מה הלבנה הזו אין אורח ברור כך ישראל תלמוד לומר ברה כחמה. 15 **בראש עטרה**: הש׳ איוב יט,ט: ויסר עטרת ראשי, הש׳ תנח׳ חיי שרה: מה אתן לך עטרת שבראשי.

ד

1 **עזי פנים**: ריבוי של עז פנים על פי דב׳ כח,נ: גוי עז פנים. **לא...שיבה**: על פי ויק׳ יט,לב: מפני שיבה תקום. **שיבה**: הקב״ה, על פי יש׳ מו,ד: ועד שיבה אני אסבל. 2 **ואין...פנים**: שבת קיט, ע״ב: אמר עולא לא חרבה ירושלים אלא מפני שלא היה להם בושת פנים זה מזה שנאמר הובישו כי תועבה עשו גם בוש לא יבושו וגו׳ (יר׳ ו,טו), ובהקשר עם עז פנים, הש׳ אבות ה,כ: עז פנים לגיהנם ובשת פנים לגן עדן. 3 **ייי...השיבה**: תה׳ לה,יז. 5 **עתיק יומים**: על פי דנ׳ ז,ט: ועתיק יומין יתב לבושה כתלג. 6 **כקדם**: על פי איכה ה,כא: חדש ימינו כקדם, הש׳ מש׳ ט,יא: כי בי ירבו ימיך. 7 **כאברהם...בימים**: על פי בר׳ כד,א, הש׳ תנח׳ לפסוק: ואברהם זקן מה אתן לו עטרה שבראשי שכשראה דניאל אמר ועתיק יומין יתב לבושה כתלג חור ושער רישיה כעמר נקי וכתיב ואברחם זקן בא בימים. 8 **והמלך ...בימים**: הקשר נפוץ מאוד והוא הקובע את קריאת ההפטרה בקריאה החד-שנתית בחיי שרה. 9 **לגזעי**: לצאצאי, הש׳ יש׳ יא,א: ויצא חטר מגזע ישי. **עבר במקלו**: יעקב עליו נאמר בבר׳ לב,י: כי במקלו עברתי את הירדן. 10 **ויתישב...ייי**: על פי דה״א כט,כג. **בבית זבולו**: בית המקדש, על פי מ״א ח,יג: בנה בניתי בית זבל לך מכון לשבתך עולמים. 11 **חסידיו...ונשבע**: יתכן להסביר על פי תה׳ יב,ב: כי גמר חסיד כי פסו אמונים מבני אדם, הש׳ שו״ט שם: אדרינוס שחיק עצמות שאל באיזה זכות אומה זו עמדה אמרו לו יש בהם חסידים ויש בהם צדיקים שעמלים בתורה ועוסקין מצות. 13 **מהרה...ישועה**: הש׳ יה׳ י,ו: מהרה והושיעה לנו ועזרנו. **נורא [מ]מקדשו**: על פי תה׳ סח,לו: נורא אלהים ממקדשיך. 14 **וכל מבקשיו**: הש׳ עזרא ח,כב: על כל מבקשיו לטובה. **יתהל[לו]...קדשו**: על פי תה׳ קה,ג: התהללו בשם קדשו ישמח לב מבקשי ה׳. 15 **הקץ ורגושו**: הקץ והתרחשותו, הש׳ ברכות יז, ע״א: ומכל רעות

המתרגשות לבא בעולם, תענית יד, ע״א: כל מיני פורענויות המתרגשות. 17 **לפלולינו...ותקשיב**: הש׳ נח׳ א,ו: תהי נא אזנך קשבת... אל תפלת עבדך. 19 **וארמון...ישב**: על פי יר׳ ל,יח: ונבנתה עיר על תלה וארמון על משפטו ישב, ארמון הוא מקדש. 21 **ויוליכנו קומ[מ]יות**: על פי ויק׳ כו,יג: ואולך אתכם קוממיות.

ה

1 **שלשה שאלו**: הצירוף על פי ויקר״ר לז,ד: שלשה שאלו. **שאלות**: בבר״ר סה,ט מובאות שתי דעות אחת המונה שלושה שתבעו: הם אברהם יצחק ויעקב, והשנייה המונה ארבעה שחדשו והם שלשת האבות וחזקיהו מלך יהודה, בפדר״א נב מובא בסגנון אחר וברשימה לא מצוי יצחק כבפיוט כאן. **מאמר ועשה**: ר׳ לעיל [ג],ד,19. 2 **תאות נפשו**: על פי תה׳ י,ג: כי הלל רשע על תאות נפשו. 3 **גדול העצה**: על פי יר׳ לב,יט: גדל העצה ורה העליליה. **מלא משאלותם**: על פי תה׳ כ,ו: ימלא ה׳ כל משאלותיך. 5 **אב המון**: אברהם, על פי בר׳ יז,ד. **אחרית הימים**: הש׳ בר״ר נט,ב: אימתי ותשחק ליום אחרון לאדם אימתי הוא נותן שכרה לעתיד לבא ממי את למד מאברהם... זכה לזקנה שנ׳ ואברהם זקן וגו׳, וכן הש׳ שם,ו: ואברהם זקן זה קנה שני עולמות... יש לך שהוא בזקנה ואינו בימים ואינו בזקנה אבל כאן זקנה כנגד ימים וימים כנגד זקנה בא בימים. 6 **הוא...מבני**: בר״ר סה,ט: אמר לפניו רבון כל העולמים אדם ובנו נכנסים למקום ואין אדם יודע למי יכבד מתוך שאת מעטרו בזקנה אדם יודע למי יכבד. **לרם...רמים**: ר׳ לעיל [ג],ג,10. 7 **וחייך...בתחילה**: ר׳ בר״ר שם: א״ל הקב״ה חייך דבר טוב תבעתה וממך הוא מתחיל. 9 **יעקב...חלים**: בר״ר שם: יעקב תבע את החולי אמר לפניו רבון כל העולמים אדם מת בלא חולי... אמר לו הקב״ה חייך דבר טוב תבעתה וממך הוא מתחיל ההי״ד ויאמר ליוסף הנה אביך חלה (בר׳ מח,א). 10 **ממוריד ומעלה**: ר׳ לעיל [ג],ב,17. 11 **י[...]**: אולי להוסיף י[עקב] או י[שראל]. 13 **חזקיהו...שישמע**: ר׳ פדר״א שם: לא היה אדם חולה ויחיה מחליו עד שבא חזקיה מלך יהודה וחלה וחיה... והיה מתפלל. **ב[..]נה**: אולי להשלים ב[תח]נה. 14 **מכתב...בחלותו**: על פי יש׳ לח,ט. 15 **שכ[ן מ]עונה**: הש׳ לעיל [ג],ד,13.

ו

1 **אשרי...ותקרב**: על פי תה׳ סה,ה, הש׳ ויק״ר א,ד: הרימותי בחור מעם זה אברהם שהיה בחור מהקב״ה שנאמר (נח׳ ט,ז) אשר בחרת באברם. **צור תמים**: ה׳, על פי דב׳ לב,ד: הצור תמים פעלו. 5 **הון ביתו**: על פי שה״ש ח,ז: אם יתן איש את כל הון ביתו. 6 **ביום חתונתו**: על פי שה״ש ג,יא: ביום חתונתו וביום שמחת לבו, כאן מדובר בחתונתו של יצחק. 7 **דץ**: מיהר. **סכנת**: ר׳ ב,3. **ממשפחתו**: על פי בר׳ כד,לח: אל בית אבי תלך ואל משפחתי ולקחת אשה לבני. 9 **הלוך...נהרים**: על פי בר׳ כד,י: ויקם וילך אל ארם נהרים. 10 **ועל...יהבך**: על פי תה׳ נה,כג: השלך על ה׳ יהבך. **ערב...צהרים**: שעות התפילה, על פי תה׳ נה,יח: ערב ובקר וצהרים אשיחה ואהמה וישמע קולי. 11 **השקולה...במאזנים**: הש׳ בר״ר נט,ט: כנען זה אליעזר בידו מאזני מרמה שהיה יושב ושוקל את בתו ראויה או אינה ראויה, הש׳ תרגום לתה׳ סב,י: בני איש במאזנים להעלות - בני גבר כד יסבון בני נשא במסחתא יתקלון מזלהון. 13 **זקני**: אברהם. **קח ולך**: על פי בר׳ כד,נא: הנה רבקה לפניך קח ולך. 14 **ואדון**: ה׳, על פי תה׳ קיד,ז: מלפני אדון חולי ארץ. **מישור...תלך**: על פי מלאכי ב,ו: בשלום ובמישור הלך אתי. 15 **חי...לקחני**: על פי בר׳ כד,ז: אשר לקחני מבית אבי. **יכין...[מ]הלך**: הש׳ מש׳ טז,ט: וה׳ יכין צעדו, ר׳ בר״ר נט,י: ה׳ ישלח מלאכו לפניך. 17 **טובת מראה**: רבקה, על פי בר׳ כד,טז: והנער טבת מראה מאד. **החבויה בהחבא**: שנחבאה בארץ ארם נהרים. 18 **בחדרי...תתחבא**: הש׳ דה״ב יח,כד: אשר תבוא חדר בחדר להחבא. 19 **אם...למרובי**: לא ברור. 21 **כלולך**: כלתך. **לשמור אשיב**: על פי בר׳ כד,ו, והמשמע: את כלתך אני (העבד) אשמור שלא להשיב את יצחק. 22 **כשאל...מישיב**: על פי אבות ה,ט: שואל כענין ומשיב כהלכה. 25 **משכלת**: אשה, על פי מש׳ יט,יד: אשה משכלת. **השקולה במאזנים**: ר׳ טור 11 לעיל. 26 **ילווך...שמים**: הש׳ בר״ר נט,י: שני מלאכים אחד להוציא את רבקה ואחד ללוות לאליעזר. 27 **[העמוס] ממעים**: על פי יש׳ מו,ג: העמסים מני בטן, הש׳ אג״ב כט: אני המוליד לישראל. 29 **סלילי איחד**: על פי מש׳ טו,יט: וארח ישרים סללה, דברי העבד: אכוון את דרכי. **בישריך**: כפי היושר. 30 **אם... אשריך**: אם יצליח אליעזר לעשות על פי חפצו של אברהם, אשריו. 31 **עבד יתנקה**: על פי בר׳ כד,ח: ואם לא תאבה האשה ללכת אחריך

ונקית משבעתי. 33 **פנה לצותו**: אברהם פנה אל אליעזר כדי לצוות לו. 35 **הנצפנת**: היא רבקה. **לבן זקוניו**: הוא יצחק על פי בר׳ כא,ב: ותלד שרה לאברהם בן לזקניו.

ז

1 **אחריתך...מחובבה**: על פי בר׳ טו,טו: ואתה תבוא אל אבתיך בשלום תקבר בשיבה טובה. 3 **דיבור...חן**: על פי מש׳ ה,יט: אילת אהבים ויעלת חן, הש׳ ערובין נד, ע״ב: אילת אהבים ויעלת חן למה נמשלו דברי תורה לאילת וכו׳. 4 **תתן...חן**: הש׳ דב״ר ו,ג: לוית חן הם לראשך... נעשה דברי תורה חן לרשיותך. 5 **התורה...שמשה**: הש׳ ברכות ז, ע״ב: גדולה שמושה של תורה יותר מלמודה, הכוונה לשמושו של העבד את אברהם על פי בר״ר ס,ז: כנען הוא אליעזר ועל ידי ששירת את הצדיק באמנה יצא מכלל ארור לכלל ברוך... מה אם אליעזר על ידי ששרת את הצדיק באמנה יצא מכלל ארור לכלל ברוך ישראל שעושין חסד עם גדוליהם בידיהם וברגליהם על אחת כמה וכמה. 7 **זקן חביב**: הש׳ תנח׳ וירא ה: זה אברהם שהיה חביב. **כזית רעננתו**: על פי תה׳ נב,י: אני כזית רענן. 9 **טובה...בשבעה**: השבעת אליעזר. **מקומה**: במקומה, יש לה מקום. 11 **כוין...סיח**: אברהם פנה אל ה׳ בתפילה, הש׳ בר״ר ס,יד: אין שיחה אלא תפילה. **בהגיון נבו**: תפילה, על פי תה׳ יט,טו: חגיון לבי נבו, הש׳ שו״ט י,ז: אמר ר׳ יהושע בן לוי אם הניבו שפתיו של אדם תחילה יהא מבושר. 13 **מצאתיך...מדובר**: חשבתיך, אברהם, ראוי לדבר אליך בסוד. 15 **סקירת עיני**: מבט עיני. **בך...טוב**: ה׳ ראה באברהם סימן טוב, הש׳ [ה],ו,5. 17 **פרחי צדק**: בני ישראל שהם צאצאי אברהם. **ב[ר]אותך אקב[ו]ל**: אולי הכוונה לגלות ישראל בחזון אברהם (בר׳ טו,יב-טו). 19 **קלים**: מלאכים, על פי יש׳ יח,ב: מלאכים קלים. **בך להבין**: רוצים להתבונן בך. 21 **[למולך] חכבוד**: ה׳, על פי תה׳ כד,ז-י.

[ח] וישלח <בר׳ לב:ד>

א [א..] עַל עַם בְּלִי [... ...]
בָּאוּ וּמָלְאוּ [... ... ...]
[ג.. ... ..]ב עִמָּם ו[.. ..]מל
דֶּרֶךְ הַמֶּלֶךְ נֵלֵךְ לֹא [נִטֶּה יָמִין וּשְׂמֹאל] <במ׳ כ:יז>

[ה.. ... ...] בְּכַחֲשׁוֹ
וישב [..]ל [..]ם בְּמָלְכוֹ וְקָדְשׁוֹ
[ז.. ...] במי[..] מֵאֱדוֹם לְהַמְ[שׁוֹ]
חֲ[מוּ]ץ בְּגָדִים מִבָּצְרָה זֶה [הָדוּר] בִּלְבוּ[שׁ]וֹ <יש׳ סג:א>

טוֹבִיָּיה חָלַק כָּבוֹד לְגִזְעֵי [...]
[י.. ... ל.. ..]רי [..]ים
כִּי [..]רה טוֹבָה עֲצַת בְּרוּכִים
לָכֵן [... ... יַעֲקֹב] שָׁלַח מַלְאָכִים

ככ׳ וישלח יעקב מל<אכים לפניו אל עשו אחיו ארצה שעיר שדה אדום> <בר׳ לב:ד>
ונ׳ אני שלום וכי אדבר המה למלחמה <תה׳ קכ:ז>
ונ׳ אעברה בארצך <לא נטה בשדה ובכרם לא נשתה מי באר בדרך המלך נלך עד אשר נעבור גבולך> <במ׳ כא:כב>

ונ׳ מי זה בא מאדום <חמוץ בגדים מבצרה זה הדור בלבושו צעה ברב כחו אני מדבר בצדקה רב להושיע> <יש׳ סג:א>

ונ׳ מענה רך <ישיב חמה ודבר עצב יעלה אף> <מש׳ טו:א>

ונ׳ בארך אפים יפתח קצין <ולשון רכה תשבר גרם> <מש׳ כה:טו>

ונ׳ [מאור עינים ישמח לב]ו שמועה טובה תדשן עצם <מש׳ טו:ל>

[עֶצֶם] תִּמַּח שְׁמָם מְהֵרָה
וע[מ]ים [... ... ..]רה
[... ... ...]
[... ... ...] פְּעָמִים עֲשָׂרָה ב מגן

ג

יְעַקֵּר קֵן אֲדֻו[מָּה]
[יֹ]אמַר לְיִ[וֹנָה ...]
[... ... ...]
[קוּמוּ וְנָקוּמָה עָלֶיהָ] לַמִּלְחָמָה <עוב׳ א:א?>

הַשְׁפֵּיל [... ... ..]ים
לעמיק ת[.. ... ..]מים
וּתְקָרֵב יְשׁוּעָה לִשְׁלֵמִי[ם]
יִשְׂרָאֵל נוֹשַׁע בַּייי תְּשׁוּעַת [עוֹלָמִים] <יש׳ מה:יז>

[ד.. ... ...] בֶּאֱדוֹם
לְהִנָּקֵם וּלְהִפָּ[רַע מֵאֱדוֹם]
[... ... ... מִבְּ]נֵי אֱדוֹם
וְנִשְׁמַע וְהָיָה יְרֵישָׁה [אֱדוֹם] <במ׳ כד:יח>

[ה.. ... ... רב.. ...]
[...] זכר אֵין הַיּוֹם שְׁבוּעָה
[...] עב[..] מקרב ו[גם] הש[.]עה
כֹּה אָמַר ייי אֱלֹהִים [לֶאֱדוֹם] שְׁמוּעָה

ככ׳ [חזון עובדיה] כה אמר [אדוני] ייי <לאדום שמועה שמענו מאת ה׳ וציר בגוים שלח קומו ונקומה עליה למלחמה> <עוב׳ א:א>

ונ׳ מי יובילני עיר מצור <מי נחני עד אדום> <תה׳ ס:יא>

ונ׳ ישראל נושע בייי תשועת עולמים <לא תבשו ולא תכלמו עד עולמי עד> <יש׳ מה:יז>

אל נא

ד
עַד מָתַי אָרַךְ הַקֵּץ עַל יִשְׂרָאֵל
וּבָטְחוּ בָנֶיךָ לאֹ[..]נים לַ[..] שְׁמָךְ יִשְׂרָאֵל
אַהֲבָה אש[.. ... ...]
[... ... ..]תי נק[.. ... ...]

א

9 **טובייה**: משה, הש׳ ויק״ר א,ג: אף טוביה הוא שמו הה״ד ותרא אתו כי טוב הוא (שמ׳ ב,ב). **חלק כבוד**: הש׳ תנח׳ וישלח ג: וידבר ה׳ אל משה ואל אהרן... למדם לחלוק כבוד למלכות... וכך עשה יעקב. 11 **טובה...ברוכים**: אולי מתקשר לתנח׳ צו ג: בטל הקב״ה גזרתו מפני השלום אימתי בשעה שאמר הקב״ה למשה כי תצור אל עיר... א״ל הקב״ה שיחרים אותם... ומשה לא עשה כן... אמר הקב״ה... ואתה לא עשית כן חייך כשם שאמרת כך אני עושה. 20 **תמח שמם**: על פי תה׳ קט,יג: ימח שמם.

ג

1 **יעקר...אדו[מה]**: ביתו של אדום, הוא רומי. 2 **לי[ונה]**: לישראל, על פי ברכות נג, ע״ב: דמתילי כנסת ישראל ליונה. 8 **ישראל...[עולמים]**: הש׳ שהש״ר ב,ז: שלא האמינו בה׳ ולא בטחו בישועתו (תה׳ עח,כב) עד שעברו על הקץ ועברו על השבועה. 14 **זכר...שבועה**: הש׳ שהש״ר שם: ארבע שבועות יש כאן השביע לישראל שלא ימרדו על המלכיות ושלא ידחקו על הקץ ושלא יגלו מסטירין שלהם לאומות העולם ושלא יעלו חומה מן הגולה. בפיוט כאן: קומו ונקומה עליה למלחמה - כנגד השבועה לא לעלות בחומה, ותקרב ישועה - דחיקת הקץ, להנקם ולהפרע מאדום - כנגד איסור למרוד באומות.

ד

1 **ארך הקץ**: נתמשך הזמן לגלות ישראל. 2 **שמך ישראל**: על פי בר׳ לב,כח: לא יעקב יאמר עוד שמך כי אם ישראל.

שמות - EXODUS

[ט] מה תצעק <שמ׳ יד:טו>

ה אָמְנָם שָׁלֹשׁ כִּתּוֹת נֶחְלְקוּ עַמּוֹ
בְּצֵאתָם מִמִּצְרַיִם וּרְדָפָם פַּרְעֹה בְעַצְמוֹ
גַּלֵּי יָם כְּחִיפָּה צַבֵּיהֶם שׁוֹרְרוּ לִשְׁמוֹ
יי אִישׁ מִלְחָמָה יי שְׁמוֹ <שמ׳ טו:ג>

כִּתָּה רִאשׁוֹנָה דִבְּרָה נִטְבַּע בְּמֵי זֵידוֹנָי
הִגִּידָה כִּי רַבִּים רַחֲמָיו נִפְּלָה נָּא בְיַד יי
וְאָמַר לָהֶם מֹשֶׁה עֶבֶד יי
הִתְיַצְּבוּ וּרְאוּ אֶת יְשׁוּעַת יי <שמ׳ יד:יג>

כִּתָּה שְׁנִיָּה זָמְמָה לַחֲזוֹר לְמִצְרַיִם וּלְשִׁעְבּוּדָם וְעֻלָּם
חַי הֱשִׁיבָם אֲנִי תַחְתֵּיכֶם אַשְׁפִּילָם
טָהוֹר נָם לָהֶם זֹאת קָשָׁה מִכֻּלָּם
כִּי אֲשֶׁר רְאִיתֶם אֶת מִצְרַיִם הַיּוֹם לֹא תֹסִיפוּ לִרְאוֹתָם עוֹד עַד עוֹלָם
<שמ׳ יד:יג>

כִּתָּה שְׁלִישִׁית יָזְמָה נַעֲשֶׂה מִלְחָמָה בַיָּם וְיֵבֹשׁוּן
כֻּלָּם עַל צַוְּארֵיהֶם רַגְלֵינוּ יְדוּשׁוּן
לָהֶם הֵשִׁיב עָנָיו נִפְלָאוֹת אַל תַּרְחִישׁוּן
יי יִלָּחֵם לָכֶם וְאַתֶּם תַּחֲרִישׁוּן <שמ׳ יד:יד>

ה

1 **שלש כתות**: במקורות רבים ארבע כיתות, הש׳ מכ׳ דויהי ב, ירוש׳ תענית ב,ה ועוד. **נחלקו עמו**: יתכן שיש כאן פרשנות של האגדה שבני ישראל נחלקו לשלוש כיתות ורק משה היה הכת הרביעית. 2 **בצאתם ממצרים**: על פי תה׳ קיד,א: בצאת ישראל ממצרים. **ורדפם פרעה**: על פי שמ׳ יד,ח: וירדף אחרי בני ישראל. **בעצמו**: הש׳ מכ׳ דויהי א: ויאסור את רכבו הוא בידו אסרו דרך מלכים להיות עומדים ואחרים מציעין להם תשמיש המרכבה ואוסרין אותה אבל פרעה הרשע הוא בידו אסרו, מכ׳ דרשב״י יד,ו: שהציע הוא לעצמו. 3 **גלי...כחיפה**: על פי שמ׳ יד,כה: ויכסו את הרכב ואת הפרשים, לשון כיסוי, ובתרגומים: וחפו, וחפון. **צביהם**: על פי יש׳ סו,כ: ובצבים. **שוררו לשמו**: על פי שמ׳ טו,א: אז ישיר משה ובני ישראל. 5 **כתה ראשונה**: הש׳ מכ׳ שם שם: אחת אומרת ליפול אל הים. **במי זידוני**: על פי תה׳ קכד,ה: המים הזידונים. 6 **כי...יי**: על פי ש״ב כד,יד: נפלה נא ביד ה׳ כי רבים רחמו וביד אדם אל אפלה, ר׳ ירוש׳ תענית ב,ה: נפלו לים מרוב אמונים שה׳ יושיע אותם. 7 **משה...יי**: על פי דב׳ לד,ה: וימת שם משה עבד ה׳. 9 **כתה...למצרים**: מכ׳ שם שם: ואחת אומרת לשוב למצרים... מיתת אחינו באפלה קשה לנו משעבודנו במצרים. 10 **חי**: ה׳, על פי שמ׳ יד,כא: חי אני. **תחתיכם**: כמו תה׳ מז,ד: ידבר עמים תחתינו. 11 **טהור**: הש׳ במ׳ יב,ד ׳פתאום׳ בפי׳ רש״י: משמע שם שמשה לבדו טהור תמיד. 13 **כתה שלישית**: מכ׳ שם שם: ואחת אומרת לעשות מלחמה נגדן. 14 **כלם...ידושון**: על פי יה׳ י,כד: וישימו את רגליהם על צואריהם. 15 **ענוו**: על פי במ׳ יב,ג: והאיש משה ענו מאד. **נפלאות...תרחישון**: כדברי רבי במכ׳ שם שם: ה׳ יעשה לכם נסים וגבורות ואתם תהיו עומדין ושותקין.

[י] ואתם תהיו לי <שמ׳ יט:ו> (לשבועות?)

ה

אָמְנָם חֲמִשָּׁה הָרִים הֻוחְשְׁקוּ לַהֲמוֹנַיי
בְּהִתְגַּלּוֹ[ת] עֲלֵיהֶם דָּר עַל אוֹפַנַּיי
הָהָר הָרִאשׁוֹן בְּתִיתוֹ הֲלָכָה לְמשֶׁ[ה] מִסִּינַי
וַיֵּרֶד יי עַל הַר סִינַיי <שמ׳ יט:כ>

גַּם הָהָר הַשֵּׁנִי הֻוחְשַׁק לְגוֹלֶה רָזִים
עָלָיו כְּנִתְבָּרְכוּ שְׁפָלִים וְנִבְזִים
דָּר חִוָּוה לוֹ לְהוֹדִיעוֹ בְעִילּוּזִים
וְנָתַתָּה אֶת הַבְּרָכָה עַל הַר גְּרִיזִי[ם] <דב׳ יא:כט>

הָהָר הַשְּׁלִישִׁי הוּא לְעַמִּי [סָ]בָל
הָאָרֶץ כְּנֶחְלְקָה לִשְׁנֵים עָשָׂר שְׁבָטִים לְהִתְקַבָּל
וְעָלָיו בָּנָה יְהוֹשֻׁעַ מִזְבֵּיחַ וְקוּבָּל
לַיי אֱלֹהֵי יִשְׂרָאֵל בְּהַר עֵיבָל <יה׳ ח:ל>

זִמּוּן הָהָר הָרְבִיעִי לַעֲמוֹד בַּתְּפִלָּה וְחוֹמֵיל
זִכְרוֹ טוֹב חֲסָדִים גּוֹמֵיל
חָשׁ תִּשְׁבִּי לְהַרְאוֹת גְּבוּרָה וּלְהַכְחִיד כָּל סֵימֶל
וַיִּשְׁלַח אַחְאָב בְּכָל גְּבוּל יִשְׂרָאֵל וַיִּקְבֹּץ אֶת כָּל הַנְּבִיאִים עַל הַר
הַכַּרְמֶיל <מ״א יח:כ>

טִיכּוּס הָהָר הַחֲמִישִׁי הוּכַן לָעֲמוּתִים
יַחַד כְּנִתְקַבְּצוּ [..]ה ו[.]תים
אל[...] אֲשֶׁר [..]או מֵתִים
וְעָמְד[וּ] רַגְלָיו [בַּיּ]וֹם הַהוּא עַל הַר הַזֵּיתִים <זכ׳ יד:ד>

ה

1 **הוחשקו**: חמשה הרים היו חביבים, דרישה זו מתאימה לדרישות על פי תה׳ סח,יז: ההר חמד אלהים, הש׳ בר״ר צט,א: אבל סיני שלא נעשה עבודה זרה עליו ההר חמד אלהים לשבתו וירד ה׳ על הר סיני. **להמוניי**: לישראל. 2 **דר...אופני**: הוא ה׳ שנגלה עם אופניו (יח׳ א). 3 **בתיתו...מסיני**: ביטוי חז״לי למסורת של תושב״ע, כאן בשימוש מושאל למתן תורה. 5 **לגולה רזים**: ה׳, על פי דנ׳ ב,כח: גלא רזין. 6 **שפלים ונבזים**: על פי מלאכי ב,ט: וגם אני נתתי אתכם נבזים ושפלים לכל העם, הכוונה לבני ישראל שעשו עצמם נבזים ושפלים. 7 **דר**: ה׳ הדר בשמי מעלה. **חווה...להודיעו**: ה׳ גילה למשה כדי להודיע לו. **בעילוזים**: בשמחה, בברכות. 9 **לעמי [ס]בל**: הר עיבל הוא מקום הקללות אם בני ישראל יסורו מן הדרך. 10 **כנחלקה...להתקבל**: כשנחלקה ארץ ישראל כדי ששבטי ישראל יקבלו את חלקם, הש׳ ספרי במדבר קלב: מלמד שלא נתחלקה ארץ ישראל אלא לכל שבט ושבט. 11 **ועליו...מזביח**: על פי יה׳ ח,ל: אז יבנה יהושע מזבח לה׳ אלהי ישראל בהר עיבל. **וקובל**: ונתקבל. 13 **זמון**: ייעוד. **לעמוד...וחומיל**: הש׳ ברכות ו, ע״ב: אליהו לא נענה אלא בתפילת מנחה. 14 **זכרו טוב**: הוא אליהו הנקרא זכור לטוב, הש׳ ירוש׳ סוטה ג,טו. **חסדים גומיל**: בתפילת ש״ע: גומל חסדים טובים. 15 **חש**: מיהר. **תשבי**: על פי מ״א יז,א: אליהו התשבי. **גבורה**: גבורת ה׳. **ולהכחיד...סימל**: להשמיד כל עבודה זרה שנקראה בדב׳ ד,טז: פסל תמונת כל סמל. 16 **על**: במקרא: אל. 17 **טיכוס**: הכנה וסידור. **לעמותים**: לחברים בברית, לבני ברית. 19 **יחד כנתקבצו**: על פי זכ׳ יד,ב: ואספתי את כל הגוים.

[יא]   וְאַתֶּם תִּהְיוּ לִי <שמ' יט:ו> (לשבועות?)

ה

אָמְנָם עֶשֶׂר יְרִידוֹת חָקַק נוֹרָא וְאָיוֹם
תֵּשַׁע לְשֶׁעָבַר וַעֲשִׂירִית זְמוּנָה לַיּוֹם
בָּהֵן הָרִאשׁוֹן כְּנִרְגָּן וָפֶתִי וּפְתָיוֹם
[..]תוּ מִצְוָה לְקַיֵּים

5

גַּם שְׁנִיָּה בְּדוֹר פֶּלֶג מִגְדָּל בְּיָסְדָם
כָּטְעוּ בְעָשְׁרָם וּבְמָאוֹדָם
דְּחָפָם צוּרָם וּבִלְבְּלָם וְאָבְדָם
וַיֵּרֶד יְיָי לִרְאוֹת אֶ<ת> הָעִ<יר> וְאֶ<ת> הַמִּגְדָּל אֲשֶׁ<ר> בָּנוּ בְּנֵי
הָאָדָם <בר' יא:ה>

10

הַשְּׁלִישִׁית בִּסְדוֹם כְּגָדְלָה צַעֲקָתָה
דְּלָא רָרוּ רִיר אַלְמָנָה וְשַׁמְעֲתָה אֲנֵקְתָה
וְחָמָס וָשׁוֹד מָלְאוּ אַרְקָתָה
אֵרְדָה נָּא וְאֶרְאֶה הַכְּצַעֲקָתָה <בר' יח:כא>

זִמְּנָה רְבִיעִית עִם תָּם כְּשָׁלְמוּ יְמֵי אֶבְלוֹ
עוֹד יוֹסֵף חַי הֻגַּד לוֹ

15

חִנְּנוּ צוּרוֹ וְכֹה אָמַר לוֹ
אָנֹכִי אֵרֵד עִמְּ<ךָ> מִצְרַיְמָה וְאָ<נֹכִי> אַעַ<לְךָ> גַ<ם> עָלֹה
<בר' מו:ד>

טְכוּסָה חֲמִישִׁית בַּסְּנֶה כְּנֵגַע קֵץ עֲמוּסֵי מֵעִים
כְּעָלְתָה שַׁוְעָתָם מֵאֶרֶץ לַשָּׁמַיִם
יָהּ רָאָה עָנְיָם וְכֹה אָמַר נָם לְמָשׁוּי מִמַּיִם

20

וָאֵרֵד לְהַצִּילוֹ מִיַּד מִצְרַיִם <שמ' ג:ח>

ה

1 עשר ירידות: הש' בר"ר לח,ט: תני רבי שמעון בר חלפתא זו אחת מעשר ירידות האמורות
בתורה, הש' גם אדר"נ נ"א לד: עשר ירידות ירדה שכינה על העולם. **חקק:** הש' ספר יצירה
א,א: בשלשים ושתים נתיבות פליאות חכמה חקק ה' צבאות... וברא את עולמו בשלשה
ספרים בספר וספר וספור. הירידה מן הקב"ה אל העולם נעשה ע"י חקיקה. **נורא ואיום:** הש'
[ג],ד,7. 2 **תשע...ליום:** הש' אדר"נ נ"א שם: ואחת עתידה להיות בימי גוג ומגוג שנאמר ביום
ההוא על הר הזיתים (זכ' יד,ד), היום הוא אותו יום הדין. 3 **הראשון:** הש' אדר"נ שם: אחת
בגן עדן שנאמר וישמעו את קול אלהים מתהלך בגן עדן (בר' ג,ח). **כנרגן):** על פי מש' טז,כח:
איש תהפכות ישלח מדון ונרגן מפריד אלוף, הש' בר"ר כ,ב: איש תהפוכות זה הנחש... ונרגן
שריגן דברים על בוראו. **פתי:** הוא האדם שנתפתה על פי בר' ג,יב: נתנה לי מן העץ ואכל.
ופתיום: אולי מתיחס לאשה שהיא פתיון, הש' איוב לא,ט: אם נפתה לבי על אשה. 5 **שניה:**
הש' אדר"נ שם: ואחת בדור המגדל שנאמר וירד ה' לראות את העיר ואת המגדל (בר' יא,ה).
בדור פלג: על פי בר' י,כה: שם האחד פלג כי בימיו נפלגה הארץ. **מגדל ביסדם:** על פי בר'
יא,ד: ויאמרו הבה נבנה לנו עיר ומגדל. 6 **כטעו בעשרם:** הש' תוספתא סוטה ג,י: אנשי
מגדל לא נתגאו לפני המקום אלא מתוך הטובה שהשפיע להם... וישבו שם ואין ישיבה אלא
אכילה ושתייה. **ובמאודם:** הוא ממונם, הש' משנה ברכות ט,ה: ובכל מאדך בכל ממונך,
ובתרגום אונקלוס לדב' ו,ה: ובכל נכסך. 7 **דחפם צורם:** הש' דב' לב,ל: אם לא כי צורם
מכרם. **ובלבלם:** על פי בר' שם,ז: הבה נרדה ונבלה שם שפתם. **ואבדם:** הש' פדר"א כד: מה
עשו לקחו איש חרבו ונלחמו אלו עם אלו להשחית וחצי העולם שם נפלו בחרב, הש' במ"ר

ה,ג: סדומיים הכעיסו ואבדם. 9 **השלישית...צעקתה**: הש׳ אדר״נ שם: ואחת בסדום שנאמר ארדה נא ואראה הכצעקתה הבאה אלי (בר׳ יח,כא). 10 **כלא...אלמנה**: על פי יש׳ א,יז: ריבו אלמנה, הפסוק מדבר על ירושלים שעושים בה כמעשי סדום ועמורה. **ושמעתה אנקתה**: על פי תה׳ קב,כא: לשמע אנקת אסיר. 11 **וחמס ושוד**: הש׳ יר׳ ו,ז: חמס ושד ישמע בה. **מלאו ארקתה**: על פי בר׳ ו,יא: ותמלא הארץ חמס. 13 **רביעית**: ירידה זו מצויינת בשמ״ר טו,טז: נשתעבדו ישראל במצרים ונגלה הקב״ה כביכול עמהם שנא׳ אנכי ארד עמך מצרימה (בר׳ מו,ד). **תם**: יעקב, על פי בר׳ כה,כז: ויעקב איש תם. **כשלמו...אבלו**: על פי יש׳ ס,כ: ושלמו ימי אבלך, ר׳ גם בר׳ לז,לד-לה: ויתאבל על בנו ימים רבים... וימאן להתנחם ויאמר כי ארד אל בני אבל שאלה, לא פסק אבלו עד להודעה על מציאתו של יוסף. 14 **עוד...לו**: על פי בר׳ מה,כו: ויגדו לו לאמר עוד יוסף חי. 17 **טכוסה...בסנה**: הש׳ פדר״א יד: ואחת בסנה. **כגע**: כשהגיע. **עמוסי מעים**: ישראל, על פי יש׳ מו,ג: העמסים מני בטן. 18 **כעלתה...לשמים**: על פי שמ׳ ב,כג: ותעל שועתם אל האלהים. 19 **יה...עניים**: על פי שמ׳ ג,ז: ראה ראיתי את עני עמי. **וכה אמר**: ר׳ שמ׳ ד,כב: כה אמר ה׳ בני בכרי ישראל. **למשוי ממים**: משה, על פי שמ׳ ב,י: ותקרא שמו משה ותאמר כי מן המים משיתהו.

[יב] אם כסף תלוה <שמ׳ כב:כד>

ז אִישׁ בְּיִרְאָתוֹ רָץ לְהַמְשֵׁךְ
כַּסְפּוֹ לֹא נָתַן בְּנֶשֶׁךְ <תה׳ טו:ה>

גּוֹזֵל דַּלִּים מֵעַמּוֹ יִבָּדֵל
אַשְׁרֵי מַשְׂכִּיל אֶל דָּל <תה׳ מא:ב>

הַיָּחִיד וּלְצִיוּיָו קְשׁוֹב
אַל תֹּאמַר לְרֵעֲךָ לֵךְ וָשׁוּב <מש׳ ג:כח>

זָמַם חוֹקֵר לֵב בִּכְבוֹדֵיהוּ
אַל תִּגְזָל דָּל כִּי דַל הוּא <מש׳ כב:כב>

טָהוֹר יִידַּע לְעַם עוֹלָם
אַל יָשׁוֹב דַּךְ נִכְלָם <תה׳ עד:כא>

כִּי לִירֵאָיו בְּרָכָה [הִתְ]שִׁיר
בִּרְכַּת ייי הִיא תַעֲשִׁיר <מש׳ י:כב>

ז

1 **איש...להמשך**: הש׳ שמ״ר לא,יג: אל תקח מאתו נשך ותרבית ויראת מאלהיך... מי שהוא מלוה בלא רבית מעלה עליו הקב״ה כאלו עשה כל המצות שנאמר כספו לא נתן בנשך וגו׳. 2 **כספו...בנשך**: הש׳ שמ״ר לא,ד: אם כסף תלוה את עמי הה״ד כספו לא נתן בנשך. 3 **גוזל דלים...יבדל**: ר׳ מש׳ כב,כב: אל תגזל דל, הש׳ אדר״נ לח: חייכם אף אני אגבה נפשותיכם וכן הוא אומר אל תגזל דל כי דל הוא. 5 **היחיד**: ה׳ שהוא יחידו של עולם. 6 **אל...ושוב**: הש׳ אדר״נ יז: אל תקח ממנו את ממונו שנאמר אל תאמר לרעך לך ושוב ומחר אתן לך ויש אתך. 7 **חוקר לב**: ה׳, על פי יר׳ יז,י: אני ה׳ חקר לב בחן כליות. 8 **אל...הוא**: הש׳ שמ״ר לא,טו: וכן דוד אומר אשרי משכיל אל דל וכן שלמה אומר אל תגזול דל כי דל הוא למה כי ה׳ יריב ריבם וקבע את קובעיהם נפש. 9 **טהור**: ר׳ [ז],א,8. **לעם עולם**: ישראל,על פי יש׳ מד,ז: משומי עם עולם. 11 **[הת]שיר**: נתן, ר׳ ש״א ט,ז: ותשורה אין להביא. 12

ברכת...תעשיר: הש׳ דב״ר ג,ג: אתה יודע אמונתו של הקב״ה שנאמן לשלם לישראל שכר המצות שהן עושין.

[יג] הנה אנכי שלח <שמ׳ כג:כ> (משפטים <שמ׳ כא:א>)

ז [... ... ...]
[... ... ...] צדקך

[קְ]בְּלָה רַעְיָתָךְ אִמְרֵי אֱמֶת
מִשְׁפְּטֵי ייי אֱמֶת <תה׳ יט:י>

[ש..]לה תִּרְגַּלְתָּה [בְ]יוֹשֶׁר מִשְׁפָּט
לֹא תַכִּירוּ פָנִים בַּמִּשְׁפָּט <דב׳ א:יז>

ולך תעלה [קדושה]

ז

3 **רעיתך**: ישראל, על פי שה״ש א,טו: לססתי ברכבי פרעה דמיתיך רעיתי, הש׳ שהש״ר א,נ: דמיתיך רעיתי רבנן אמרי רעיתא דעלמא שקבלו תורתי. **אמרי אמת**: על פי מש׳ כב,כא: להגיד קשט אמרי אמת. 5 **תרגלתה**: הדרכת, הנחית, על פי הוש׳ יא,ג: ואנכי תרגלתי לאפרים קחם על זרועתיו. **[ב]יושר משפט**: הש׳ נח׳ ט,יג: משפטים ישרים ותורות אמת.

[יד] ויקחו לי תרומה <שמ׳ כה:ב>

א אִמְרֵי דַת לֶקַח טוֹב הִנְחַלְתָּ לַאֲיֻוּמָּה
בְּסָ[מ]וּיכַת רוּחַ נְדִיבָה אוֹתָם לְרַחֵימָה
גַּדְתָּה לְעָנָ[יֹ]ו שׁוֹכֵן שְׁמֵי רוּמָּה
דַּבֵּר אֶל בְּנֵי יִשְׂ<רָאֵל> וְיִקְחוּ לִי תְּרוּמָה <שמ׳ כה:ב>

הִשְׁמַעְתָּ לְעַם קְרוֹבֶיךָ
וְהִשְׁפַּעְתָּ לָהֶם טוּבֶךָ
זַכִּים בְּנָדְבָם תְּנוּי לָהֶם בְּקָשְׁבֶךָ
חפץ [... ... ...] <?>

טָהוֹר צְרוֹר הַמּוֹר
יִדַּעְתָּ לִמְקֻטֶּרֶת מוֹר
כָּל תּוֹרֵם תְּרוּמָה (כִּנְדָבָה) הִיא לִגְמוֹר
לְמֹשֶׁה דִּבַּרְתָּ לֵאמֹר

ככ׳ וידבר <ה׳ אל משה לאמר> <שמ׳ כה:א>
ונ׳ דבר <אל בני ישראל ויקחו לי תרומה מאת כל איש אשר ידבנו לבו תקחו את תרומתי> <שמ׳ כה:ב>

ונ׳ ארפא משובתם אהבם נדבה כי שב אפי <ממנו>
<הוש׳ יד:ה>
ונ׳ לב טהור ברא לי אלהים <ורוח נכון בקרבי> <תה׳ נא:יב>
ונ׳ (אל תשליכני <לעת זקנה ככלות כחי אל תעזבני>)
<תה׳ עא:ט>
ונ׳ אל תשליכני <מלפניך ורוח קדשך אל תקח ממני>
<תה׳ נא:יג>
ונ׳ השיבה לי ששון ישעך <ורוח נדיבה תסמכני>
<תה׳ נא:יד>

תִּסְמְכֵנִי [... ... ...]
[..]לני בְחֵילָיךְ
[כָּל עַם] תְּמַגֵּן צִבְאוֹת קְהָלָיךְ
כְּנַמְתָּ אָנֹכִי מָגֵן לָךְ <בר׳ טו:א> מגן

ב

[מ.. ... ..]תבה הַמְעֻולָּה
נְדָבוֹת חָפַצְתָּ מִמִּי זֹאת עוֹלָה
[ס. ... ...]ף לְהַאֲחִילָה
עַל עַמְּךָ בִרְכָתֶךָ סֶּלָה <תה׳ ג:ט>

פָּץ לְמַרְעִיתוֹ וְצֹאן יָדוֹ
צִיּוּן נְדָבָה וּתְרוּמָה בְיַד [...] עַבְדּוֹ
קְבִיעַת זָהָב וָכֶסֶף בְּמִשְׁכַּן וִיעוּדוֹ
רוֹצֶה ייי אֶת יְרֵאָיו וְאֶ<ת> הַמְיַחֲלִים לְחַסְדּוֹ <תה׳ קמז:יא>

שַׁי נְדִיבָתָם תְּפַעְנְ[חוּ]
שְׁבָטִים מְקַיְּמֵי פִּקּוּד קוֹנָם צִוּוּיוֹ לֹא יַזְנִיחוּ (תַזְנִיחוּ)
תְּמִימִים אֲשֶׁר לֶקַח טוֹב לָקְחוּ
תָּרִימוּ [זֹאת הַ]תְּרוּמָה אֲשֶׁר תִּקְחוּ

ככ׳ וזאת התרומה <אשר תקחו מאתם זהב וכסף ונחשת>
<שמ׳ כה:ג>
ונ׳ לייי הישועה <על עמך ברכתך סלה> <תה׳ ג:ט>
ונ׳ לי הכסף ולי הזהב <נאם ה׳ צבאות> <חגי ב:ח>
ונ׳ להנחיל לאהבי יש ואצרותיהם אמלא <מש׳ ח:כא>
ונ׳ ועשו לי מקדש <ושכנתי בתוכם> <שמ׳ כה:ח>

בְּתוֹכָם אֶתְוַעֵד
וְלָהֶם אֶהְיֶה סוֹעֵד
וְטַל לָהֶם אֲיַעֵד
לְהַחֲיוֹת [מֵי]תִים לְעוֹלָם וָעֶד מחיה

ג יוֹפִי מוּכְלָל נָשׁוּר וְנֶחֱזֶה
וְיָקוּם לָנוּ דְבַר כָּל נָבִיא וְחוֹזֶה
[אֲ]בִיאֵם בְּקִרְיַת מוֹעֵד הַזֶּה
גָּדוֹל יִהְיֶה כְּבוֹד הַבַּיִת הַזֶּה <חגי ב:ט>

הִתְרַמְנוּ לָךְ אֱלוֹהַּ נוֹרָאוֹת
וְנָדַבְנוּ לָךְ מַפְלִיא פְּלָאוֹת
וְשִׁכְלוּל מִקְדָּשׁ הַרְאֵינוּ לְהֵרָאוֹת
הָאַחֲרוֹן מִן הָרִאשׁוֹן אָמַר ייי צְבָאוֹת <חגי ב:ט>

דְּבִיר מִ[קְדָּשׁ ...] שָׁלוֹם לְנָוְתוֹ
לְיָסְדוֹ בְּכַדְכֹּד וְאַבְנֵי [..]תוֹ
וְתֹאמַר עֵת נִשְׁכַּן בְּדִירָתוֹ
טוֹב [אַחֲרִית דָּבָר מֵרֵאשִׁיתוֹ] <קה׳ ז:ח>

[ה.. ... ...]
אֲשִׁיתוֹ [... ... ..ת] לְעַמָּךְ בְּאַהַב
אֲנִי אֹהֲבִי אֵהַב כְּהַשְׁלִיכָם עָלַי יְהָב
תַּחַת הַנְּחֹשֶׁת אָבִיא זָהָב

ככ׳ תחת הנחשת <אביא זהב ותחת הברזל אביא כסף ותחת העצים נחשת ותחת האבנים ברזל ושמתי פקדתך שלום ונגשיך צדקה> <יש׳ ס:יז>

ונ׳ גדול יהיה כבוד הבית האחרון מן הראשון <אמר ה׳ צבאות ובמקום הזה אתן שלום נאם ה׳ צבאות> <חגי ב:ט>

ונ׳ טוב אחרית ד<בר> מראשיתו <טוב ארך רוח מגבה רוח> <קה׳ ז:ח>

אל נא

ד עַד מָתַי דִּירַת מִשְׁכָּן נָשׁוּר חֲרֵבָה
וְנֵר מִקְדָּשֵׁנוּ כָּבָה
וְרָאִיתָ בְּנִדְבַת לִבֵּנוּ וְנַמְתָּה [בְ]אַהֲבָה
אֶרְפָּא מְשׁוּבָתָם אֹהֲבֵם נְדָבָה <הוש׳ יד:ה>

מְטַמְּאֵ[י מִקְדָּ]שׁ הַשְׁפֵּיל לְעִמְ[קֵי] תְ[וֹ]הִים
וּמְטַנְּפֵי מִשְׁכָּן בַּאֲבָנִים [יִהְיוּ בוֹ]הִים
עֲקָ[וֹ]ר לֵב אֶבֶן וְתֵן לֵב בָּשָׂר לַכְּמֵיהִים
לֵב טָהוֹר בְּרָא לִי אֱלֹ<הִים> <תה׳ נא:יב>

[שְׁמַע] קוֹלִי וְהֶגְיוֹן נִיבִי
וְחַתֵּל כְּאֵיבִי וּרְפָא מַכְאֹבִי
וּבְאַדְמָ[תִי] תַּצִּיבִי וּלְצִיּוֹן יֵאָמֵר הַרְחִיבִי
וְרוּחַ נָכוֹן חַדֵּשׁ בְּקִרְ<בִּי> <תה׳ נא:יב>

אֱזוֹן מַעֲנִי חָנֵּנִי וַעֲנֵנִי
זְרוֹק מֵי טֹהַר וְטַהֲרֵנִי
וְרוּחַ קָדְשְׁךָ אַל תִּקַּח מִמֶּנִּי
וְרוּחַ נְדִיבָה תִסְ<מְכֵנִי> <תה׳ נא:יד>

יוֹמָם וָלַיְלָה [לָ]ךְ נְחַלֶּה
כִּי אַתָּה מוֹרִיד וּמַעֲלֶה
פִּתְאוֹם תַּשְׁמִיעֵנוּ קוּמוּ וְנַעֲלֶה
כְּנִמְתָּה עִם ייי אֵלֶּה לַעֲשׂוֹת לָהֶם פֶּ[לֶא]
לְהַנְחִיל אוֹתָם וְאֹצְרֹתֵיהֶם אֲמַלֵּא <מש׳ ח:כא>

נ<ורא> מ<רום> וק<דוש>

ה
אָמְנָם שָׁלוֹשׁ לְקִיחוֹת לָקְחוּ אֲהוּבִים כְּנֶאֱהָבוּ
שְׁתַּיִם לְשֶׁעָבַר וְאַחַת לֶעָתִיד בּ[וֹ שֶׁ]וּגָּבוּ
בְּכֵן לִנְדֹּב וְלִתְרֹם לִשְׁמֹעַ לִי תֶּאֱ[הָ]בוּ
כִּי לֶקַח טוֹב נָתַתִּי לָכֶם תּוֹרָתִי אַל תַּעֲ<זֹבוּ> <מש׳ ד:ב>

רִאשׁוֹנָה גְדוֹלַת אָב בְּעַמּוֹ לִהְיוֹת סָגֻ[וּי]
[...] דְּגֵי הַיָּם לִהְיוֹת דָּגֻ[וּי]
[ד..]ובו [..ות שב..] בְּפִיהֶם הָגוּי
אוֹ הֲנִסָּה אֱלֹהִים לָבוֹא לָקַ<חַת> לוֹ גֹ<וֹי> מִקֶּ<רֶב> גֹ<וֹי>
<דב׳ ד:לד>
לְקִי[חָה] שְׁנִיָּיה הוּפְגְּעָ[ה] בם [...] אוֹתָם לְהַבְאִישׁ
וְלִפְנֵי יוֹצְרָם מוּם [ק..ם] לְהַכְחִישׁ
וְטִינּוּף אֱלֹהֵי זָהָב וְחֵטְ[א כֶּ]סֶף בִּתְרוּמַת זָהָב וָכֶסֶף לְכַפֵּר הֶחִישׁ
וְיִקְחוּ לִי תְּרוּמָה מֵאֵת כָּ<ל> אִ<ישׁ> <שמ׳ כה:ב>

לְקִיחָה שְׁלִישִׁית זְוּמְנָה לְהַעְתִּיר ל[..]ב ול[.עיר]
כָּל רְדוּמִים מֵעִיר [...] העיר
חֲזוֹת קְרִיַּת מוֹעֵד וְצָרֵיכֶם בְּלַהַב אַבְעִיר
וְלָ<קַחְתִּי> אֶתְכֶם אֶחָד מֵעִיר <יר׳ ג:יד>

טַעַם [...] זוֹ תְּרוּמַת מכ[.. ... ..]נָי
וְזֹאת הַתְּרוּמָה זוֹ תְרוּמַת [...] נְכוֹנָי
[י..]ה [..]ה הִבְטִיחַ לַהֲמוֹנָי
קוֹל קוֹרֵא בַּמִּדְבָּר פַּנּוּ דֶּרֶךְ ייי <יש׳ מ:ג>

לעולם תע<רץ>

ו אֵל מֵעוֹלָם מַחְשֶׁה
אָהַב לִי [..]וה זֶה אִשֶּׁה
בְּהַפְרִישׁ תְּרוּמָה הֱיוֹת כְּאִשֶּׁה
וַיְדַבֵּר ייי אֶל מֹשֶׁ<ה> <שמ׳ כה:א>

גְּזֵירַת חוּקֵי לְהַחְכִּימָה
יָפָה כַּלְּבָנָה וּבָרָה כַּ[חַמָּה]
דִּגְלֵי עַל כֹּל לְהִתְרוֹמְמָה
דַּבֵּר אֶ<ל> בְּ<נֵי> יִשְׂ<רָאֵל> וְיִקְ<חוּ> לִי תְּר<וּמָה> <שמ׳ כה:ב>

הוֹ[..] מֵחֵטְא לְנַקּוֹתָם
לְמַלֹּאת לָהֶם כָּל מִשְׁאֲלוֹתָם
וְעַל כָּל אוּמָּה וְלָשׁוֹן לְעַלּוֹתָם
וְזֹאת הַתְּרוּמָה אֲשֶׁ<ר> תִּ<קְחוּ> מֵאִ<תָּם> <שמ׳ כה:ג>

זָ[ד]וֹנָם הַלְבֵּין אִם יִהְיוּ כַּשָּׁנִי
[יֵשׁ] אֶחָד וְאֵין שֵׁנִי
חָק לְכַפֵּר [לְ]שִׂפְתוֹתֶיהָ כְּחוּט הַשָּׁ[נִי]
וּתְכֵלֶת וְאַ<רְגָּמָן> וְתֹ<וֹלַעַת> שָׁ<נִי> <שמ׳ כה:ד>

טִינּוּף [... ... ...]
[.......]

א

1 **אמרי דת**: מצוות התורה. **לקח טוב**: התורה על פי מש׳ ד,ב: כי לקח טוב נתתי לכם תורתי אל תעזבו. **הנחלת לאיומה**: ה׳ הנחיל את התורה לעם ישראל, על פי שה״ש ו,ד: אימה כנדגלות. 2 **בס[מ]יכת...נדיבה**: על פי תה׳ נא,יד: ורוח נדיבה תסמכני. **אותם לרחימה**: רחמים על ישראל הם על ידי רוח נדיבה, בגלל חטאם. 3 **גדתה לענ[י]ו**: ה׳ הגיד למשה, ר׳ [ט],ה,15. **שוכן...רומה**: ה׳, השו׳ יש׳ לג,ה: נשגב ה׳ כי שכן מרום. 5 **לעם קרוביך**: על פי תה׳ קמח,יד: ישראל עם קרבו. 6 **והשפעת...טובך**: לביטוי ר׳ [יא],ה,6. 7 **זכים בנדבם**: בנדיבות בני ישראל שנקראים זכים. **תנוי...בקשבך**: ה׳ שומע אותם ומדבר אליהם. 9 **טהור**: השו׳ [יב],ז,9. **צרור המור**: ה׳ טהור כצרור המור, על פי שה״ש א,יג: צרור המר דודי. 10 **למקטרת מור**: ישראל על פי שה״ש ג,ו. 11 **כל...לגמור**: כל שתורםתרומה צריך להביא אותה כנדבה. 21 **בחיליך**: נראה שהכוונה לצבאות מלאכים. 22 **[כל]... קהליך**: הם צבאות המלאכים המגינים על העם.

ב

2 **נדבות חפצת**: רצית נדבות. **ממי...עולה**: ישראל, על פי שה״ש ח,ה. 5 **למרעיתו...ידו**: ישראל, על פי תה׳ צה,ז: ואנחנו עם מרעיתו וצאן ידו. 6 **ציון**: הוראה. מצוה. **נדבה ותרומה**: השו׳ דב׳ יב,יז: ונדבתיך תרומת ידיך. **ביד...עבדו**: אולי להשלים ביד [משה] עבדו. 7 **קביעת**: השורש ׳קבע׳ בשימוש בקדשים בצורה אחרת במלאכי ג,ח: במה קבענוך המעשר והתרומה. **זהב וכסף**: על פי שמ׳ כה,ג, ר׳ טור 13. **במשכן ויעודו**: הוא אוהל מועד אשר בו היה נועד ה׳, על פי שמ׳ כה,כב: ונועדתי לך שם. 9 **שי נדיבתם**: על פי יש׳ יח,ז: בעת ההיא יובל שי לה׳ צבאות. **תפענ[חו]**: אתם תפרשו מה תהיה נדיבתם של בני ישראל. 10

שבטים...קונם: שבטי ישראל שמקיימים תורת ה׳. **צוויו...(תזניחו)**: מעל ׳יזניחו׳ כתוב
׳תזניחו׳: בני ישראל לא ישכחו את מצות התרומה. 11 **תמימים**: הצדיקים, על פי מש׳ כח,י:
ותמימים ינחלו טוב. **לקח טוב**: ר׳ א,1. **לקחו**: כמו מש׳ א,ג: לקחת מוסר השכל. 12
תרימו...תרומה: על פי במ׳ טו,יט: תרימו תרומת ה׳. 18 **בתוכם אתועד**: הש׳ שמ׳ כה,ח:
ושכנתי בתוכם. 19 **ולהם...סועד**: על פי עזרא ה,ב: נביאיה די אלהא מסעדין להון. 20
וטל...איעד: הש׳ הוש׳ יד,ו: אהיה כטל לישראל.

ג

1 **יופי מוכלל**: ירושלים, על פי תה׳ נ,ב: מציון מכלל יפי. **נשור**: נראה. 2 **דבר...וחוזה**: הש׳
מ״ב יז,יג: ביד כל נביאי כל חזה. 3 **בקרית מועד**: על פי יש׳ נג,כ: חזה ציון קרית מועדנו. 5
התרמנו: הגשנו תרומות. **אלוה נוראות**: ה׳, ר׳ טור 6. 6 **מפליא פלאות**: הש׳ תה׳ קו,כב:
נפלאות בארץ חם נוראות על ים סוף. 7 **ושכלול**: הש׳ עזרא ה,ג: ואשרנא דנה לשכללה.
מקדש...להראות: תראה לנו השלמת בניין בית המקדש. 9 **דביר מ[קדש]**: על פי תה׳ כח,ב:
בנשאי ידי אל דביר קדשך. **שלום לנותו**: הש׳ יש׳ לב,יח: וישב עמי בנוה שלום. 10 **ליסדו...
ואבני**: על פי יש׳ נד,יא-יב: ויסדתיך בספירים ושמתי כדכד שמשתיך ושעריך לאבני אקדח,
הש׳ ב״ב עה, ע״א ושם מחלוקת על מהות האבנים שאותן מנסרים המלאכים שישמשו
לבניין ירושלים. 11 **עת...בדירתו**: הש׳ תה׳ סט,לז: ואהבי שמו ישכנו בה. 14 **באהב**:
באהבה. 15 **אני...אהב**: על פי מש׳ ח,יז: אני אהביה אהב (קרי אהבי). **כהשליכם ...יהב**: על
פי תה׳ נה,כג: השלך על ה׳ יהבך.

ד

1 **עד...חרבה**: כמה זמן נראה עוד את מקום המקדש נחרב. 2 **ונר...כבה**: הש׳ דה״ב כט,ז:
ויכבו את הנרות וקטרת לא הקטירו ועלה לא העלו בקדש לאלהי ישראל. 3 **בנדבת לבנו**:
על פי שמ׳ לה,כט: אשר נדב לבם אתם להביא. 5 **מטמא[י מקד]ש**: על פי יח׳ כג,לח: טמאו
את מקדשי. **השפיל... תו[ו]הים**: ר׳ טור 6. 6 **באבנים...[בו]הים**: על פי יש׳ לד,יא: ונטה עליה
קו תהו ואבני בהו, הש׳ חגיגה יב, ע״א: תנא תהו קו ירוק שמקיף את כל העולם כולו שממנו
יצא חשך שנאמר ישת חשך סתרו סביבותיו (תה׳ יח,יב) בהו אלו אבנים המפולמות
המשוקעות בתהום שמהן יוצאין מים. 7 **עק[ו]ר...בשר**: על פי יח׳ יא,יט: והסרתי לב האבן
מבשרם ונתתי להם לב בשר. **לכמיהים**: ישראל. על פי תה׳ סג,ב: כמה לך בשרי. 9 **[שמע]
קולי**: על פי תה׳ כז,ז: שמע ה׳ קולי אקרא. **והגיון ניבי**: ר׳ [ז],ז,11. 10 **וחתל כאיבי**: הש׳ יח׳
טז,ד: והחתל לא חתלת. **ורפא מכאבי**: שיעלה ה׳ רפואה לכאבי על חרבן הבית. 11
ובאדמ[תי] תציבי: על פי יר׳ לא,כ: הציבי לך צינים. **ולציון...הרחיבי**: על פי יש׳ נד,ב:
הרחיבי מקום אהלך. 13 **מעני**: הש׳ מש׳ טו,א: מענה לשון. **חנני ועניני**: על פי תה׳ כז,ז. 14
זרוק...וטהרני: על פי יח׳ לו,כה: וזרקתי עליכם מים טהורים וטהרתם. 15 **ורוח...ממני**: על
פי תה׳ נא,יג. 18 **מוריד ומעלה**: ר׳ [ג],ב,17. 19 **קומו ונעלה**: על פי יר׳ לא,ה: קומו ונעלה
ציון אל ה׳ אלהינו. 20 **כנמתה**: כמו שאמרת. **עם...אלה**: על פי יח׳ לו,כ: עם ה׳ אלה
ומארצו יצאו.

ה

1 **שלוש לקיחות**: הש׳ תנח׳ אמור יז: הרבה לקיחות צויתי לכם בשביל לזכות אתכם.
אהובים כנאהבו: הש׳ תנח׳ תרומה ג: ויקחו לי תרומה זש״ה אהבתי אתכם אמר ה׳
ואמרתם במה אהבתנו (מלאכי א,ב). 2 **ב[ו ש]וגבו**: ר׳ מש׳ כט,כה: ובוטח בה׳ ישגב. 3
לנדב...תא[ה]בו: שתרצו לשמוע אליי ולהביא נדבות ותרומות. 5 **גדולת אב**: הש׳ בר׳ יב,ב:
ואגדלה שמך. **בעמו...סג[וי]**: שאברהם יהיה גדול בעם ישראל. 6 **דגי הים**: הש׳ חב׳ א,יד:
ותעשה אדם כדגי הים. **להיות דג[וי]**: פורה, שיוולד לאברהם בן. 7 **בפיהם הגוי**: אולי מובנו
שה׳ לקח והוציא את זרע אברהם ממצרים לשם מתן תורה. 9 **להבאיש**: ר׳ ש״א כז,יב:
הבאש הבאיש בעמו ישראל. 10 **יוצרם**: ה׳, על פי יש׳ מה,יא: ה׳ קדוש ישראל ויוצרו.
מום...להכחיש: בני ישראל הכחישו שהיה מום או טומאה בתרומה או נדבה שהקריבו לפני
ה׳. 11 **טינוף...החיש**: הש׳ תנח׳ תרומה ח: אמר הקב״ה יבא זהב שבמשכן ויכפר על זהב
שנעשה בו עגל שכתוב בו ויתפרקו כל העם את נזמי הזהב (שמ׳ לב,ג). **אלהי זהב**: על פי

שמ׳ לב,לא: ויעשו להם אלהי זהב. **וחט[א כ]סף**: ר׳ מדה״ג שמות, ע׳ תקסו: וכסף יכפר להם על מכירת יוסף דכתיב וימכרו את יוסף לישמעאלים בעשרים כסף (בר׳ לו,כח). **בתרומת...וכסף**: על פי שמ׳ כה,ב: וזאת התרומה... זהב וכסף. 13 **לקיחה... להעתיר**: על לקיחה זו צריכים להתפלל. 14 **כל...העיר**: הש׳ יואל ד,ז: הנני מעירם מן המקום, ה׳ יעיר את כל המתים, כלומר, ה׳ ישיב את הגולים לציון. 15 **חזות...מועד**: ר׳ לעיל ג,3. **וצריכם...אבעיר**: אשמיד את אויביכם באש. 17 **טעם...תרומת**: הש׳ ירוש׳ שקלים א,א: שלש תרומות נאמרו בפרשה הזאת תרומת אדנים ותרומת שקלים ותרומת המשכן. 18 **נכוני**: ישראל, על פי שמ׳ יט,יא: והיו נכנים. 19 **הבטיח להמוני**: ה׳ הבטיח לבני ישראל שיבוא המשיח.

ו

1 **אל...מחשה**: ה׳, על פי יש׳ נז,יא: הלא אני מחשה ומעלם. 3 **בהפריש...כאשה**: התרומה היא כקרבן. 5 **גזירת...להחכימה**: הש׳ תה׳ קיט,צח: מאיבי תחכמני מצותך. 6 **יפה... כ[חמה]**: הש׳ [ז],ג,13, ר׳ טור 7. 7 **דגלי**: הש׳ תנח״ב במדבר יא: איש על דגלו באותות זש״ה מי זאת הנשקפה כמו שחר יפה כלבנה ברה כחמה וגו׳ (שה״ש ו,י) [קדושים] וגדולים ישראל בדגליהם וכל האומות מסתכלין בהם ותמהים ואומרים מי זאת הנשקפה. **על...להתרוממה**: הש׳ תנח״ב במדבר י: חיבה גדולה חיבב הקב״ה את ישראל כי עשאן דגלים כמלאכי השרת. 9 **מחטא לנקותם**: התרומה מכפרת, ר׳ לעיל ה,11. 10 **למלאת... משאלותם**: על פי תה׳ כ,ו: ימלא ה׳ כל משאלותיך, הש׳ שו״ט כ: ימלא ה׳ כל משאלותיך אמר ליה זו תפלה מה שאין מתפללין לכל אדם... נרננה בישועתך ובשם אלהינו נדגול לפי שבעולם הזה כל אדם מגיד דגלו מתוך סגנון שלו. 11 **ועל...לעלותם**: על פי דנ׳ ג,כט: ומני שים טעם די כל עם אמה ולשן, לרומם אותם מעל כל עם ולשון. 13 **ז[ד]ונם**: רשעתם. **הלבין...כשני**: על פי יש׳ א,יח: אם יהיו חטאיכם כשנים כשלג ילבינו, הש׳ יומא ו,ט: וכשהגיע שעיר למדבר היה הלשון מלבין שנאמר אם יהיו חטאיכם כשנים כשלג ילבינו. 14 **[יש]...שני**: על פי קה׳ ד,ח. 15 **חק לכפר**: נכתב לכיפור ע״י שעיר המשתלח. **[ל]שפתותיה...השנ[י]**: ישראל, על פי שה״ש ד,ג: כחוט השני שפתותיך, הש׳ שהש״ר ד,יא: כחוט השני שפתותיך זה לשון זהורית ומדברך נאוה זה שעיר המשתלח.

[טו] ואתה תצוה <שמ׳ כז:כ>

א

[... אתה ...]
[...] וַאֲנִי [א.י] וְדִגְלוֹ [...]
[... ... ..]ים נִשְׁמַת [...]
[... ... ..]סר נָבִינָה
[... ... ..ח] נָא — מגן

ב

[... ... ...]
[... ...] וְאַל תִּשְׁתּוֹחֲחִי
סְגַן [... ...]
[... ... ...]

פִּנּוֹת עוֹלָם מִזִּיוָךְ [...]
[... ... ...] מתואר
קְהִלָּתוֹ נִמְשְׁלָה [...]
[... ..]רות [..]רת בְּיַד אַהֲרֹן [...]

[.......]

ג [.......]
כֹּה [... ... ...]
בְּזִיו מַ[גִּ]יהִים [... ...]
כִּ[י יִ]הְיוּ [... ... ...]

[ככ'] זית רענן [יפה פרי תאר קרא ה' שמך לקול המולה גדלה
הצית אש עליה ורעו דליתיו] <יר' יא:טז>
ונ' ילכו יונקתי[ו ויהי כזית הודו וריח לו כלבנון] <הוש' יד:ז>

ד? [.......]
[...] וְהַדְלָקוֹת נֵרוֹתֵינוּ [...]
[... ... ...] חַיִּים
כִּי עִמְּךָ מְקוֹר חַ<יִּים> <תה' לו:י>

[.......]
[... ... ...] מִפְּנֵי אוֹר
כִּי מָתוֹק הָ[אוֹר] <קה' יא:ז>

[אוֹר ....]

ג

5 **זית רענן**: הש' שמ"ר לו,א: ואתה תצוה הה"ד זית רענן יפה פרי תואר קרא ה' שמך, ר' גם פדר"כ כא,ד: א"ר אחא נמשלו ישר' כזית, זית רענן יפה פרי תואר, ונמשל הק' כנר, נר אלהים נשמת אדם (מש' כ,כז), מה דרכו של שמן להנתן בנר והן מאירים שניהם כאחת. 6 **ילכו...[כלבנון]**: הש' מדה"ג שמות, ע' תקסו: שמן למאור כדי שיאיר נרן לעתיד לבא דכתיב ויהי כזית הודו.

ד

2 **והדלקות נרותינו**: כנראה מתקשר להדלקת הנר במשכן.

ויקרא - LEVITICUS

[טז] צו <ויק׳ ו:ב>

א [.......]
כִּילּוּל קָרְבָּנוֹת בְּחֵקֶר
לַעֲרוֹךְ כָּל הַלַּיְלָה עַד הַבֹּקֶר

ככ׳ צו את אהרן ואת בניו <לאמר זאת תורת העלה הוא
העלה על מוקדה על המזבח כל הלילה עד הבקר ואש
המזבח תוקד בו> <ויק׳ ו:ב>
ונא׳ עורי צפון ובואי תימן <הפיחי גני יזלו בשמיו יבוא דודי
לגנו ויאכל פרי מגדיו> <שה״ש ד:טז>
ונא׳ טוב פת חרבה ושלוה בה <מבית מלא זבחי ריב>
<מש׳ יז:א>
ונא׳ מי הקדימני ואשלם <תחת כל השמים לי הוא>
<איוב מא:ג>
ונא׳ עולות מיחים אעלה לך <עם קטרת אלים אעשה בקר עם
עתודים סלה> <תה׳ סו:טו>
ונא׳ חזית איש מהיר <במלאכתו לפני מלכים יתיצב בל יתיצב
לפני חשוכים> <מש׳ כב:כט>

חֲשׁוּכִים תָּאִיר בְּהָרֶץ
לְגוֹי אֶחָד בָּאָרֶץ
לְמָגִנָּם בַּשָּׁמַיִם וּבָאָרֶץ
כִּי לֵאלֹהִים מָגִנֵּי אֶרֶץ <תה׳ מז:י>   ב   מגן אב<רהם>

ב מִכָּל אוֹם וְלָשׁוֹן חִיבַּבְתָּם בְּחִיבּוּבֶיךָ
נֶצַח הִרְבִּיתָם וְהִרְבּוּךָ
סִיגַּבְתָּם בְּאַהַב וְשִׂיגְּבוּךָ
עַל כֵּן עֲלָמוֹת אֲהֵבוּךָ <שה״ש א:ג>

פִּיקּוּדֵי דַת הֶגְיוֹנָיי
צִיוּוּי אִמְרֵי עִנְיָינָי
קִיּוּם עַם סוֹדְרֵי קָרְבָּנָי
רֵיחַ נִיחֹחַ לַייי <ויק׳ ו:יד>

שְׁבִיל אוֹרְחוֹתָיו בְּיַשְּׁרוֹ
שַׁי זִבְחֵי אֱלֹהִים בְּהַכְשִׁירוֹ
תִּיכּוּן שֶׁרֶר לְבַל אֶחְסְרוֹ
תִּלְבּוֹשֶׁת מִכְנְסֵי בַד יִלְבַּשׁ עַל בְּשָׂרוֹ

ככ׳ ולבש הכהן מדו בד ומ<כנסי בדילבש על בשרו והרים את הדשן אשר תאכל האש את העלה על המזבח ושמו אצל המזבח> <ויק׳ ו:ג>

ונא׳ לריח שמניך טובים ש<מן תורק שמך על כן עלמות אהבוך> <שה״ש א:ג>

ונא׳ שוש אשיש בייי תגיל <נפשי באלהי כי הלבישני בגדי ישע מעיל צדקה יעטני כחתן יכהן פאר וככלה תעדה כליה> <יש׳ סא:י>

ונא׳ אז תחפץ זבחי צדק <עלה וכליל אז יעלו על מזבחך פרים> <תה׳ נא:כא>

ונא׳ זבח תודה יכבדני <ושם דרך אראנו בישע אלהים> <תה׳ נ:כג>

אֱלֹהִים נִקְרֵאתָ
בָּעָם אֲשֶׁר קָרָאתָ
וְהַטְלִיל טַלְּךָ לָעָם אֲשֶׁר בָּחָרְתָּ
כִּי בָם נִתְפָּאָרְתָּ ב מחיה המ<תים>

ג יוֹפִי קָרְבָּן הֵשִׁיב עַל לְהָבִים
לְכַפֵּר עַל עֲוֹנוֹת אֲהוּבִים
וְהִקְרִיב לִפְנֵי שׁוֹכֵן כְּרוּבִים
אֶת הָעֹלָה וְאֶת הַחֲלָבִים <ויק׳ ט:כד>

הִתְחִיל בְּמִילּוּאָיו לָאֵל מוֹחֶה אֲשָׁמִים
הַחֲרוּתִים עַל עַמּוֹ וּרְשׁוּמִים
וְהָעוֹלָה וְהַקְּטוֹרֶת הִקְדִּים בְּשִׁילּוּמִים
מֵעֲשׂוֹת הַחַטָּאת וְהָעוֹלָה וְהַשְּׁלָמִים <ויק׳ ט:כב>

דּוֹק יָרַדְתִּי תוּקַד עֲבוֹדַתְכֶם
לְקַבֵּל בְּרָצוֹן קָרְבְּנוֹתֵיכֶם
חוֹק עַל מוֹקְדָה בַּהֲשִׂימְכֶם
לְעוֹלוֹתֵיכֶם וּלְמִנְחוֹתֵיכֶם וּלְנִסְכֵּיכֶם וּלְשַׁלְמֵיכֶם <במ׳ כט:לט>

הוֹאִיל לְצַוּוֹתֵינוּ מְזֻגֵּינוּ אַל יֶחְסָר
לְלַמְּדֵנוּ דֶרֶךְ מוּסָר
אֵיךְ נַגִּישׁ וְנַקְרִיב וְהַדֶּשֶׁן אֵיךְ יוּסָר
עוֹלוֹתֵיכֶם סְפוּ עַל זִבְחֵיכֶם וְאִכְלוּ בָשָׂר

ככ׳ כה אמר ייי [צבאות אלהי ישראל] עולותיכם ספו <על זבחיכם ואכלו בשר> <יר׳ ז:כא>

ונא׳ שררך אגן הסהר אל יחסר <המזג בטנך ערמת חטים סוגה בשושנים> <שה״ש ז:ג>

ונא׳ אש תמיד תוקד על המ<זבח לא תכבה> <ויק׳ ו:ו>

ונא׳ ישראל <נושע בה׳ תשועת עולמים לא תבשו ולא תכלמו
עד עולמי עד> <יש׳ מה:יז>
ונא׳ והיה ייי <למלך על כל הארץ ביום ההוא יהיה ה׳ אחד
ושמו אחד> <זכ׳ יד:ט>
ונא׳ ימלוך ייי <לעולם אלהיך ציון לדר ודר הללויה>
<תה׳ קמו:י>

אל נא

ד

עַד מָתַי תָּקוּץ נַפְשֵׁנוּ מֵחֲרוֹן אַפֵּיהוּ
וְתִשְׁכַּח אֵל מְחוֹלְלֵיךְ וְתֹאמַר אַפְאֵיהוּ
וּפַס כֹּהֵן וְנָבִיא מִמְּגוּרֵיהוּ
בֶּאֱמָרְכֶם שֻׁלְחַן יי נִבְזֶה הוּא <מלאכי א:ז>

נַפְשִׁי נִבְהֲלָה מְאֹד בְּתוֹכֵחָה מֵאֲשִׁישְׁכֶם
וַעֲצְמוֹתַי כְּמוֹקֵד נִיחָרוּ בְרֶדֶת אֵשׁ לְהַעֲשִׁישְׁכֶם
בְּאָמְרוֹ לְהַתִּיץ מִזְבֵּחַ בְּרֶמֶז יְשִׁישְׁכֶם
וַהֲשִׁימוֹתִי אֶת מִקְדְּשֵׁיכֶם <ויק׳ כו:לא>

מִיֶּדְכֶם הָיְתָה זֹּאת לָכֶם
בְּהַגִּישְׁכֶם לֶחֶם מְגוֹאָל אֶל שֻׁלְחַן אֲרוּחַתְכֶם
בְּכֵן גָּעַל קָרְבָּן וְנָם לְטַמֵּא מְשׁוּחֲכֶם
וְלֹא אָרִיחַ בְּרֵיחַ נִיחוֹחֲכֶם <ויק׳ כו:לא>

[.......]

מָתַי תִּרְפָּא מְשׁוּבוֹתֵינוּ
וְתִרְצֶה הַגָּשַׁת עוֹלוֹתֵינוּ
וּלְהָבִיא בִיכּוּרֵי אַדְמָתֵינוּ
וּתְקַבֵּל בְּרָצוֹן מִנְחוֹתֵינוּ
וּנְשַׁלְּמָה פָרִים שְׂפָתֵינוּ

לפני אל חי וקיים מרו<ם> נור<א> וקד<וש>

ח

אָמְנָם שְׁנֵי אַחִים גּוּדְלוּ בְעַמּוֹ
וַאֲשֶׁר הִקְרִיב טְלֵא חָלָב וְהֶעֱלָהוּ לְעַמּוֹ
בְּעַמּוּד עָנָן יְדַבֵּר אֲלֵיהֶם מִמְּרוֹמוֹ
מֹשֶׁה וְאַהֲרֹן בְּכֹהֲנָיו וּשְׁמוּאֵל בְּקוֹרְאֵי שְׁמוֹ <תה׳ צט:ו>

הָרִאשׁוֹן עַד לֹא נֶאֱמַר לוֹ אָחִיו לְמָשְׁחֵהוּ
הוּא הָיָה מְכַהֵן וּמַקְרִיב לִפְנֵי יוֹצְרֵהוּ
דִּיבֵּר אֵל וְהֵעִיר בְּדָתֵיהוּ
לֹא כֵן עַבְדִּי מֹשֶׁה בְּכָל בֵּיתִי נֶאֱמָן הוּא <במ׳ יב:ז>

הַשֵּׁנִי הוּא אַהֲרֹן בְּעַם אֲשֶׁר אוֹתוֹ תָאֲבוּ
וּכְהִוקְשַׁב צִיר צִיוּוּי יָדַע כִּי אוֹתוֹ יַקְרִיבוּ
וִילָדָיו אִוּשְׁרוּ בְּאִיזּוּן עָנָיו כְּהֻוקְשְׁבוּ
זֶה קָרְבַּן אַהֲרֹן וּבָנָיו אֲשֶׁר יַקְרִיבוּ <ויק׳ ו:יג>

הַשְּׁלִישִׁי זָעַק עֲבוּר אֲהוּבִים לְשׁוֹכֵן מְעוֹנָי
כִּי שָׁפַךְ לִבּוֹ בְּמַבּוּעֵי עִינְיָינָיי
חִינֵּן וּפִילֵּל לָאֵל נִקְדָּשׁ בְּמַחֲנָי
בְּעַד יִשְׂרָאֵל וַיַּעֲנֵהוּ ייי <ש״א ז:ט>

טָהוֹר טָעַן תְּשׁוּרָה עַל חֲיָילִים
וְהֵטֵב מְשָׁחוֹ בְּשֶׁמֶן טוֹב לִפְנֵי דָר בִּזְבוּלִים
יוֹפִי בָּקָר וְעַתּוּדִים הֵכִין תָּם לְפָנֶיךָ בְּכִילוּלִים
עוֹלוֹת מֵחִים אַעֲלֶה לָּךְ עִם קְטוֹרֶת אֵלִים <תה׳ סו:טו>

א

1 **כילול קרבנות**: הקרבנות יישרפו כליל במשך הלילה, על פי ויק׳ ו,טו: כליל תקטר. **בחקר**: בדברים ברורים. 2 **לערוך**: על פי ויק׳ ו,ה: וערך עליה העלה. **כל...הבקר**: על פי ויק׳ ו,ב, הש׳ ברכות א,א: הקטר חלבים ואברים מצותן עד שיעלה עמוד השחר. 9 **חשוכים**: קודרים, עצובים, בני ישראל שהולכים בחשך. **בהרץ**: לרצון, או: למהירות, ר׳ ש״א יז,יז: והרץ המחנה לאחיך. 10 **לגוי...בארץ**: ישראל, על פי ש״ב ז,כג. 11 **למגנם**: ה׳, על פי תה׳ קטו,ט: ישראל בטח בה׳ עזרם ומגנם הוא. **בשמים ובארץ**: על פי דה״ב ו,יד: אין כמוך אלהים בשמים ובארץ.

ב

1 **מכל...ולשון**: ר׳ [יד], ו,11. **חיבבתם בחיבוביך**: אהבת אותם בכל אהבתך. 2 **נצח ...והרבוך**: הש׳ דב׳ א,י: ה׳ אלהיכם הרבה אתכם. **והרבוך**: ובני ישראל הרבו את שמך בעולם. 3 **סיגבתם... ושיגבוך**: הש׳ דב׳ כו,יז-יח: את ה׳ האמרת היום להיות לך לאלהים... וה׳ האמירך היום להיות לו לעם סגלה. 5 **פיקודי...הגיוניי**: מצוות התורה. 6 **ציווי... ענייני**: פקודת מצוותי. 7 **סודרי קרבני**: הש׳ יומא לג, ע״א: מסדר סדר מערכה, בני ישראל המסדרים קרבנות לה׳. 9 **שביל...בישרו**: על פי מש׳ ג,ו: והוא יישר ארחתיך. 10 **שי**: ר׳ [יד],ב,9. **זבחי אלהים**: הביטוי בתה׳ נא,יט. **בהכשירו**: כשהכהן הגדול עורך ומכין זבחים. 11 **תיכון...אחסרו**: על פי שה״ש ז,ג: שררך אגן הסהר אל יחסר המזג, שרר במשמע שריר וקיים, ר׳ גם ג,13. 20 **והטליל טלך**: על פי הוש׳ יד,ו: אהיה כטל לישראל. **לעם...בחרת**: על פי מ״א ג,ח: עבדך בתוך עמך אשר בחרת. 21 **כי...נתפארת**: על פי יש׳ מט,ג: עבדי ישראל אשר בך אתפאר.

ג

1 **יופי...השיב**: אהרן הגיש קרבן יפה. **על להבים**: הש׳ שופ׳ יג,כ: בלהב המזבח. 2 **אהובים**: ישראל, הש׳ ויק״ר ז,א: ועל כל פשעים תכסה אהבה שאוהב המקום את ישראל. 3 **שוכן כרובים**: ה׳, על פי תה׳ צט,א: ישב כרובים. 5 **במילואיו**: הש׳ ויק׳ ח,לג: ומפתח אהל מועד לא תצאו שבעת ימים עד יום מלאת ימי מלאיכם. **לאל...אשמים**: הש׳ יש׳ מג,כה: אנכי מחה פשעיך למעני. 6 **החרותים**: הזבחים שנכתבו ונצטוו בתורה. **על עמו**: בעד עם ישראל. 7 **הקדים**: הקדים לעשות. **בשילומים**: ביום שמיני לימי המילואים. 9 **דוק ירדתי**: ירדתי מן השמים, על פי יש׳ מ,כב: הנוטה כדק שמים. **תוקד עבודתכם**: על פי ויק׳ ו,ב: ואש המזבח תוקד בו, מתקשר לויק׳ ט,כד: ותצא אש מלפני ה׳ ותאכל על המזבח, הש׳ פדר״א יד: עשר ירידות... שתים באהל מועד. 11 **חוק...בהשימכם**: תורת הקרבנות מצווה לכם. **על מוקדה**:

על פי ויק׳ ו,ב: היא העלה על מוקדה על המזבח. 13 **מזגנו... יחסר**: על פי שה״ש ז,ג, כדי שלא יחסר לנו שפע וטוב. 14 **דרך מוסר**: תורה, על פי מש׳ ו,כג: ודרך חיים תוכחות מוסר. 15 **איך...יוסר**: הש׳ סא״ר ו: כך אמר להן הקב״ה לישראל בניי עשו מעשים טובים והביאו שלמים שכולו לבעלים ואין מהם אלא דמים בלבד ואימורים לגבי המזבח והריני עמו בשמחה לעולם. 16 **עולותיכם...בשר**: הש׳ סא״ר ו: וכך אמר הקב״ה לירמיה ירמיה לך אמור להן לישראל עד מתי אתם טמנים דברין מכוערים ודברים שאינן ראויין.

ד

1 **תקוץ נפשנו**: על פי במ׳ כא,ה: ונפשנו קצה בלחם הקלקל. 2 **ותשכח...מחולליך**: על פי דב׳ לב,יח. **ותאמר אפאיהו**: על פי דב׳ לב,כו: אמרתי אפאיהם אשביתה מאנוש זכרם. 3 **ופס**: כלה, ר׳ תה׳ יב,ב: כי פסו אמונים מבני אדם. **כהן ונביא**: הש׳ איכה ב,כ: אם יהרג במקדש ה׳ כהן ונביא. **ממגוריהו**: ממקומותיהם, הש׳ תה׳ נה,טז: ישימות (קרי: ישיא מות) עלימו ירדו שאול חיים כי רעות במגורם בקרבם, הכהנים נחשבים לרשעים על פי הסיומת המקראית בטור 4. 5 **נפשי...מאד**: על פי תה׳ ו,ד: ונפשי נבהלה מאד ואת ה׳ עד מתי. **מאשישכם**: על פי תורתכם, הש׳ שהש״ר ב,יד: סמכוני באשישות בשתי אשות תורה בכתב ותורה בפה . 6 **ועצמותי...ניחרו**: הש׳ תה׳ קב,ד. **להעשישכם**: כדי להחלישכם, הש׳ תה׳ לא,יא: ועצמי עששו. 7 **באמרו...מזבח**: בכוונתו להרוס את המזבח בפרט ואת המקדש בכלל. **ברמז ישישכם**: כמו שאמר משה, הזקן החכם, בסיומת המקראית בטור 8. 9 **מידכם ...לכם**: הרכבה של מלאכי א,ט ויש׳ נ,יא. 10 **בהגישכם... ארוחתכם**: שם, ז: מגישים על מזבחי מגאל. 11 **בכן...קרבן**: כך נמאס לה׳ קרבן ישראל. **ונם**: ואמר. **לטמא משוחכם**: שייטמא הכהן הגדול. 13 (אחרי דילוג באה מחרוזת נוספת) **מתי...משובותינו**: על פי יר׳ ג,כב: ארפה משובתיהם, הוש׳ יד,ה: ארפא משובתם. 15 **ולהביא...אדמתינו**: הש׳ שמ׳ כג,יט: ראשית בכורי אדמתך תביא בית ה׳ אלהיך. 16 **ותקבל...מנחותינו**: הש׳ ג,10. 17 **ונשלמה...שפתינו**: על פי הוש׳ יד,ג, הש׳ יומא פו, ע״ב: הקב״ה אשם עובר עבירה בסתר מתפייס ממנו בדברים שנאמר קחו עמכם דברים ושובו אל ה׳ ולא עוד אלא שמחזיק לו טובה שנאמר וקח טוב ולא עוד אלא שמעלה עליו הכתוב כאלו הקריב פרים שנאמר ונשלמה פרים שפתינו שמא תאמר פרי חובה ת״ל ארפא משובתם אוהבם נדבה.

ה

1 **שני אחים**: משה ואהרון. **גודלו בעמו**: גודלו להיות כהנים גדולים, על פי ויק׳ כא,י: והכהן הגדול מאחיו, הש׳ ספרא אמור ב,א: שיגדלוהו משל אחיו. 2 **ואשר ...לעמו**: שמואל על פי ש״א ז,ט: ויקח שמואל טלה חלב אחד ויעלה עולה כליל לה׳. **לעמו**: לעומת ה׳. 3 **בעמוד...אליהם**: על פי תה׳ צט,ז, הש׳ ספרי שמיני א,ז: מלמד ששלשתן שקולים זה כזה. **ממרומו**: מן השמים, ר׳ תה׳ כב,כ ועוד. 5 **הראשון**: הוא משה. **עד...למשחהו**: משה היה כהן עד שנצטווה למשוח את אהרון, ויק׳ ח,ב: קח את אהרן ואת בניו אתו ואת הבגדים ואת שמן המשחה, הש׳ ספרא צו ב,ו: מלמד שנעשה משה סגן הכהנים. 6 **הוא**: משה. **יוצרהו**: ה׳, ר׳ [יד],ה,10. 7 **דיבר...בדתיהו**: ה׳ דיבר וציין בתורתו. 9 **בעם...תאבו**: בעם ישראל שאהבו אותו, הש׳ ויק״ר לג,ד: הקדים הקב״ה כבודו של אהרן לכבודו של משה. 10 **וכהוקשב...ציווי**: כאשר הושמע למשה פקודה. **ציר**: משה, על פי מש׳ כה,יג: ציר נאמן לשלחיו, הש׳ פדר״א מא: ושאר כל הדברים דבר עם משה ועליו הכתוב אומר כצנת שלג ביום קציר ציר נאמן לשלחיו. **ידע...יקריבו**: ידע משה שבני ישראל יגשו אל אהרן. 11 **ווילדיו אושרו**: ובני אהרן נתקבלו לכהונה. **באיזון...כהוקשבו**: כששמעו מה שהודיע להם משה. **עניו**: משה, ר׳ [ט],ה,15. 13 **השלישי**: הוא שמואל. **זעק...אהובים**: התפלל בעד ישראל, ר׳ טור 16. 14 **כי...לבו**: התפלל בבכי, הש׳ איכה ב,יט: שפכי כמים לבך נכח פני ה׳. **במבועי עינייניי**: הביע את הדברים. 15 **חינן ופילל**: ר׳ תה׳ ד,ב: חנני ושמע תפלתי. **לאל...במחני**: ה׳, ר׳ ויק׳ כב,לב: ונקדשתי בתוך בני ישראל. 17 **טהור**: משה, ר׳ [ט],ה,9. **טען...חיילים**: העמיס את המתנה, התורה, על צבא העבודה, הם בני לוי ועל כלל עם ישראל שהלכו בצבאותם במחנות ודגלים כחיילים. 18 **והטב**: פעולת הטבת הנרות, חובת אהרון וכהנים גדולים. **משחו...טוב**: על פי תה׳ קלג,ב: כשמן הטוב על הראש ירד על הזקן זקן אהרן שירד על פי מדותיו. **דר בזבולים**: ה׳ בשמים, על פי מ״א ח,יג: בית זבל לך מכון לשבתך עולמים, זבול הוא אחד מן הרקיעים. 19 **יופי...ועתודים**: הש׳ ש״א טו,כב: ויאמר שמואל החפץ לה׳

בעלות וזבחים כשמע בקול ה׳ הנה שמע מזבח טוב להקשיב מחלב אילים. **תם**: הוא שמואל שנולד מהול, הש׳ אדר״נ לז: אף שמואל יצא מהול. **בכילולים**: בשלמות.

[יז] אשה כי תזריע <ויק׳ יב:א>

ה
אָמְנָם חֲמִשָּׁה עֲצָבִים כְּאוּבֵי
נָתַתָּה בָאִשָּׁה בְמַכְאוֹבֵי
בְּעֵת נֶעֶנְשָׁה בְּתֵשַׁע מְרֻובֶּה
אֶל הָאִשָּׁה אָמַר הַרְבָּה אַרְבֶּה <בר׳ ג:טז>

הָרִאשׁוֹן גַּם עִצְּבוֹנֵךְ פּוּעְנַח בְּפֵירוּשָׁה
הוּא עוֹצֶב בְּתוּלִים קְהִלַּת יַעֲקֹב מוֹרָשָׁה
דָּם יִבָּדֵק וּבָנִים תַּשְׁרִישָׁה
אִם לֹא נִטְמְאָה הָאִשָּׁה <במ׳ ה:כח>

הַשֵּׁנִי הוּא הֵירוֹנֵךְ קָשֶׁה כְמַכַּת אֶבֶן
זֶה עוֹצֶב הֵירָיוֹן פְּתָרוּהוּ לְהָבֵן
וְתִשְׁעָה יַרְחֵי תִּשְׂאִי כְמַשְׂאוֹי מַלְבֵּן
וְהָרִית וְיָלַדְתְּ בֵּן <שופ׳ יג:ג>

ה

1 **חמשה כאובי**: הש׳ בר״ר כ,ו: עצבונך זה צער שלעיבור והרונך זה צער העידוי בעצב זה צער הנפלים תלדי זה צער הלידה בנים זה צער גידול בנים. 3 **בעת...מרובה**: האשה נענשה בתשע קללות ומות, הש׳ פדר״א יד: נתן לאשה תשע קללות ומות. 5 **הראשון**: העצב הראשון. **עצבונך**: על פי בר׳ ג,טז: הרבה ארבה עצבונך. **פוענח בפרושה**: הוסבר במפורש. 6 **עוצב בתולים**: נראה שהכוונה לצער העיבור. **קהלת...מורשה**: כתוב בתורה שהיא מורשת לישראל, על פי דב׳ לג,ד: תורה צוה לנו משה מורשה קהלת יעקב. 7 **דם יבדק**: נראה שהכוונה לבדיקה שמבחינה בין דם טהור לדם טמא. **ובנים תשרישה**: נקלטו בה הוולדות, על פי יש׳ כז,ו: הבאים ישרש יעקב יציץ ופרח ישראל, היא ההבטחה לאשה שלא זנתה, ר׳ המשך הסיומת המקראית בטור 8: ונקתה ונזרעה זרע. 9 **השני**: העצב השני. **הירונך**: על פי בר׳ ג,טז: והרונך. **קשה...אבן**: על פי במ׳ לה,יז: ואם באבן יד אשר ימות בה הכהו וימת, כלומר ההריון היא מכה היכולה להמית. 10 **פתרוהו להבן**: פירשו החכמים עצב זה להבנה. 11 **ותשעה...תשאי**: האשה בצער של תשעה ירחי הריון. **כמשאוי מלבן**: כתכונת הלבנים שהוכנו בנלבן.

[יח] שור או כשב <ויק׳ יז:ג>

ב
[.......]
[... ... .וּ]פָּנָיו
יוֹרִיד טַל מִשְּׁמֵי מְ[עוֹ]נָיו
בַּיּוֹם הַשְּׁלִישִׁי [יְקִימֵנוּ] וְנִחְיֶה לְפָנָיו <הוש׳ ו:ב> [ב] מחיה

ג יִהְ[יוּ כְ]אַיִן כָּל [הַגּוֹיִ]ם
כִּי תוֹעֵבָה הִיא [זִבְ]חֵי גוֹיִ[ם]
וְלָ[אוֹר] יוֹצִיא [מִשְׁפַּט גּוֹיִם]
כִּי מִמִּזְרַח שֶׁמֶשׁ [וְעַד מְבוֹאוֹ גָּ]דוֹל [שְׁמִי] בַּגּוֹיִם <מלאכי א:יא>

[ה.. ... ...] שפר
[... ... ...] שְׁפַרְפָּר
וְעָרְבָה [לַייי מִנְחַ]ת [יְהוּדָה] יְסֻופָּר
וְתִיטַב [לַייי מִשּׁוֹר] פָּר <תה׳ סט:לב>

דָּרַשְׁתִּי קָרְבַּן [יוֹמִי]
[עֲשׂ]וֹת כַּפָּרָה כִנְאֻמִי
גָּדוֹל שְׁמִי בְּאַרְבַּע פִּינּוֹת הָ[דוֹ]מִי
וּבְכָל מָקוֹם מֻוגָּשׁ מֻקְטָר לִשְׁמִי <מלאכי א:יא>

הַשְׁחֵית תַּשְׁחִית בַּעֲלֵי עֲוָלָה וְלִ[יצָה]
הַפּוֹרְצִים [פִּרְצָה אַחֲרֵי פִּרְ]צָה
מְחַלְלֵי שִׁמְךָ זָכָר שְׁמָם [..]צה
וּבְשִׁקּוּצֵי[הֶם נַפְשָׁ]ם חָפֵצָה

[ככ׳] שוחט השור <מכה איש זובח השה ערף בלב מעלה מנחה
דם חזיר מזכיר לבנה מברך און גם המה בחרו בדרכיהם
ובשקוציהם נפשם חפצה <יש׳ סו:ג>
ואתה ק<דוש>

אל נא

5-9 Acc. 978 **השלמה:** [... ל.. עפר] \ לא אשוב [..פו] \ [...] דוינוני יושפר \ [שע.. ...] פר \ חוק ברית אל יופר \ זכרון [...] יסופר \ נאק שועי [..פר] \ ותיטב לייי [משור פר]

ד עַד [מָתַי בָּטֵל] הַתָּמִיד [מֶהֱ]מוֹנֶיךָ
וּבְ[יַד אוֹכְלֵי] בְּשַׂר הַחֲזִיר נִיתַּן בֵּית מְלוֹ[נֶיךָ]
קַנֵּא קִנְאָתֵינוּ לְהַחֲזִירוֹ לִמְעוֹנֶיךָ
תִּכּוֹן תְּפִלָּתִי קְטֹ[רֶת] לְ[פָנֶ]יךָ <תה׳ קמא:ב>

מֵאַרְבַּע כַּנְפוֹת [הָאָרֶץ] לְבֵית מִקְדָּשִׁי
תְּקַבֵּץ לְ[צִיּוֹ]ן כָּל זֶרַ[ע] קְדוֹשַׁי
וּבְשָׁלֹשׁ [רְגָלִי]ם יֵרָאֶה כָּל כְּנוּשַׁי
לְךָ [יוֹבִי]לוּ מְלָכִי[ם שָׁי] <תה׳ סח:ל>

מֵאֶרֶץ [... ..]נה כָּל עֲרֵלִים
[עוֹבְ]דֵי פֶּסֶל הַמִּתְהַלְלִים [בָּאֱלִילִים]
וּזְרוֹק מֵי טוֹהַר [לְטַ]הֲרֵינוּ שׁוֹכֵן זְבוּלִים
[עוֹ]לוֹת מֵ[חִיּ]ם אַעֲלֶה לָּךְ עִם [קְטֹרֶ]ת אֵלִים <תה׳ סו:טו>

הִשְׁמַעְתָּה לִקְרוּאֵי [עִיר] הַצֶּ[דֶ]ק
יוֹמָם וָלַיְלָה רִדְפוּ צֶדֶק
לִשְׂנְאַת רֶשַׁע וְלֶאֱהוֹב צֶדֶק
זִבְחוּ זִבְחֵי צֶדֶק <תה׳ ד:ו>

לִרְצוֹנְכֶם תּוֹבִילוּ שַׁי אֱמוּנָי
וְקִ[רְע]וּ לְבַבְכֶם [וְאַ]ל בִּגְדֵיכֶם נְטָעֵי נֶאֱמָנָי
לְקַבֵּ[ל] בְּרָצוֹן מִכֶּם זֶרַע אֵיתָנָי
[וְכִי] תִזְבְּחוּ זֶבַח [תּוֹדָה] לַייי <ויק׳ כב:כט>

[... ...] קָרְבָּן לְקַבְּלָה
מִכֶּם מִי[.. ...] עוֹלָה
[וְתֹאמַר] אוֹם נִדְגָּלָה
לְאֵל נוֹרָא עֲלִילָה
אֶעֱשֶׂה [בָקָר] עִם עַתּוּדִים סֶלָה <תה׳ סו:טו>

נורא מרום וק<דוש>

ה אָמְנָם אַרְבָּעָה דְבָרִים הִזְהַרְתָּ לְשִׁבְטֵי תָם
לְהַחְדִּיל מֵהֶם מַעֲשֵׂי [...] אַרְבַּעְתָּם
עֲסוּקִים הַגּוֹיִם בְּרִשְׁעָתָם
אֲשֶׁר בְּשַׂר חֲמֹרִים בְּשָׂרָם [וְזִרְמַ]ת [סוּ]סִים זִרְמָתָם <יח׳ כג:כ>

הָרִאשׁוֹן גָּד לְזֶרַע כֹּה יִהְיֶה
אֲשֶׁר לֹא הָלַךְ בַּעֲצַת רְשָׁעִים בְּשֶׁקֶט יִהְיֶה
דִּימָּה עֲ[צַת] רְשָׁעִים בַּעֲצַת מִצְרַיִם וּפָץ מֵמִית וּמְחַיֶּה
מִצְרַיִם לִשְׁמָּה יִהְיֶה <יואל ד,יט>

הַשֵּׁנִי הוֹדִיעַ וּבְדֶרֶךְ חַטָּאִים וּבַעֲלֵי רִשְׁעָה
[... ... ...] אָמַרְתִּי לָכֶם לְהַכְנִיעָה
[ו.. ... ...]
[חַטָּאִים תְּרַדֵּף רָעָה] <מש׳ יג:כא>

הַשְּׁלִישִׁי זָמַם וּבְמוֹשַׁב לֵצִים [...]
[... ... ...] לֵב לְהוֹרוֹת לַאֲיֻמָּה
[ח.. ...] חֵטְא וְעָוֹן בְּמִרְמָה
כְּנַעַן בְּיָדוֹ [מֹאזְ]נֵי מִרְמָה <הוש׳ יב:ח>

הָרְבִיעִי טָעַם פָּץ הַשְׁמִיעוּ אַל תְּכַחֵידוּ
וְדִימָּם [לִשְׁ]אָר הַגּוֹיִם [אֲשֶׁר] הוּכְחָדוּ
[י..] עַל יַד חוֹזֶה לָעָם אֲשֶׁר [..]דוּ
כֹּה אָמַר ייי אֶל דֶּרֶךְ [הַגּוֹ]יִם אַל תִּלְמָדוּ <יר׳ י:ב>

16-1 T-S N.S. 217.2 = **נוסח היסוד.** \ 11 Acc. 978: [[...]] ודימה דר [ברקיעים שבעה]. \ 14. [...]] בכנענים. \ 20-16 Acc. 978 = **נוסח היסוד.**

ו

[א.. ...] לְהַקְרִיב אִשֶּׁה
[...] לֹא יִשְׁכַּח וְלֹא [יִנְ]שֶׁ[ה]
[ב..] אֲשֶׁר מִ[צַּעַן] נִמְ[שֶׁ]ה
[וַיְדַבֵּר] ייי אֶל מֹשֶׁה <ויק׳ יז:א>

גַּם [... ... ...] בְּעַם אֵל
[...] נָם מוֹשִׁיעַ וְגוֹאֵל
דָּץ לְהוֹדִיעוֹ וְלַעֲדַת אֵל
דַּ[בֵּר אֶל אַהֲרֹן וְאֶל בָּנָיו וְאֶל כָּל בְּנֵי יִשְׂרָאֵל] <ויק׳ יז:ב>

הֵן פָּנָיו יִזְכֶּה לָשׁוֹר
[אִם יֵלֵךְ] בְּאוֹרַח מִישׁוֹר
וְאֶל אֹהֶל מ[וֹעֵד ...]
[אִישׁ אִישׁ מִבֵּית יִשְׂרָאֵל אֲשֶׁר יִשְׁחַט שׁוֹר] <ויק׳ יז:ג>

ב

3 **יוריד...מ[עו]ניו**: על פי הוש׳ ו,ד: וכטל משכים הלך.

ג

1 **יה[יו]...[הגוי]ם**: על פי יש׳ מ,יז: כל הגוים כאין נגדו. 2 **כי...גוי[ם]**: על פי מש׳ כא,כז: זבח רשעים תועבה. 6 **שפרפר**: אור הבוקר, הש׳ דנ׳ ו,כ: בשפרפרא. 7 **וערבה...[יהודה]**: על פי מלאכי ג,ד: וערבה לה׳ מנחת יהודה וירושלם. 9 **קרבן [יומי]**: קרבנות שייכות ליום, הש׳ תנח״ב אחרי לד: משעה שהשמש זורח עד שהוא שוקע אין קילוסו של הקב״ה פוסק מפיו. 10 **[עש]ות...כנאמי**: הש׳ שם, לה: ואמר הקב״ה כל זמן שבית המקדש קיים ואתם מקריבין קרבנות לתוכו מתכפר עליכם אין בית המקדש קיים במה מתכפר עליכם התעסקו בדברי תורה שהן משולין בקרבנות והן מכפרין עליכם. 11 **גדול שמי**: על פי מלאכי א,יא: גדול שמי בגוים, ר׳ טור 12. **ה[דו]מי**: היא הארץ על פי יש׳ סו,א: והארץ הדם רגלי. 12 **מוגש מקטר**: במקרא: מקטר מוגש. 13 **בעלי...ול[יצה]**: רשעים ולצים. 14 **הפורצים... [פר]צה**: ר׳ איוב טז,יד: יפרצני פרץ על פני פרץ. 15 **מחללי...שמם**: הש׳ ויק״ר כב,ו: מצינו שוויתר הקב״ה על ע״ז ולא וויתר על חילול השם.

ד

1 **[בטל] התמיד**: הש׳ תענית כו, ע״ב: ובטל התמיד (בשבעה עשר בתמוז). **[מה]מוניך**: מישראל. 2 **וב[יד]...החזיר**: על פי יש׳ סה,ד: הישבים בקברים ובנצורים ילינו האכלים בשר החזיר ומרק פגלים כליהם. **בית מלו[ניך]**: הוא בית המקדש על פי מ״ב יט,כג: ואבואה מלון קצה יער כרמלו. 3 **קנא קנאתינו**: על פי מ״א יט,י: קנא קנאתי לה׳ אלהי ישראל, הש׳

תנח״ב אחרי לה: אין מוקטר אלא תפלת המנחה שנאמר תכון תפלתי קטורת לפניך וגו׳ (תה׳
קמא,ב) [ואומר] ויהי בעלות המנחה ויגש אליהו וגו׳ (מ״א יח,לו). 5 **מארבע ...[הארץ]**: על
פי יש׳ יא,יב: ואסף נדחי ישראל ונפצות יהודה יקבץ מארבע כנפות הארץ. 6
תקבץ...קדושי: ר׳ טור .5 **זרע קדושי**: על פי יש׳ ו,יג: זרע קדש. 7 **ובשלש...כנושי**: על פי
שמ׳ כג,יד: שלש רגלים תחג לי בשנה, וכן דב׳ טז,טו: שלוש פעמים בשנה יראה כל זכורך.
כל כנושי: כל בני ישראל המתאספים. 9 **כל ערלים**: ר׳ יר׳ ט,כה: כי כל הגוים ערלים. 10
עובדי...[באלילים]: על פי תה׳ צז,ז: יבשו כל עבדי פסל המתהללים באלילים. 11
וזרוק...טוהר: ר׳ [יד],ד,14. **שוכן זבולים**: ר׳ [טז],ה,18. 13 **לקרואי**: ר׳ במ׳ טז,ב: נשיאי עדה
קראי מועד אנשי שם. **עיר הצדק**: ירושלים, על פי יש׳ א,כו: יקרא לך עיר הצדק קריה
נאמנה. 14 **רדפו צדק**: הש׳ דב׳ טז,כ: צדק צדק תרדף. 15 **לשנאת...צדק**: על פי תה׳ מה,ח:
אהבת צדק ותשנא רשע. 17 **לרצונכם**: על פי ויק׳ יט,ה: וכי תזבחו זבח שלמים לה׳ לרצנכם
תזבחהו. **תובילו שי**: על פי תה׳ עו,יב: כל סביביו יבילו שי למורא. **אמוני**: ישראל, על פי יש׳
כו,ב: גוי צדיק שמר אמנים. 18 **וק[רע]ו...בגדיכם**: על פי יואל ב,יג. **נטעי נאמני**: ישראל,
הש׳ יש׳ יז,י: על כן תטעי נטעי נעמנים (משחק א\ע). 19 **איתני**: האבות. 22 **מכם**: על פי
ויק׳ א,ב: אדם כי יקריב מכם קרבן לה׳. 23 **אום נדגלה**: ישראל, על פי שה״ש ו,ד: אימה
כנדגלות. 24 **לאל...עלילה**: ה׳, על פי תה׳ סו,ה: וראו מפעלות אלהים נורא עלילה על בני
אדם.

ה

1 **הזהרת**: ר׳ טור 3 בהמשך. **לשבטי תם**: שבטי ישראל שהם בני יעקב, הש׳ [יא],ה,13. 2
להחדיל: להימנע. **ארבעתם**: הש׳ ויק״ר כג,ז: ובני חם כוש ומצרים ופוט וכנען (בר׳ י,ו),
ארבעת ילדי חם הם הגוים שעושים מעשי רשע. 3 **עסוקים...ברשעתם**: על פי דב׳ ט,ה:
ברשעת הגוים האלה, הש׳ שם שם: שלא תעשה לא כמעשה אלו ולא כמעשה אלו כך
כשהיו ישראל במצרים היו מצרים בעלי זנות שנאמר אשר בשר חמורים בשרם (ר׳ טור 4)
וכשנכנסו לארץ כנען היו כנענים בעלי זנות ובעלי כשפים שנאמר מרוב זנוני זונה טובת חן
בעלת כשפים (נחום ג,ד) אמר להן הקב״ה בני הזהרו שלא תעשו לא כמעשה אלו ולא
כמעשה אלו. 5 **גד**: הגיד ה׳. **לזרע...יהיה**: על פי בר׳ טו,ה: כה יהיה זרעך. 6 **אשר...
רשעים**: על פי תה׳ א,א. **בשקט יהיה**: יהיה בשלום, מתקשר לכאורה לתה׳ א,ג: והיה כעץ
שתול על פלגי מים. 7 **דימה...מצרים**: הש׳ ויק׳ יח,ג: כמעשה ארץ מצרים אשר ישבתם בה
לא תעשו. **ופץ**: ואמר. **ממית ומחיה**: ר׳ [ג],ב,17. 8 **לשמה**: במקרא: לשממה. 9 **ובדרך
חטאים**: על פי תה׳ א,א: ובדרך חטאים לא עמד. 13 **זמם**: ה׳ דיבר. **ובמושב לצים**: על פי
תה׳ א,א: ובמושב לצים לא ישב. 14 **לאיומה**: לישראל, הש׳ [יד],א,1. 15 **במרמה**: הש׳ יר׳
ט,ה: במרמה מאנו דעת אותי. 17 **טעם פץ**: ה׳ ציווה. **השמיעו...תכחידו**: על פי יר׳ נ,ב. 18
ודימם: והשווה אותם. **הוכחדו**: הושמדו. 19 **חוזה**: ירמיהו הנביא.

ו

1 **להקריב אשה**: על פי ויק׳ כג,לז: להקריב אשה לה׳ עלה ומנחה. 2 **[ינ]ש[ה]**: מקביל
לישכח׳. 3 **אשר...נמ[ש]ה**: אולי צ״ל מ[מים], על פי שמ׳ ב,י: ותקרא שמו משה ותאמר כי
מן המים משיתהו. **מ[צען]**: ממצרים, על פי במ׳ יג,כב: לפני צען מצרים, הכוונה כאן ליאור.
5 **בעם אל**: ר׳ שופ׳ כ,ב: בקהל עם האלהים. 6 **מושיע וגואל**: ה׳, על פי יש׳ מט,כו: כי אני
ה׳ מושיעך וגאלך. 7 **דץ**: שמח. **ולעדת אל**: על פי תה׳ פב,א: אלהים נצב בעדת אל. 9
הן...לשור: הוא יזכה לראות לפניו. 10 **באורח מישור**: על פי תה׳ כז,יא: ונחני בארח מישור.
11 **ואל...מ[ועד]**: על פי ויק׳ יז,ד: ואל פתח אהל מועד לא הביאו.

[יט] וכי ימוך <ויק׳ כה:לה>

ז אָז בֶּאֱמֶת סָח לָעָם אֲשֶׁר בָּחָר
אַל תִּתְהַלֵּל ליום מָחָר <מש׳ כז:א>

ג[ד.] דַּלּוּת וַעֲשִׁירוּת בְּיַד שׁוֹכֵן עֲלִיָּה
הוּא מְהַשְׁנֶה עִידָּ[נַיָּא] <דנ׳ ב:כא>

הָאָרֶץ וּמְלוֹאָהּ הִיא לִגְדוּלָּתוֹ
אֶת הַכֹּל עָשָׂה יָפֶה בְעִתּוֹ <קה׳ ג:יא>

זִימּוּן חֲשִׁיקַת זָהָב וָכֶסֶף וְהִיכִּיתוֹ
עוֹשֶׁר שָׁמוּר לִבְעָלָיו לְרָעָתוֹ <קה׳ ה:יב>

טָהוֹר יַעֲשֶׂה כָּל אֲשֶׁר חָפֵץ
לַכֹּל זְמָן וְעֵת לְכָל חֵפֶץ <קה׳ ג:א>

כִּי לָכֶם נָם נוֹצְרִי כְּאִישׁוֹן
מָוֶת וְחַיִּים בְּיַ<ד> לָ<שׁוֹן> <מש׳ יח:כא>

מֵירוֹם נַמְתָּה לְאוֹם מְיַחֶדֶת
דּוֹר הוֹלֵךְ וְד<וֹר> בָּ<א> וְהָ<אָרֶץ> לְע<וֹלָם> עוֹמָדֶת <קה׳ א:ד>

סְגוּלַּת עֲדָתִי תַּחֲזִיר בְּרוֹב גָּדְלוֹ
בָּז לְדָבָר יֵחָבֶל לוֹ <מש׳ יג:יג>

פֶּץ צוּר בְּחָכְמָה לְבָרָה וְיָפָה כַּחַמָּה
פִּי מַעֲנֶה רַךְ יָשִׁיב חֵימָה <מש׳ טו:א>

קָבַע רֹאשׁ וְשִׁיכְלֵל דְּבִירוֹ
אָמַרְתִּי יָמִים יְדַבֵּרוּ <איוב לב:ז>

[ש.. ת.. ... ...]
[... ... ...]

ובכן ולך תעלה [קדושה]

ז

1 **סח**: אמר. **לעם...בחר**: ישראל, על פי דב׳ יד,ב: ובך בחר ה׳ להיות לו לעם, הש׳ ויק״ר כ,י: מלמד שהיו משה ואהרן הולכין תחלה ונדב ואביהוא מהלכין אחריהן וכן ישראל אחריהן ואומרים מתי ב׳ זקנים הללו מתים ואנו נוהגין שררה... אמר להם הקב״ה אל תתהלל ביום מחר (ר׳ טור 2) הרבה סייחין מתו ונעשו עורותיהן שטוחין על גבי אמותיהן. 3 **דלות...עליה**: הש׳ מש׳ כב,ב: עשיר ורש נפגשו עשה כלם ה׳. 4 **מהשנה**: במקרא: מהשנא. 5 **הארץ ומלואה**: על פי תה׳ כד,א: לה׳ ארץ ומלואה. **לגדולתו**: על פי תה׳ קמה,ג: ולגדלתו אין חקר.

7 **זימון...וכסף**: התאווה לאסוף זהב וכסף. **והיכיתו**: אולי שיעורו שה׳ פגע במי שמתאווה לאסוף זהב וכסף. 9 **טהור**: ה׳, ר׳ [ז],א,8. **יעשה...חפץ**: על פי תה׳ קטו,ג: ואלהינו בשמים כל אשר חפץ עשה. 11 **נוצרי כאישון**: ה׳, על פי דב׳ לב,י: ינצרנהו כאישון עינו. 13 **מירום**: ממרום. **לאום מיחדת**: לעם ישראל המיחד את שם ה׳. 15 **סגולת עדתי**: על פי דב׳ כו,יח: להיות לו לעם סגלה. **ברוב גדלו**: ר׳ תה׳ קנ,ב: הללוהו כרב גדלו. 17 **פץ**: אמר. **צור**: ה׳, ר׳ [ג],ד,13. **ליפה...כחמה**: ישראל, ר׳ [ז],ג,13. 19 **קבע**: החליט. **ראש**: ה׳, ר׳ אותיות דרבי עקיבא, בתי מדרשות ב, ע׳ שצא: ה׳ נקרא ראש. **ושיכלל דבירו**: להשלים את בית מקדשו, ר׳ עזרא ה,ג: ואשרנא דנה לשכללה.

[כ] אם בחקתי <ויק׳ כו:ג>

א אִם יִשְׁמְעוּ לִי שִׁבְטֵי חֲיָילִים
בְּנֵי שְׁלֹשָׁה הַמְעוּלִּים
גְּבוּלָם אֲיַישֵׁר וְכָל מַסְלוּלִים
דֶּרֶךְ לַעֲבוֹר גְּאוּלִים <יש׳ נא:י>

הַשְׁמִיעַ לְנוֹצְרֵי דָת שָׁמוֹר וְזָכוֹר
וּפָץ לְמוֹכִיחָהּ אַל תַּעְכּוֹר
זוֹכֵר נִשְׁכָּחוֹת חֶסֶד נְעוּרִים זְכוֹר
חַטֹּאת נְע<וּרַי> וּפְ<שָׁעַי> אַל תִּזְכּוֹר <תה׳ כה:ז>

טְהוֹרִים בּוֹאוּ וְהַמִּישׁוֹר תְּהַלֵּיכוּ
יַחַד אִם תִּשְׁמְעוּ לִי כִּי עַל כֹּל תִּמְלוֹכוּ
כִּי בִי מְלָכִים יִמְלוֹכוּ
לָכֶם אַמְלִיךְ אִם בְּחֻקּוֹתַי תֵּלֵכוּ

ככ׳ אם בחקותי <תלכו ואת מצותי תשמרו ועשיתם אתם> <ויק׳ כו:ג>
חטאת נעורי <ופשעי אל תזכר כחסדך זכר לי אתה למען טובך ה׳> <תה׳ כה:ז>
אשכילך ואורך <בדרך זו תלך איעצה עליך עיני> <תה׳ לב:ח>
דרכיך ייי הודיעני <ארחותיך למדני> <תה׳ כה:ד>

לַמְּדֵינִי תוֹרָתְךָ גּוֹאֲלִי
אֱלֹהִים ייי חֵילִי
יְמַגֵּן צִיבְאוֹת קְהָלִי
כְּנַמְתָּ עֵקֶב אֲשֶׁר שָׁמַע [אַבְרָהָם] בְּקוֹלִי <בר׳ כו:ה>

ב מוֹכִיחִים יֻנְעַם לָהֶם בְּמָה נָּעִים וּמַה טּוֹב
נֶאֱהָבִים בְּתוֹכַחְתָּם לְרַחֲמִים נוֹחֲלֵי דָת לֶקַח טוֹב
סִיחַ אֱמֶת יַעֲנוּ בְחֵיךְ טוֹב
עֲלֵיהֶם תָּבוֹא בִרְכַּת טוֹב <מש׳ כד:כה>

פֵּירוֹת מְתוּקִים [לְפָנַיי] תַּקְרִיבִי
צִיקַת גְּשָׁמִים לִשְׂבּוֹעַ תִּשְׁאֲבִי
קוֹלִי אִם תִּשְׁמְעִי וְתַקְשִׁיבִי
רְבָבָה כְּצֶ<מַח> הַשָּׂ<דֶה> נְתַתִּ<יךְ> וַתִּרְבִּי <יח׳ טז:ז>

שְׁבָטִים שִׁבְטֵי יָהּ יַלְדֵי תָם
שֶׁפַע בִּרְכוֹת טוֹב מֵאוֹצָר טוֹב לְרַווֹתָם
תִּינַּיתִי דורשיי לֹא יַחְסְרוּ כָל טוֹב לְנַווֹתָם
תִּיתִּי גְשָׁמִים בְּעִתָּם

ככ׳ ונתתי גש<מיכם בעתם ונתנה הארץ יבולה ועץ השדה יתן פריו> <ויק׳ כו:ד>
מוכיחים ינעם <ועליהם תבוא ברכת טוב> <מש׳ כד:כה>
רבבה כצמח <השדה נתתיך ותרבי ותגדלי ותבאי בעדי עדים שדים נכנו ושערך צמח ואת ערם וערוה> <יח׳ טז:ז>
כפירים רשו <ורעבו ודרשי ה׳ לא יחסרו כל טוב> <תה׳ לד:יא>
גם ייי יתן הטוב <וארצנו תתן יבולה> <תה׳ פה:יג>

יְבוּלָהּ יִשְׂגֶּה בָּהּ
וְהוֹגֶה בְדָתוֹ יֹאכְלוּ בְחִיבָּה
כִּי נַפְשָׁם תּוֹרָתִי תְּיַישֵּׁיבָה
עֵץ חַיִּים הִיא [לַמַּחֲזִיקִים בָּהּ] <מש׳ ג:יח>

ג יַשְׂבִּיעָךְ יְבוּל שְׁמֵינָה
וְיַעֲשֶׂה רְצוֹנָךְ בְּכָל עֵת וְעוֹנָה
אִם תַּעֲשֶׂה כְּפִיקוּד שׁוֹכֵן מְעוֹנָה
שְׁכָון אֶרֶץ וּרְעֵה אֱמוּנָה <תה׳ לז:ג>

הִשְׁמִיעָךְ אֵל הַטּוֹב
סוּר מֵרָע וַעֲשֵׂה טוֹב
וּמַשְׂכִּיל עַל דָּבָר יִמְצָא טוֹב
יִפְתַּח ייי לְךָ [אֶת אוֹצָרוֹ הַטּוֹב] <דב׳ כח:יב>

דָּגוּל בְּרָעוֹתֵינוּ אִם עָזַבְנוּ תוֹרָתֶיךָ
תִּגְמְלֵינוּ טוֹבָה כִּי רַבָּה אֱמוּנָתֶיךָ
וְנָבוֹא וְנִשְׁמַע וְנֹאמַר לְעַלּוֹתֶיךָ
לַייי הַיְשׁוּעָה עַ<ל> עַ<מְּךָ> בִרְ<כָתֶךָ> סֶלָה <תה׳ ג:ט>

הֲמוֹנִים לְצוּרְכֶם גַּדֵּלוּ
וּלְמֶלֶךְ עוֹז לוֹבֵשׁ תְּיַיחֵלוּ
שֵׁינִית תּוֹסִיף יָדוֹ וְתִיגָּאֵלוּ
טוּב הָאָרֶץ תֹּאכֵלוּ

ככ' טוב הארץ [תאכלו] אם תואבו <ושמעתם טוב הארץ
תאכלו> <יש' א:יט>
יפתח ייי <לך את אוצרו הטוב את השמים לתת מטר
ארצך בעתו ולברך את כל מעשה ידך והלוית גוים רבים
ואתה לא תלוה> <דב' כח:יב>
לייי הישועה <על עמך ברכתך סלה> <תה' ג:ט>
ימ<לך ה' לעולם אלהיך ציון לדר ודר הללויה>
<תה' קמו:י>
וא<תה> ק<דוש>

אל נא

ד עַד מָתַי כָּל צַר וְאוֹיֵב קְרָב עוֹרֵךְ
וּבְמִלְחָמֵינוּ עַל צַוָּארֵינוּ דוֹרֵךְ
בְּנְפִילָתֵינוּ הֵבִיא בְלִבָּם מוֹרֶךְ
יְקַלְלוּ הֵמָּה וְאַתָּה תְבָרֵךְ <תה' קט:כח>

וְאִם עָבְרוּ אֲבוֹתֵינוּ עַל פִּיקּוּדֶיךָ הַחֲרוּתִים
לִבְנֵיהֶם אַל תְּשַׁלֵּם וּפוֹשְׁעֵיהֶם תַּתִּים
אֲשֶׁר בְּמַאֲמַר אֲמַרְתָּה בָטַחְנוּ בְכָ[ל] עִתִּים
אַף גַּם זֹאת בִּ<הְיוֹתָם> בְּ<אֶרֶץ> אוֹ<יְבֵיהֶם> לֹא מְ<אַסְתִּים>
וְלֹ<א> גְ<עַלְתִּים> <ויק' כו:מד>

כִּי לָהֶם הִנְחַלְתִּי ת[וֹרָתִי]
וּמִבֵּן שִׁבְעִים אֻומּוֹת אוֹתָם הִבְדַּלְתִּי
וְלוּלֵי בְרִיתָם עוֹלָם לֹא קִיַּימְתִּי
וְאִם לֹא בְרִיתִי יוֹמָ<ם> וָלָיְ<לָה> חֻ<קּוֹת> שָׁמַ<יִם> וָאָ<רֶץ> לֹא
שָׂמְתִּי <יר' לג:כה>

[..רת] תְּמִים רַגְלָךְ כַּהֲלָכָה
וּלְלוֹחֲצֶיהָ לָחְצָה וּלְמַפְרִיכֶיהָ פָּרְכָה
[וַאֲשֶׁר] שְׁבִילָךְ נְהוֹרָה וּשְׁבִיל צָרֶיךָ חֲשֵׁיכָה
וַיַּהֲפוֹךְ יי אֱלֹהֶיךָ לְ<ךָ> אֶ<ת> הַ<קְּלָלָה> לִבְ<רָכָה> <דב' כג:ו>

אַ[תֶּ]ם לִי גוֹי אֶחָד בָּאָרֶץ
תֹּאכְלוּ מִטּוּב הָאָרֶץ
לְתוֹכַחְתִּי אִם תֶּאֱהָבוּ בָכֶם וְאַל יִפְרוֹץ בָּכֶם פֶּרֶץ
יִשְׂמְחוּ הַשָּׁמַיִם וְתָ<גֵל> הָ<אָרֶץ> <תה' צו:יא>

וּבַעֲווֹנְ[כֶם] עֲנֻוגָּה וְרַכָּה
מֵעַת שָׁמְמָה מַעֲרָכָה
יֵרְדוּ טַלְלֵי בְרָכָה
עַד תָּשׁוּבוּ פְּנֵי אַדִּיר הַמְּלוּכָה
וְתֹאמְרוּ בָנַיי לְכוּ וְנֵלְכָה
וְהוֹרַדְתִּי הַגֶּשֶׁם בְּעִתּוֹ גִּשְׁמֵי בְּרָכָה <יח׳ לד:כו>

נו<רא> מ<רום> וק<דוש>

א

1 **אם...לי**: על פי ויק׳ כו,יד: ואם לא תשמעו לי. **שבטי חיילים**: ישראל, ר׳ [טז],ה,17. 2 **שלשה המעולים**: שלשה האבות. 3 **גבולם איישר**: אכין להם את ארצם, ר׳ יר׳ לא,טז: ושבו בנים לגבולם. **מסלולים**: דרכים, על פי יש׳ לה,ח: והיה שם מסלול ודרך. 5 **השמיע**: ה׳ הודיע. **לנוצרי דת**: ישראל, הש׳ תה׳ קיט,ב: אשרי נצרי עדתיו. **שמור וזכור**: הש׳ מכ׳ דרשב״י יתרו ד: זכור (שמ׳ כ,ח) ושמור (דב׳ ה,יב) שניהם נאמרו לעניין אחד, הש׳ ספרא בחקתי ג: וכן הוא אומר זכור את יום השבת לקדשו יכול בלבך כשהוא אומר שמור הרי שמירת לב אמורה. 6 **ופץ**: ואמר. **למוכיח...תעכור**: על פי ויק׳ יט,יז: הוכח תוכיח את עמיתך ולא תשא עליו חטא, ישראל לא תשנא את מי שמוכיחו ומוהיר אותה. 7 **זוכר נשכחות**: ה׳, על פי דב׳ ט,ז: זכר אל תשכח את אשר הקצפת את ה׳ אלהיך במדבר, הש׳ ספרא שם שם: הא מה אני מקיים זכור שתהיה שונה בפיך... כשהוא אומר לא תשכח הרי שכיחת לב אמורה. **חסד...זכור**: על פי יר׳ ב,ב: זכרתי לך חסד נעוריך. 9 **טהורים**: על פי עזרא ו,כ: הכהנים והלוים כאחד כלם טהורים. **והמישור תהליכו**: הש׳ מלאכי ב,ו: בשלום ובמישור הלך אתי. 10 **אם...לי**: ר׳ טור 1. 11 **בי...ימלוכו**: על פי מש׳ ח,טו: בי מלכים ימלכו ורזנים יחוקקו צדק. 12 **לכם אמליך**: אהיה לכם למלך. 17 **למדיני תורתך**: הש׳ ספרא שם, א: מלמד שהמקום מתאוה שיהו עמילים בתורה. **גואלי**: ה׳, על פי תה׳ יט,טו: ה׳ צורי וגאלי. 18 **אלהים...חילי**: על פי חב׳ ג,יט: ה׳ אדני חילי. 19 **ציבאות קהלי**: ר׳ [יד],א,21. 20 **כנמת**: כמו שאמרת

ב

1 **מוכיחים...להם**: על פי מש׳ כד,כה: ולמוכיחים ינעם. **במה...טוב**: על פי תה׳ קלג,א: הנה מה טוב ומה נעים. 2 **נאהבים...לרחמים**: הש׳ תמיד כח, ע״א: רבי אומר איזו היא דרך ישרה שיבור לו האדם יאהב את התוכחות בעולם נחת רוח באה לעולם טובה וברכה באין לעולם ורעה מסתלקת מן העולם. **נוחלי...טוב**: על פי מש׳ ד,ב: כי לקח טוב נתתי לכם. 3 **סיח...טוב**: על פי מש׳ ח,ז: כי אמת יהגה חכי. **יענו**: יאמרו. 5 **פירות...תקריבי**: ר׳ מלאכי ג,י: הביאו את המעשר אל בית האוצר ויהי טרף בביתי. 6 **ציקת גשמים**: שפיכת גשמים. **לשבוע תשאבי**: ר׳ ויק׳ כו,ה: ואכלתם לחמכם לשבע, הש׳ ויק״ר לה,ז: אם שימרתם את התורה כולה אני נותן לכם גשם, שם, יא: שיהיה שובע בארץ ישראל. 7 **אם...ותקשיבי**: ר׳ א,1. 9 **שבטים...יה**: על פי תה׳ קכב,ד: ששם עלו שבטים שבטי יה. **תם**: ר׳ [יא],ה,13. 10 **מאוצר...לרוותם**: על פי דב׳ כח,יב: יפתח ה׳ לך את אוצרו הטוב את השמים לתת מטר ארצך בעתו ולברך כל מעשה ידך. 11 **תיניתי**: דיברתי. **דורשיי...טוב**: צ״ל דורשי יי, על פי תה׳ לד,יא: ודרשי ה׳ לא יחסרו כל טוב. **לנוותם**: לפארם, לשבח אותם. 18 **בה**: הש׳ ויק״ר שם שם: אם שימרתם את התורה אני אצוה לארץ להרבות זרע שנ׳ ונתנה הארץ את יבולה. 19 **והוגה...בחיבה**: הש׳ שם שם: אם שמרתם את התורה אני אברך את עץ השדה והאילנות להרבות אוכלן, אולי צ״ל והוגי בדתו. 20 **כי...תיישיבה**: על פי תה׳ יט,ח: תורת ה׳ תמימה משיבת נפש.

ג

1 **ישביעך**: ר׳ ב,6. **שמינה**: כמו במ׳ יג,כ: הארץ השמנה. 2 **ויעשה רצונך**: על פי תה׳ מ,ט: לעשות רצונך אלהי חפצתי. 3 **כפיקוד**: ר׳ תה׳ יט,ט: פקודי ה׳ ישרים. **שוכן מעונה**: ה׳, ר׳ [ג],ד,13. 5 **אל הטוב**: ה׳, על פי תה׳ פה,יג: ה׳ יתן הטוב. 6 **סור...טוב**: על פי תה׳ לד,טו. 7 **ומשכיל...טוב**: על פי מש׳ טז,כ. 9 **דגול**: ה׳, ר׳ [ג],ד,9. **אם...תורתיך**: על פי מש׳ ד,ב: תורתי אל תעזבו. 10 **תגמלינו טובה**: הש׳ מש׳ לא,יב: גמלתהו טוב. **כי...אמונתיך**: על פי איכה ג,כג. 11 **לעלותיך**: לשבחך, הש׳ במ״ר יט,לג: אמרו ישראל עליך לעשות לנו נסים ועלינו לברך ולקלס לשמך. 13 **המונים**: בני ישראל. **לצורכם**: ר׳ [ג],ד,13. **גדלו**: הש׳ תה׳ לד,ד: גדלו לה׳ אתי. 14 **ולמלך...לובש**: על פי תה׳ צג,א: לבש ה׳ עז. **תייחלו**: כמו תה׳ קל,ז: יחל ישראל אל ה׳. 15 **שנית...ידו**: על פי יש׳ יא,יא: והיה ביום ההוא יוסיף אדני שנית ידו לקנות את שאר עמו.

ד

1 **כל...אויב**: על פי איכה ד,יב. 2 **ובמלחמינו**: אולי צורת זכר של מלחמה. **על...דורך**: הש׳ איכה ה,ה: על צוארנו נרדפנו. 3 **בנפילתינו**: על פי ויק׳ כו,לו: ונפלו. **הביא...מורך**: על פי ויק׳ כו,לו: והבאתי מרך בלבבם. 5 **פיקודיך החרותים**: המצוות שנכתבו בתורה. 6 **לבניהם...תשלם**: כמו יר׳ לב,יח: ומשלם עון אבות אל חיק בניהם. **ופושעיהם תתים**: שיעורו לשים אותם כפושעים, הש׳ ויק׳ כו,לט-מ: והנשארים בכם ימקו בעונם... ואף בעונת אבתם אתם ימקו, והתודו את עונם ואת עון אבתם, הש׳ ספרא בחוקותי ח,ב: והלא כבר הבטיח המקום לישראל שאינו דן האבות ע״י בנים ולא בנים ע״י אבותם. 7 **אשר...אמרתה**: ר׳ ויק׳ כו,מב: וזכרתי את בריתי יעקוב ואף את בריתי יצחק ואף את בריתי אברהם אזכר והארץ אזכר, שם מה: וזכרתי להם ברית ראשנים. **בטחנו...עתים**: תמיד בטחנו במה שאמר ה׳. 9 **להם**: לבני ישראל. 10 **ומבן...הבדלתי**: הש׳ ויק״ר ב,ד: כך אמ׳ משה לפני הקב״ה רבון העולם משבעים אומות אותנטאות שיש לך בעולמך אי אתה מצוה אותי אלא על ישראל. 11 **ולולי...קיימתי**: כמו שופ׳ ב,א: לא אפר בריתי אתכם לעולם. 13 **רגלך כהלכה**: אולי מתקשר לויק״ר לה,א: והיו רגליי מביאות אותי לבתי כנסיות ולבתי מדרשות הה״ד ואשיבה רגלי אל עדותיך (תה׳ קיט,נט). 14 **וללוחציה לחצה**: הש׳ יר׳ ל,כ: ופקדתי על כל לחציו. **ולמפריכיה פרכה**: על פי שמ׳ א,יג: ויעבידו מצרים את בני ישראל בפרך, ישראל שעבדה את אלה שנתנו עבודת פרך עליה. 15 **שבילך נהורה**: כמו יש׳ ב,ה: לכו ונלכה באור ה׳, ר׳ גם טור 25. **נהורה**: ר׳ דנ׳ ב,כב: ונהורא עמה שרא. 17 **א[ת]ם ...בארץ**: ר׳ [טז],א,10. 18 **תאכלו...הארץ**: ר׳ ג,17. 19 **לתוכחתי...בכם**: ר׳ ב,2. **ואל...פרץ**: הש׳ דה״א יג,יא: כי פרץ ה׳ פרץ בעזא. 21 **ענוגה ורכה**: ישראל, על פי דב׳ כח,נו: הרכה בך והענגה, הש׳ גם יש׳ מז,א: כי לא תוסיפי יקראו לך רכה וענגה. 22 **מעת...מערכה**: שיעורו מזמן שנפסקה ונעזבה מערכת הקרבנות בבית המקדש. 23 **ירדו...ברכה**: ר׳ [ג],ב,19. 24 **פני**: לפני. **אדיר המלוכה**: ה׳, על פי תה׳ ח,ב: מה אדיר שמך בכל הארץ, הש׳ הגדה של פסח: אדיר במלוכה. 25 **בניי**: בני ישראל, הש׳ יש׳ מג,ו: הביאי בני מרחוק. **ותאמרו...ונלכה**: ר׳ טור 15.

[כ]

א

1 **אם...לי**: על פי ויק׳ כו,יד: ואם לא תשמעו לי. **שבטי חיילים**: ישראל, ר׳ [טז],ה,17. 2 **שלשה המעולים**: שלשה האבות. 3 **גבולם איישר**: אכין להם את ארצם, ר׳ יר׳ לא,טז: ושבו בנים לגבולם. **מסלולים**: דרכים, על פי יש׳ לה,ח: והיה שם מסלול ודרך. 5 **השמיע**: ה׳ הודיע. **לנוצרי דת**: ישראל, הש׳ תה׳ קיט,ב: אשרי נצרי עדתיו. **שמור וזכור**: הש׳ מכ׳ דרשב״י יתרו ד: זכור (שמ׳ כ,ח) ושמור (דב׳ ה,יב) שניהם נאמרו לעניין אחד, הש׳ ספרא בחקתי ג: וכן הוא אומר זכור את יום השבת לקדשו יכול בלבך כשהוא אומר שמור הרי שמירת לב אמורה. 6 **ופץ**: ואמר. **למוכיח... תעכור**: על פי ויק׳ יט,יז: הוכח תוכיח את עמיתך ולא תשא עליו חטא, ישראל לא תשנא את מי שמוכיח ומזהיר אותה. 7 **זוכר**

נשכחות: ה׳, על פי דב׳ ט,ז: זכר אל תשכח את אשר הקצפת את ה׳ אלהיך במדבר, הש׳ ספרא שם שם: הא מה אני מקיים זכור שתהיה שונה בפיך... כשהוא אומר לא תשכח הרי שכיחת לב אמורה. **חסד...זכור**: על פי יר׳ ב,ב: זכרתי לך חסד נעוריך. 9 **טהורים**: על פי עזרא ו,כ: הכהנים והלוים כאחד כלם טהורים. **והמישור תהליכו**: הש׳ מלאכי ב,ו: בשלום ובמישור הלך אתי. 10 **אם...לי**: ר׳ טור 1. 11 **בי...ימלוכו**: על פי מש׳ ח,טו: בי מלכים ימלכו ורזנים יחוקקו צדק. 12 **לכם אמליך**: אהיה לכם למלך. 17 **למדיני תורתך**: הש׳ ספרא שם, א: מלמד שהמקום מתאוה שיהו עמילים בתורה. **גואלי**: ה׳, על פי תה׳ יט,טו: ה׳ צורי וגאלי. 18 **אלהים...חילי**: על פי חב׳ ג,יט: ה׳ אדני חילי. 19 **ציבאות קהלי**: ר׳ [יד],א,21. 20 **כנמת**: כמו שאמרת

ב

1 **מוכיחים...להם**: על פי מש׳ כד,כה: ולמוכיחים ינעם. **במה...טוב**: על פי תה׳ קלג,א: הנה מה טוב ומה נעים. 2 **נאהבים...לרחמים**: הש׳ תמיד כח, ע״א: רבי אומר איזו היא דרך ישרה שיבור לו האדם יאהב את התוכחות בעולם נחת רוח באה לעולם טובה וברכה באין לעולם ורעה מסתלקת מן העולם. **נוחלי...טוב**: על פי מש׳ ד,ב: כי לקח טוב נתתי לכם. 3 **סיח...טוב**: על פי מש׳ ח,ז: כי אמת יהגה חכי. **יענו**: יאמרו. 5 **פירות...תקריבי**: ר׳ מלאכי ג,י: הביאו את המעשר אל בית האוצר ויהי טרף בביתי. 6 **ציקת גשמים**: שפיכת גשמים. **לשבוע תשאבי**: ר׳ ויק׳ כז,ה: ואכלתם לחמכם לשבע, הש׳ ויק״ר לה,ז: אם שימרתם את התורה כולה אני נותן לכם גשם, שם, יא: שיהיה שובע בארץ ישראל. 7 **אם...ותקשיבי**: ר׳ א,ו. 9 **שבטים...יה**: על פי תה׳ קכב,ד: ששם עלו שבטים שבטי יה. **תם**: ר׳ [יא],ח,13. 10 **מאוצר...לרוותם**: על פי דב׳ כח,יב: יפתח ה׳ לך את אוצרו הטוב את השמים לתת מטר ארצך בעתו ולברך כל מעשה ידך. 11 **תיניתי**: דיברתי. **דורשיי...טוב**: צ״ל דורשי יי, על פי תה׳ לד,יא: ודרשי ה׳ לא יחסרו כל טוב. **לנוותם**: לפארם, לשבח אותם. 18 **בה**: הש׳ ויק״ר שם שם: אם שימרתם את התורה אני אצוה לארץ להרבות זרע שנ׳ ונתנה הארץ את יבולה. 19 **והוגה...בחיבה**: הש׳ שם שם: אם שמרתם את התורה אני אברך את עץ השדה והאילנות להרבות אוכלן, אולי צ״ל והוגי בדתו. 20 **כי...תיישיבה**: על פי תה׳ יט,ח: תורת ה׳ תמימה משיבת נפש.

ג

1 **ישביעך**: ר׳ ב,6. **שמינה**: כמו במ׳ יג,כ: הארץ השמנה. 2 **ויעשה רצונך**: על פי תה׳ מ,ט: לעשות רצונך אלהי חפצתי. 3 **כפיקוד**: ר׳ תה׳ יט,ט: פקודי ה׳ ישרים. **שוכן מעונה**: ה׳, ר׳ [ג],ד,13. 5 **אל הטוב**: ה׳, על פי תה׳ פה,יג: ה׳ יתן הטוב. 6 **סור...טוב**: על פי תה׳ לד,טו. 7 **ומשכיל...טוב**: על פי מש׳ טז,כ. 9 **דגול**: ה׳, ר׳ [ג],ד,9. **אם...תורתיך**: על פי מש׳ ד,ב: תורתי אל תעזבו. 10 **תגמלינו טובה**: הש׳ מש׳ לא,יב: גמלתהו טוב. **כי...אמונתיך**: על פי איכה ג,כג. 11 **לעלותיך**: לשבחך, הש׳ במ״ר יט,לג: אמרו ישראל עליך לעשות לנו נסים ועלינו לברך ולקלס לשמך. 13 **המונים**: בני ישראל. **לצורכם**: ר׳ [ג],ד,13. **גדלו**: הש׳ תה׳ לד,ד: גדלו לה׳ אתי. 14 **ולמלך...לובש**: על פי תה׳ צג,א: לבש ה׳ עז. **תייחלו**: כמו תה׳ קל,ז: יחל ישראל אל ה׳. 15 **שנית...ידו**: על פי יש׳ יא,יא: והיה ביום ההוא יוסיף אדני שנית ידו לקנות את שאר עמו.

ד

1 **כל...אויב**: על פי איכה ד,יב. 2 **ובמלחמינו**: אולי צורת זכר של מלחמה. **על...דורך**: הש׳ איכה ה,ה: על צוארנו נרדפנו. 3 **בנפילתינו**: על פי ויק׳ כו,לו: ונפלו. **הביא...מורך**: על פי ויק׳ כו,לו: והבאתי מרך בלבבם. 5 **פיקודיך החרותים**: המצוות שנכתבו בתורה. 6 **לבניהם...תשלם**: כמו יר׳ לב,יח: ומשלם עון אבות אל חיק בניהם. **ופושעיהם תתים**: שיעורו לשים אותם כפושעים, הש׳ ויק׳ כו,לט-מ: והנשארים בכם ימקו בעונם... ואף בעונת אבתם אתם ימקו, והתודו את עונם ואת עון אבתם, הש׳ ספרא בחוקותי ח,ב: והלא כבר הבטיח המקום לישראל שאינו דן האבות ע״י בנים ולא בנים ע״י אבותם. 7 **אשר...אמרתה**: ר׳ ויק׳ כו,מב: וזכרתי את בריתי יעקוב ואף את בריתי יצחק ואף את בריתי אברהם אזכר והארץ אזכר, שם מה: וזכרתי להם ברית ראשנים. **בטחנו...עתים**: תמיד בטחנו במה שאמר ה׳. 9

להם: לבני ישראל. 10 **ומבן...הבדלתי**: הש׳ ויק״ר ב,ד: כך אמ׳ משה לפני הקב״ה רבון
העולם משבעים אומות אותנטאות שיש לך בעולמך אי אתה מצוה אותי אלא על ישראל.
11 **ולולי...קיימתי**: כמו שופ׳ ב,א: לא אפר בריתי אתכם לעולם. 13 **רגלך כהלכה**: אולי
מתקשר לויק״ר לה,א: והיו רגליי מביאות אותי לבתי כנסיות ולבתי מדרשות הה״ד ואשיבה
רגלי אל עדותיך (תה׳ קיט,נט). 14 **וללוחציה לחצה**: הש׳ יר׳ ל,כ: ופקדתי על כל לחציו.
ולמפריכיה פרכה: על פי שמ׳ א,יג: ויעבידו מצרים את בני ישראל בפרך, ישראל שעבדה
את אלה שנתנו עבודת פרך עליה. 15 **שבילך נהורה**: כמו יש׳ ב,ה: לכו ונלכה באור ה׳, ר׳
גם טור 25. **נהורה**: ר׳ דנ׳ ב,כב: ונהורא עמה שרא. 17 **א[ת]ם ...בארץ**: ר׳ [טז],א,10. 18
תאכלו...הארץ: ר׳ ג,17. 19 **לתוכחתי...בכם**: ר׳ ב,2. **ואל...פרץ**: הש׳ דה״א יג,יא: כי פרץ ה׳
פרץ בעזא. 21 **ענוגה ורכה**: ישראל, על פי דב׳ כח,נו: הרכה בך והענגה, הש׳ גם יש׳ מז,א:
כי לא תוסיפי יקראו לך רכה וענגה. 22 **מעת...מערכה**: שיעורו מזמן שנפסקה ונעזבה
מערכת הקרבנות בבית המקדש. 23 **ירדו...ברכה**: ר׳ [ג],ב,19. 24 **פני**: לפני. **אדיר המלוכה**:
ה׳, על פי תה׳ ח,ב: מה אדיר שמך בכל הארץ, הש׳ הגדה של פסח: אדיר במלוכה. 25 **בניי**:
בני ישראל, הש׳ יש׳ מג,ו: הביאי בני מרחוק. **ותאמרו...ונלכה**: ר׳ טור 15.

[כ]

א

1 **אם...לי**: על פי ויק׳ כו,יד: ואם לא תשמעו לי. **שבטי חיילים**: ישראל, ר׳ [טז],ה,17. 2
שלשה המעולים: שלשה האבות. 3 **גבולם איישר**: אכין להם את ארצם, ר׳ יר׳ לא,טז: ושבו
בנים לגבולם. **מסלולים**: דרכים, על פי יש׳ לה,ח: והיה שם מסלול ודרך. 5 **השמיע**: ה׳
הודיע. **לנוצרי דת**: ישראל, הש׳ תה׳ קיט,ב: אשרי נצרי עדתיו. **שמור וזכור**: הש׳ מכ׳
דרשב״י יתרו ד: זכור (שמ׳ כ,ח) ושמור (דב׳ ה,יב) שניהם נאמרו לעניין אחד, הש׳ ספרא
בחקתי ג: וכן הוא אומר זכור את יום השבת לקדשו יכול בלבך כשהוא אומר שמור הרי
שמירת לב אמורה. 6 **ופץ**: ואמר. **למוכיח... תעכור**: על פי ויק׳ יט,יז: הוכח תוכיח את
עמיתך ולא תשא עליו חטא, ישראל לא תשנא את מי שמוכיח ומזהיר אותה. 7 **זוכר
נשכחות**: ה׳, על פי דב׳ ט,ז: זכר אל תשכח את אשר הקצפת את ה׳ אלהיך במדבר, הש׳
ספרא שם שם: הא מה אני מקיים זכור שתהיה שונה בפיך... כשהוא אומר לא תשכח הרי
שכיחת לב אמורה. **חסד...זכור**: על פי יר׳ ב,ב: זכרתי לך חסד נעוריך. 9 **טהורים**: על פי
עזרא ו,כ: הכהנים והלוים כאחד כלם טהורים. **והמישור תהליכו**: הש׳ מלאכי ב,ו: בשלום
ובמישור הלך אתי. 10 **אם...לי**: ר׳ טור 1. 11 **בי...ימלוכו**: על פי מש׳ ח,טו: בי מלכים
ימלכו ורזנים יחוקקו צדק. 12 **לכם אמליך**: אהיה לכם למלך. 17 **למדיני תורתך**: הש׳ ספרא
שם, א: מלמד שהמקום מתאוה שיהו עמילים בתורה. **גואלי**: ה׳, על פי תה׳ יט,טו: ה׳ צורי
וגאלי. 18 **אלהים...חילי**: על פי חב׳ ג,יט: ה׳ אדני חילי. 19 **ציבאות קהלי**: ר׳ [יד],א,21. 20
כנמת: כמו שאמרת

ב

1 **מוכיחים...להם**: על פי מש׳ כד,כה: ולמוכיחים ינעם. **במה...טוב**: על פי תה׳ קלג,א: הנה
מה טוב ומה נעים. 2 **נאהבים...לרחמים**: הש׳ תמיד כח, ע״א: רבי אומר איזו היא דרך ישרה
שיבור לו האדם יאהב את התוכחות בעולם נחת רוח באה לעולם טובה וברכה באין לעולם
ורעה מסתלקת מן העולם. **נוחלי...טוב**: על פי מש׳ ד,ב: כי לקח טוב נתתי לכם. 3
סיח...טוב: על פי מש׳ ח,ז: כי אמת יהגה חכי. **יענו**: יאמרו. 5 **פירות...תקריבי**: ר׳ מלאכי
ג,י: הביאו את המעשר אל בית האוצר ויהי טרף בביתי. 6 **ציקת גשמים**: שפיכת גשמים.
לשבוע תשאבי: ר׳ ויק׳ כו,ה: ואכלתם לחמכם לשבע, הש׳ ויק״ר לה,ז: אם שימרתם את
התורה כולה אני נותן לכם גשם, שם, יא: שיהיה שובע בארץ ישראל. 7 **אם...ותקשיבי**: ר׳
א,1. 9 **שבטים...יה**: על פי תה׳ קכב,ד: ששם עלו שבטים שבטי יה. **תם**: ר׳ [יא],ה,13. 10
מאוצר...לרוותם: על פי דב׳ כח,יב: יפתח ה׳ לך את אוצרו הטוב את השמים לתת מטר
ארצך בעתו ולברך כל מעשה ידך. 11 **תיניתי**: דיברתי. **דורשיי...טוב**: צ״ל דורשי יי, על פי
תה׳ לד,יא: ודרשי ה׳ לא יחסרו כל טוב. **לנוותם**: לפארם, לשבח אותם. 18 **בה**: הש׳ ויק״ר
שם שם: אם שימרתם את התורה אני אצוה לארץ להרבות זרע שנ׳ ונתנה הארץ את יבולה.
19 **והוגה...בחיבה**: הש׳ שם שם: אם שמרתם את התורה אני אברך את עץ השדה והאילנות

להרבות אוכלן, אולי צ״ל והוגי בדתו. 20 **כי...תיישיבה**: על פי תה׳ יט,ח: תורת ה׳ תמימה משיבת נפש.

ג

1 **ישביעך**: ר׳ ב,6. **שמינה**: כמו במ׳ יג,כ: הארץ השמנה. 2 **ויעשה רצונך**: על פי תה׳ מ,ט: לעשות רצונך אלהי חפצתי. 3 **כפיקוד**: ר׳ תה׳ יט,ט: פקודי ה׳ ישרים. **שוכן מעונה**: ה׳, ר׳ [ג],ד,13. 5 **אל הטוב**: ה׳, על פי תה׳ פה,יג: ה׳ יתן הטוב. 6 **סור...טוב**: על פי תה׳ לד,טו. 7 **ומשכיל...טוב**: על פי מש׳ טז,כ. 9 **דגול**: ה׳, ר׳ [ג],ד,9. **אם...תורתיך**: על פי מש׳ ד,ב: תורתי אל תעזבו. 10 **תגמלינו טובה**: השׁ׳ מש׳ לא,יב: גמלתהו טוב. **כי...אמונתיך**: על פי איכה ג,כג. 11 **לעלותיך**: לשבחך, השׁ׳ במ״ר יט,לג: אמרו ישראל עליך לעשות לנו נסים ועלינו לברך ולקלס לשמך. 13 **המונים**: בני ישראל. **לצורכם**: ר׳ [ג],ד,13. **גדלו**: השׁ׳ תה׳ לד,ד: גדלו לה׳ אתי. 14 **ולמלך...לובש**: על פי תה׳ צג,א: לבש ה׳ עז. **תייחלו**: כמו תה׳ קל,ז: יחל ישראל אל ה׳. 15 **שנית...ידו**: על פי יש׳ יא,יא: והיה ביום ההוא יוסיף אדני שנית ידו לקנות את שאר עמו.

ד

1 **כל...אויב**: על פי איכה ד,יב. 2 **ובמלחמינו**: אולי צורת זכר של מלחמה. **על...דורך**: השׁ׳ איכה ה,ה: על צוארנו נרדפנו. 3 **בנפילתינו**: על פי ויק׳ כו,לו: ונפלו. **הביא...מורך**: על פי ויק׳ כו,לו: והבאתי מרך בלבבם. 5 **פיקודיך החרותים**: המצוות שנכתבו בתורה. 6 **לבניהם...תשלם**: כמו יר׳ לב,יח: ומשלם עון אבות אל חיק בניהם. **ופושעיהם תתים**: שיעורו לשים אותם כפושעים, השׁ׳ ויק׳ כו,לט-מ: והנשארים בכם ימקו בעונם... ואף בעונת אבתם אתם ימקו, והתודו את עונם ואת עון אבתם, השׁ׳ ספרא בחוקותי ח,ב: והלא כבר הבטיח המקום לישראל שאינו דן האבות ע״י בנים ולא בנים ע״י אבותם. 7 **אשר...אמרתה**: ר׳ ויק׳ כו,מב: וזכרתי את בריתי יעקוב ואף את בריתי יצחק ואף את בריתי אברהם אזכר והארץ אזכר, שם מה: וזכרתי להם ברית ראשנים. **בטחנו...עתים**: תמיד בטחנו במה שאמר ה׳. 9 **להם**: לבני ישראל. 10 **ומבן...הבדלתי**: השׁ׳ ויק״ר ב,ד: כך אמ׳ משה לפני הקב״ה רבון העולם משבעים אומות אותנטאות שיש לך בעולמך אי אתה מצוה אותי אלא על ישראל. 11 **ולולי...קיימתי**: כמו שופ׳ ב,א: לא אפר בריתי אתכם לעולם. 13 **רגלך כהלכה**: אולי מתקשר לויק״ר לה,א: והיו רגליי מביאות אותי לבתי כנסיות ולבתי מדרשות הה״ד ואשיבה רגלי אל עדותיך (תה׳ קיט,נט). 14 **וללוחציה לחצה**: השׁ׳ יר׳ ל,כ: ופקדתי על כל לחציו. **ולמפריכיה פרכה**: על פי שמ׳ א,יג: ויעבידו מצרים את בני ישראל בפרך, ישראל שעבדה את אלה שנתנו עבודת פרך עליה. 15 **שבילך נהורה**: כמו יש׳ ב,ה: לכו ונלכה באור ה׳, ר׳ גם טור 25. **נהורה**: ר׳ דנ׳ ב,כב: ונהורא עמה שרא. 17 **א[ת]ם ...בארץ**: ר׳ [טז],א,10. 18 **תאכלו...הארץ**: ר׳ ג,17. 19 **לתוכחתי...בכם**: ר׳ ב,2. **ואל...פרץ**: השׁ׳ דה״א יג,יא: כי פרץ ה׳ פרץ בעזא. 21 **ענוגה ורכה**: ישראל, על פי דב׳ כח,נו: הרכה בך והענגה, השׁ׳ גם יש׳ מז,א: כי לא תוסיפי יקראו לך רכה וענגה. 22 **מעת...מערכה**: שיעורו מזמן שנפסקה ונעזבה מערכת הקרבנות בבית המקדש. 23 **ירדו...ברכה**: ר׳ [ג],ב,19. 24 **פני**: לפני. **אדיר המלוכה**: ה׳, על פי תה׳ ח,ב: מה אדיר שמך בכל הארץ, השׁ׳ הגדה של פסח: אדיר במלוכה. 25 **בניי**: בני ישראל, השׁ׳ יש׳ מג,ו: הביאי בני מרחוק. **ותאמרו...ונלכה**: ר׳ טור 15.

[כִא] איש כי יפלא <ויק׳ כז:א-ב>

ב [מ.. ... ...]
[נ.. ...] מֵאִיתָּךְ לת[..]ות הָאָדָם
סִידּוּר עֲרִיכַת שָׁנִים בְּוִיעוּדָם
עֵינֶיךְ פְּקוּחוֹת עַל כָּל דַּרְכֵי בְּנֵי האדם <יר׳ לב:יט>

פִּדְיוֹן נַפְשׁוֹת מְנַשְּׂאָיו
צוּר חָפֵ[ץ] לְיַיקֵּר כִּי הֵם יְרֵאָיו
קְבִיעַת חֳדָשִׁים גַּם יְשָׁנִים פִּיעֲנוּחַ לְרוֹב פִּילְאָיו
רוֹצֶה ייי אֶת יְרֵאָיו <תה׳ קמז:יא>

ש[.. ...] יוֹצֵר הָרִים
שֵׁמַ[ע הִשְׁ]מִיעַ לְנִמְהָרִים
תְּשׁוּרָתָם אֵיךְ יַ[..] אוֹתָהּ לְהָרִים
תְּחִי[לַּת] וְהָיָה עֶרְכְּךָ [הַ]זָּכָר מִבֶּין עֶשְׂרִים

ככ׳ והיה ע<רכך הזכר מבן עשרים שנה ועד בן ששים שנה
והיה ערכך חמשים שקל כסף בשקל הקדש> <ויק׳ כז:ג>
[ונ׳]

[...] בְּהַ[עֲ]מִי[דָ]יךְ ע[..]
בְּהַפְרִיחָיךְ [... ...]

ג [... ...] יר[.. ... ...] הוּבְרַח לכל א[..]
כְּפָץ באמ[..] כרס[.. ..]למ[..] הת[ח..]
וריע[.. ... ...]

[ד.. ... ד]גל קָשַׁב מִ[י]לָּיו
[...] גב[ר]יו [... ... ...]
[... ...] שׁ[וֹכֵן] זְבוּלָיו
[וּ]לָתֵת לְאִישׁ כִּדְרָכָיו וְכִפְרִי מַעֲלָלָיו <יר׳ לב:יט>

ה[.]ציר עָלֵינוּ [מ.. ...]
[...] וְתִיקְּפוּ דָר בִּמְעוֹנָיי
סְבָבָם וְתוֹדָה לְשֵׁם ייי
וַיִּדַּר יִפְתָּח נֶ[דֶר לַייי]

ככ׳ ויד<ר> יפתח <נדר לה׳ ויאמר אם נתון תתן את בני עמון
בידי> <שופ׳ יא:ל>
[ונ׳] נידרו ושלמו <לה׳ אלהיכם כל סביביו יובילו שי למורא>
<תה׳ עו:יב>
[ונ׳] ואני בקול ת<ודה אזבחה לך אשר נדרתי אשלמה ישועתה
לה׳> <יונה ב:י>
ונ׳ [א.. ... ...]

ד עַד מָתַי יִבְ[טַ]ל [מַ]עֲ[רָ]כֵינוּ
וְכֹהֵן וְ[נָ]בִיא [נסו ... ...]
לְמִי נִיתֵּן שִׁיקְלֵ[ינוּ] נ[.]ע[ר] בְּרִצּוּיֵינוּ
כָּל תִּשָּׂא עָוֹן וְקַח טוֹב וּנְשַׁלְּמָה פָרִים שְׂפָתֵינוּ <הוש׳ יד:ג>

אֱלוֹהַּ נוֹרָאוֹת עֲשֵׂה עִמָּנוּ לְטוֹבָה אוֹת
לְשׁוֹקְ[לֵי] לָךְ כֶּסֶף הַרְבֵּה כֶּסֶף נִפְלָאוֹת
כִּ[י] אַתָּה לָנוּ מַפְלִיא פְּלָאוֹת
לִי הַכֶּסֶף וְלִי הַזָּהָב נְאֻם ייי צְבָאוֹת <חגי ב:ח>

בֵּן [שִׁקְ]לֵי זָכָר לְשֶׁקֶל נְקֵבָא בְּפֵירוּשֵׁי
צוּר שִׁימַּע לְמִמַּיִם מוּמְ[שֶׁה]
זֶה ו[.. ...] לְעָם עָלוּ חֲמוּשֵׁי
אֵלֶּה הַמִּצְוֹת אֲשֶׁר צִיוָּה ייי אֶת מֹשֶׁ<ה> <ויק׳ כז:לד>

[... ... ...]
[...] אָמַר [...] לְשִׁבְטֵי אֱמוּנַיי
וְכָל מַעֲשַׂר הָאָרֶץ [... ...] בְּעֵינְיָינָי
אֶל בְּנֵי יִשְׂ<רָאֵל> בְּמִדְבַּר סִינָי <במ׳ כו:סד>

[הָ]אֵל מִי יְמַלֵּיל בְּנוֹאַם דָּ[תוֹ]
לְהַחְדִּיל מֵחֵטְא אֲיַוּמָּתוֹ הִזְהִירָהּ בְּתוֹרָתוֹ
שֶׁיָּקִים כָּל לְשׁוֹן דְּבִי[רָ]תוֹ
לֹא יַחֲלִיפֶנּוּ וְלֹא יָמִיר אוֹתוֹ <ויק׳ כז:י>

נו<רא> מ<רום> וק<דוש>

ה אָ[מְנָם] שְׁלֹשָׁה מ[.. ...] קר[..] לִשְׁמוֹר
מוֹצָ[א] לַשְׂ[פָ]תַיִים וְלַעֲשׂוֹתוֹ לִפְנֵי כֹּל סוֹקֵר
ב[.. ... ..]קה לִפְנֵי [.ל..]
לִגְדוּלָּתוֹ אֵין חֵקֶר <תה׳ קמה:ג>

[ג.. ... ...]
[... ... יִ]תְהַלָּל בְּמַתְּנַת ש[..]
ד[.. ... ..ח] גַּם [... ...]
מוֹצָא שְׂפָ<תֶיךָ> תִּשְׁ<מֹר> וְעָ<שִׂיתָה> [כַּאֲשֶׁר] נָדַרְתָּה
<דב׳ כג:כד>

[ה.. ... .]אמור א[.. ...]
[... ... ...] עדרי [... ...]
[ו.. ... ...]
[... ... ... .רמה] <?>

[ז.. ... ...]
[... ... ...] מֹשֶׁה [...]
[ח.. ...] בְּדַת לְ[..ךְ ...]
[א.. ת.. ... ת..] נדר[ו ... ...] <?>

[ט.. ..]ער כְּיָצָא [מִ]פִּיו כְּהֶגְיוֹנָיי
לב [.]בתו פ[.. ...] עֵינָיי
[י..] וְקִיֵּים דבר[. ..ה] עִינְיָינָיי
וַיִּדַּר יִפְתָּח נֶדֶר לַייי <שופ׳ יא:ל>

יְהוּדִים [... נִ]דְרוּ וְשַׁלְּמוּ בְּשׁוֹפְכֵי לֵב כַּמַּיִם לְפָנֶיךָ מִילָּתִי
מֵהָשִׁיב [...] וש[..] עֲדַת אֲיֻוּמָּתִי
לְךָ יֶעֱרַב סִיחַ תְּפִילָּתִי
וַאֲנִי בְּקוֹל תּוֹדָה אֶזְבְּחָה לָּךְ אֲשֶׁר נָדַרְתִּי <יונה ב:י>

אל נא לעולם [תערץ]

ו אָיוֹם צְרוֹר הַמּוֹר
הִיתְנָה לְנוֹחֲלַיִ שָׁמוֹר
בְּבִיטּוּי נְדָרִים לְ[.]ים לֵאמוֹר
וַיְדַבֵּר ייי [אֶל מֹשֶׁה לֵּאמֹר] <ויק׳ כז:א>

גבר [אל ...] לִנְדּוֹר נֶדֶר
לֹא יְאַחֵר לְשַׁלְּמוֹ הַנּוֹדֵר
דְּבָרוֹ יַעֲשֶׂה בְּסֵדֶ[ר]
אִישׁ כִּי יַפְלִיא נֶדֶר <ויק׳ כז:ב>

הַ[וּ]א מִבֶּן עֶשְׂרִים זָכָר
וְ[עַ]ד שִׁשִּׁים [... מַ]עֲלָלָיו נַעַר יִנְּוֹכָּר
וְעֶרְכּוֹ חֲמִ[שִּׁים שֶׁקֶל] סוֹפֵּר
[וְהָיָ]ה עֶרְכְּךָ הַזָּכָר <ויק׳ כז:ג>

זֶה צוּרִי [.ל. ... ...]
[... ... .ח.. הִ]יא
חָשׁ שְׁלֹשִׁים שָׁקוּל יְהִי
וְאִם נְקֵ[בָה] הִיא <ויק׳ כז:ד>

טֶכֶס עֶשְׂרִים נְכוֹנִים
לִימֵּד שׁוֹכֵן מְעוֹנִים
[.......]

ב

3 **סידור...שנים**: קביעת הגיל. **בויעודם**: בהתאספות בני ישראל כדי להקדיש ולהעריך
נפשות. 5 **מנשאיו**: בני ישראל שמנשאים את ה׳. 6 **צור**: ה׳, ר׳ [ג],ד,13. **חפ[ץ] לייקר**: רוצה
לכבד, ה׳ רוצה להעמיד ערכים לבני ישראל. **הם יראיו**: על פי תה׳ קמז,יא, ר׳ טור 8. 7
קביעת...ישנים: על פי שה״ש ז,יד: כל מגדים חדשים גם ישנים. **פיענוח**: בפירוש. **לרוב
פילאיו**: ה׳ שעושה נסים רבים. 9 **יוצר הרים**: על פי עמ׳ ד,יג: כי הנה יוצר הרים. 10
לנמהרים: לבני ישראל, על פי יש׳ לה,ד: אמרו לנמהרי לב. 11 **תשורתם**: ר׳ [יב],ז,11.

ג

6 **[שו]כן זבוליו**: ה׳, ר׳ [ז],ד,10. 9 **ותיקפו**: נתן לו תוקף? **דר במעוניי**: ה׳, ר׳ [כ],ג,3.

ד

1 **עד...[מ]ע[ר]כינו**: כמה זמן נפסק מאתנו להעריך. 2 **וכהן ו[נ]ביא**: על פי איכה ב,כ: כהן
ונביא. 3 **ברצויינו**: בהשתדלותנו לפייס. 5 **אלוה נוראות**: ר׳ [יד],ג,5. **עשה...אות**: על פי תה׳
פו,יז: עשה עמי אות לטובה. 6 **לשוק[לי]...כסף**: על פי ויק׳ כז,ג: והיה ערכך חמשים שקל
כסף. **הרבה...נפלאות**: ה׳, תרבה סכף בנפלאות. 7 **מפליא פלאות**: ר׳ [יד],ג,6. 9 **בן**: אולי
צ״ל בין. **[שק]לי...בפירושי**: בתורה מפורשים ערך זכר וערך נקבה, על פי ויק׳ כז,ג-ד. 10
צור: ה׳, ר׳ [ג],ד,13. **לממים מומ[שה]**: משה, ר׳ [יא],ח,19. 11 **לעם...חמושי**: על פי שמ׳
יג,יח: וחמשים עלו בני ישראל. 14 **לשבטי אמוניי**: לישראל, ר׳ [יח],ד,17. 15 **וכל... הארץ**:
על פי ויק׳ כז,ל. **בעינייני**: בתורה. 17 **[ה]אל מי ימליל**: ה׳, כמו תה׳ קו,ב: מי ימלל גבורות
ה׳. **בנואם ד[תו]**: בדברי תורה. 18 **להחדיל**: ר׳ [יח],ה,2. **איומתו**: ישראל, ר׳ [יד],א,1. 19
שיקים...דבי[ר]תו: שיעורו שכל הנודר יקיים את דברו.

ה

1 **שלשה**: אולי מתקשר לויק״ר לז,ד: שלשה שאלו שלא כהוגן והשיבן הקב״ה כהוגן ואחד
שאל שלא כהוגן והשיבו הקב״ה שלא כהוגן. 2 **מוצ[א] לש[פ]תיים**: על פי דב׳ כג,כד: מוצא
שפתיך תשמר, ר׳ טור 8. **כל סוקר**: ה׳, הש׳ ר״ה יח, ע״א: וכלן נשקרין בסקירה אחת. 17
כיצא...כהגיוניי: על פי תה׳ יט,טו: אמרי פי והגיון לבי. 21 **[נ]דרו ושלמו**: על פי תה׳ עו,יב.
בשופכי...לפניך: ישראל, על פי איכה ב,יט: שפכי כמים לבך נכח פני אדני. 22 **עדת
איומתי**: ר׳ [יד],א,1. 23 **לך... תפילתי**: על פי תה׳ קד,לד: יערב עליו שיחי.

ו

1 **איום**: ה׳, על פי חב׳ א,ז: אים ונורא הוא. **צרור המור**: ה׳, ר׳ [יד],א,9. 2 **לנוחלי שמור**:
ישראל, ר׳ [כ],א,5. 6 **לא...הנודר**: על פי דב׳ כג,כב: כי תדר נדר לה׳ אלהיך לא תאחר
לשלמו. 9 **ה[ו]א...זכר**: על פי ויק׳ כז,ג, ר׳ טור 12. 10 **ו[ע]ד ששים**: על פי ויק׳ כז,ג: ועד בן
ששים שנה. **[מ]עלליו...ינוכר**: על פי מש׳ כ,יא: גם במעלליו יתנכר נער. 11 **וערכו... סופר**:
על פי ויק׳ כז,ג: והיה ערכך חמשים שקל כסף. ״סופר״ לא מתאים לחריזה. 13 **צורי**: ה׳, ר׳
[ג],ד,13. 15 **חש**: מיהר לערוך. **שלשים...יהי**: על פי ויק׳ כז,ד: והיה ערכך שלשים שקל. 17
טכס: סדר. **עשרים נכונים**: על פי ויק׳ כז,ה: והיה ערכך הזכר עשרים שקלים. 18 **שוכן
מעונים**: ה׳, ר׳ [ג],ד,13.

במדבר - NUMERI

[כב] במדבר <במ׳ א:א>

ד

[.......]
[... ...] רוֹפְדִים
דֶּגֶל ה[..]דכים וּמוֹדִים

חוסו יְשׁוּעוֹת מְ[סַלְּדִ]ים
זו[.מ]ים קְרִיאָה כַּלַּפִּידִים
אֱלֹהִים מוֹשִׁיב יְחִידִים <תה׳ סח:ז>

רַחוּם [רַחֵם] עֲדַת הֲמוֹנָם
רוֹב פִּיקוּדִים יָבוֹאוּ בְמִנְיָנָם
רִאשׁוֹן לְצִיּוֹן הִנֵּה הִ[נָּם] <יש׳ מא:כז>

[ש.]ים בֵּית מְנוּחִי
שָׂרֵי בְנָיָהוּ וְשַׂמָּה תְשַׂמְּחִי
שמע ייי ש[.. ..]חי

ת[ה]נה בְּבֵית הַיּוֹפִי
תָּאוּץ עַמָּךְ בְּיֹפִי
תְּהִילַּת ייי יְדַבֶּר פִּי <תה׳ קמה:כא>

ה

אָמְנָם אַרְבָּעָה נְשִׂיאִים נִבְחֲרוּ מִשִּׁבְטֵי עֲדָ[תָם]
צוּ[ר ... ...] אוֹתָם
בחיו[.] רָאשֵׁי שִׁבְטֵי קְהִילָּתָם
וְאִישׁ [עַל דִּגְלוֹ לְצִבְאוֹתָם] <במ׳ א:נב>

גּוּר אַרְיֵה לעת[ד ... ...]
שִׁבְטֵי קהל [... ... ...]
[ד.. ... ...]
וְהַחוֹנִים קֵדְ<מָה> מִזְ<רָחָה> [דֶּגֶל] מַחֲ<נֵה> יְהוּ<דָה> <במ׳ א:ג>

שֵׁינִי הָיָה [... ... ...]
[... ... ... עֲדַת] מִי מָנָה
[וּ]בְדוּדָאִים [..]ה וחנה
דֶּ[גֶ]ל מַחֲ<נֵה> רְאוּ[בֵן תֵּימָנָה] <במ׳ ב:י>

[שְׁלִישִׁי ז.. ...] לְהַעֲמִיד לְבָנָה וְחַמָּה
[בְּ]רֹאשׁ יוֹנָה [ח.. ... ...]
[ח.. ... ...] וְהוֹס[יף] חָכְמָה
דֶּגֶל מַ<חֲנֵה> אֶפְ<רַיִם> לְצִ<בְאוֹתָם> יָמָּה <במ׳ ב:יח>

הָרְבִ[יעִי ט.. ... .]תם
במ[..]תם נִתְגַּבֵּר עֲלֵיהֶם וְהָרַג אוֹתָם
יִ[צ..] בִּלְחִי הַחֲמוֹר [יב..] לְמַפַּלְתָּם
דֶּגֶל מַחֲ<נֵה> דָן צָפוֹ<נָה> לְצִבְאוֹ<תָם> במ׳ ב:כה>

[אל נא לעו]לם תו[ערץ]

ו **ובכן במדבר**

א[.. ... ...] לְשׁוֹכֵן מְעוֹנָיי
הַמַּבִּיט לָאָרֶץ וַתִּרְעָד אַרְבַּע פִּינָּיי
ביט[ה ... ...] הֲמוֹנָי
וַיְדַבֵּר ייי אֶל מֹ<שֶׁה> בְּמִ<דְבַּר> סִינָי <במ׳ א:א>

גֻּולְגְלוֹתָם לְהָרִים רֹאשׁ
כס[ה] מִתְנַשֵּׂא לְכֹל לְרֹאשׁ
דִּגְלֵיהֶם לְבֵית אֲבוֹתָם לִדְרוֹשׁ
שְׂאוּ אֶת רֹאשׁ <במ׳ א:ב>

הַפְקֵד אוֹתָם [..ת ...]
וְיִהְיוּ לְשֵׁם וְלִתְהִילָּה
וְיִתְכְּנוּ [... ... ...]
[וּמִבֶּן עֶשְׂרִים] שָׁנָה [וָמַעְלָה] <במ׳ א:ג>

[ז.. ... ...]
אוֹר כַּשַּׂלְמָה עוֹטֶה
חָשַׁק קְהַ[ל עַמִּים ... ים] וַיִּבְטֶה
יִהְיוּ אִי<שׁ> אִי<שׁ> לַמַּטֶּה <במ׳ א:ד>

טֻוכַּס אֱלִיצוּר [..] קִידּוּשִׁים
[..]ית אִם שְׁמוֹ בְּפֵירוּשִׁים
יַעַמְדוּ כֻּולָּם בְּלִי הֱיוֹת עֲנוּשִׁים
וְאֵלֶּה שְׁמ<וֹת> הָאֲנָשִׁים <במ׳ א:ה>

כָּלוּל בְּאִמְרֵי שַׁדָּי
רֵיעַי וְאַחַי וִידִידָי
לְשָׂרֵי צְבָאוֹת [לָן] בֵּן שָׁדָי
לְשִׁמְעוֹן שְׁלֻ<מִיאֵל> בֶּ<ן> צ[וּרִי]שַׁדָּי <במ׳ א:ו>

ד

4 **חוסו ישועות**: אולי צ"ל על פי יש' לג,ו: חוסן ישועות. **מ[סלד]ים**: משבחים. 5 **קריאו**
כלפידים: הש' איוב מא,יא: מפיו לפידים יהלכו. 7 **רחום**: ה', על פי שמ' לד,ו: אל רחום. **עדו**
המונם: ישראל, הש' במ' א,ב: כל עדת בני ישראל למשפחתם. 8 **רוב פיקודים**: כל פקודי בנ
ישראל. **יבואו במנינם**: הש' במ' א,כב: אולי שיעורו: בני ישראל יבואו לפי מספרם. 10 **ביו**
מנוחי: בית המקדש, על פי דה"א כח,ב: בית מנוחה. 11 **שרי בניהו**: על פי ש"ב כג,כב: אלה עש
בניהו בן יהוידע ולו שם בשלשה הגברים. **ושמה**: ר' ש"ב כג,יא: שמה בן אגא הררי, או ש"
כג,כה: שמה החרדי, מגבורי דויד. 13 **בבית היופי**: בית המקדש. 14 **תאוץ...ביפי**: תביא מה
יופי לעמך ישראל.

ה

1 **ארבעה נשיאים**: ר' במ"ר ב,ד: שעשה אלהים במדבר דגל מחנה יהודה דגל מחנה ראובן דג
מחנה דן דגל מחנה אפרים, הש' גם במ"ר ב,ז: סימנין היו לכל נשיא ונשיא מפה וצבע על כ
מפה ומפה. **משבטי עד[תם]**: משבטי ישראל, ר' במ' א,ב: כל עדת בני ישראל. 3 **שבטי קהילתם**
שבטי ישראל. 5 **גור אריה**: על פי בר' מט,ט: גור אריה יהודה, ר' במ' ב,ג: דגל מחנה יהודה, הש
במ"ר ב,ז: ומצוייר עליו אריה. 6 **שבטי קהל**: שבטי ישראל. 9 **שיני**: ר' במ' ב,י: דגל מחנה ראובן
10 **[עדת]...מנה**: ישראל, על פי במ' כג,י: מי מנה עפר יעקב. 11 **[ו]בדודאים**: ר' בר' ל,יד: ויל
ראובן בימי קציר חטים וימצא דודאים בשדה, הש' במ"ר ב,ז: דגל שלו צבוע אדום ומצוייר על
דודאים. 13 **להעמיד...וחמה**: ר' במ' ב,יח: דגל מחנה אפרים, אבל במ"ר ב,ז: דגל יששכר צבו
שחור דומה לכחול ומצוייר עליו שמש וירח 14 **וונה**: ישראל, על פי שה"ש ה,ב, הכוונה או
לבני גרשון. 15 **והוס[יף] חכמה**: ר' דה"א יב,לג: ומבני יששכר יודעי בינה לעתים לדעת מה יעש
ישראל. 17 **הרב[יעי]**: ר' במ' ב,כה: דגל מחנה דן. 18 **נתגבר... אותם**: אולי בהקשר פרשת שמש
שנלחם בפלשתים, הש' בר"ר צח,יג: דן ידין עמו... זה שמשון בן מנוח, הש' גם דה"א יב,לו: ו
הדני ערכי מלחמה. 19 **בלחי החמור**: ר' שופ' טו,טז: ויאמר שמשון...בלחי החמור הכיתי אל
איש.

ו

1 **לשוכן מעוניי**: ה', ר' [ג],ד,13. 2 **המביט...ותרעד**: על פי תה' קד,לב. **ארבע פיניי**: ארבע פנ
עולמי. 3 **ביט[ה]**: דיבר. **המוני**: עם ישראל. 5 **גולגלותם...ראש**: על פי במ' א,ב: שאו את רא
כל עדת בני ישראל למשפחתם לבית אבתם במספר שמות כל זכר לגלגלתם. **כס[ה]**: אולי במו
סקר. **מתנשא...לראש**: ה', על פי דה"א כט,יא: והמתנשא לכל לראש. 7 **דגליהם... לדרוש**: לט
שבטי ישראל, על פי במ' א,ב. 9 **הפקד אותם**: ר' במ' א,ג: כל יצא צבא בישראל תפקדו.
ויהיו... ולתהילה: על פי צפ' ג,כ: כי אתן אתכם לשם ולתהלה. 14 **אור...עוטה**: על פי ת
קד,ב: עטה אור כשלמה. 15 **חשק**: ה' חיבב. **ויבטה**: ואמר. 17 **טוכס**: הופקד. **אליצור**: על פי ב
א,ה: אליצור בן שדיאור, נשיא מטה ראובן. **קידושים**: אולי הכוונה להפרש הנשיאים מש
האנשים. 18 **אם... בפירושים**: שמו נזכר בתורה במפורש. 19 **יעמדו כולם**: על פי במ' א,ה: ואל
שמות האנשים אשר יעמדו אתכם. **בלי...ענושים**: ללא עונש, בלי חטא כדי להצדיק את ע
ישראל מחטא העגל. 21 **כלול...שדי**: מושלם בדברי ה'. 22 **ריעי ואחי**: ישראל, על פי ת
קכב,ח: אחי ורעי. **וידידי**: ישראל, על פי תה' ס,ז: למען יחלצון ידידיך. 23 **לשרי צבאו**
לנשיאים, על פי דב' כ,ט: ופקדו שרי צבאות בראש העם. **[לן]...שדי**: על פי שה"ש א,יג: בין ש
ילין.

[כג] פנחס <במ' כה:י>

א [א.. ... ...]
[ב.. ... ...]
[ג.. ... ...]
דְּרָכֶיהָ [דַּרְ]כֵי נוֹעַם וְכָל נְתִיבוֹתֶיהָ שָׁלוֹם <מש' ג:יז>

הַקָּשָׁה כִּשְׁא[וֹל] קִנְ[אָה]
[ו.. ...] שמיך וְגָבְרָה קִנְאָה
זֶרַע אֹהֲ[בוֹ] לִ[ב]א [...] קִנְאָה
חֵ[מָה] וְשֶׁטֶף אַף וּמִי יַעֲמֹד לִפְנֵי קִנְאָה <מש' כז:ד>

טָעַן רוֹמַח וְנִתְאַכְזָר
[י.. ... ...] לָאֵל הַמְאֻוזָּר
כְּדָקַר בְּחַרְבּוֹ וּבְקִ[נְ]אָתוֹ נִתְאַכְזָר
לַייי [... ...] פִּינְ[חָ]ס בֶּן אֶלְעָזָר]

ככ' וידבר <ה' אל משה לאמר> <במ' כה:י>
ונ' פינחס <בן אלעזר בן אהרן הכהן השיב את חמתי מעל בני ישראל בקנאתו את קנאתי בתוכם ולא כליתי את בני ישראל בקנאתי> <במ' כה:יא>
ונ' אכזריות <חמה ושטף אף ומי יעמד לפני קנאה> <מש' כז:ד>
ונ' או יחז<ק במעזי יעשה שלום לי שלום יעשה לי> <יש' כז:ה>
ונ' [חמת] מלך <מלאכי מות ואיש חכם יכפרנה> <מש' טז:יד>

יְכַפֵּר נָא בְחָכְמַת מִלָּיו
וְיִשָּׁמַע קוֹל מִלּוּלָיו
יְקַבֵּץ לְשִׁבְ[טֵי] חֲיָלָיו
כְּאִישׁ אֶלֶף הַמָּגֵן תָּלוּי עָלָיו <שה"ש ד:ד> ב מגן

ב מָצֹא יִמְצָא חַיִּים לְהַאֲרִיךְ יָמָיו
נַחֲלַת כְּהֻנַּת עוֹלָם לְשַׁמֵּשׁ בְּא[וּרָיו] וְתֻומָּיו
שַׂר וְגָדוֹל הוּא שָׁת בְּעַם רְ[ח]וּמָיו
עֹשֶׂה שָׁלוֹ[ם] בִּמְרוֹמָיו <איוב כה:ב>

פֹּעֲלֵי גְנַיי וּבַעֲלֵי עָוֹן
צִמַּדְתָּ לְהַחְדִּיל אָ[וֹרְחוֹ]תָם מֵחֵטְא וְעָוֹן
קִנְאָה אָזַר לְנַשֵּׂא עָוֹן
רַבִּים הֵשִׁיב מֵעָוֹן <מלאכי ב:ו>

שָׁלוֹם רָב לְכָל אֹהֲבֵי שָׁלוֹם
שְׁבָח בִּרְכַּת כֹּהֲנִים אַדְבִּיק בְּזֶרַע הַשָּׁלוֹם
תִּנָּה אֲדוֹן הַשָּׁלוֹם
תִּנָּתֶן לוֹ בְּרִיתִי בְשָׁלוֹם

ככ׳ לכן אמר <הנני נתן לו את בריתי שלום> <במ׳ כה:יב>
ונ׳ שלום רב לאהבי תורתך ואין למו מכשול <תה׳ קיט:קסה>
ונ׳ תורת אלהיו בלבו לא תמעד אשוריו <תה׳ לז:לא>
ונ׳ כי ההרים ימושו והגבעות תמוטנה וחסדי מאתך לא ימוש
ובריע שלומי לא תמוט אמר [מרח]מך [י]יי <יש׳ נד:י>

ייי בִּשְׁמֵי מְ[עוֹ]נָיו
הִזִּיל לָנוּ טַל צְפוּנָיו
לְהַחֲיוֹת מֵיתִים סָ[ח דָּבָ]ר דָּבוּר עַל אָפְנָיו
וּבַיּוֹם הַשְּׁלִישִׁי יְקִימֵנוּ וְנִחְיֶה לְפָנָיו <הוש׳ ו:ב> ב [מח]יה

ג [י.. עֲשֵׂה עִמָּנוּ] לְטוֹבָה אוֹת
בְּשָׁל[וֹם] וּבְמִישׁוֹר [... ...]
[... ... ...] נוֹרָאוֹת
קַנֹּא קִנֵּאתִי לַייי אֱלֹהֵי צְבָ[אֹ]ות <מ״א יט:יד>

הַפְּשָׁעִים [... ... ... ואר]בהו
וְקָנָה חַיֵּי עַד לִפְנֵי בוֹרְאֵהוּ
הוּא פִּינְחָס וְהוּא [אֵלִיָּ]הוּ
מִפְּנֵי שְׁמִי נִחַת הוּא <מלאכי ב:ה>

דִּבּוּר סָ[י]חוֹ הֶ[עֱמִ]יד [מַ]גֵּפָה [..]
בִּ[שְׁ]לוֹמוֹ הֶחְדִּיל זַעַם וָנֶגֶף
אַכְזְרִיּוּת חֵמָה וְשֶׁ[טֶף אָף]
[... ... ...] אָף <?>

הִשְׁמִיעַ [לָ]מוֹ מְקוֹר [חַיִּים]
בּוֹרֵא נִ[יב שְׂ]פָתַיִם וּמַנְחִיל חַיִּים
תּוֹרַ[ת אֱ]מֶת חַיִּים
בְּרִיתוֹ הָיְתָה אמת הַ[חַיִּי]ם

ככ׳ והיתה לו ולזרעו אחריו <ברית כהנת עולם תחת אשר קנא
לאלהיו ויכפר על בני ישראל> <במ׳ כה:יג>
ונ׳ ויאמר קנא קנאתי לייי אלהי צבאות כי עזבו בריתיך בית
ישראל את מזבחתיך הרסו ואת נביאיך הרגו ואותר אני
לבדי ויבקשו [את] נפשי לקחתה <מ״א יט:יד>
ונ׳ ימלך <ה׳ לעולם אלהיך ציון לדר ודר הללויה>
<תה׳ קמו:י>

אל נא

ד
עַד מָתַי תְּקַנֵּא קִנְאָתֵינוּ וְתִשְׁאַג כְּלָבִיא
כָּל בְּנֵי זִמָּה וּבְנֵי [זוֹ]נוֹת מִתְגָּרִים בִּי
וּבְעַזּוּת מִצְחָם יִכּוֹנוּ עַד יוּחַשׁ תִּשְׁבִּי
הִנֵּה אָנֹכִי שֹׁלֵחַ לָכֶם אֵת אֵלִיָּהוּ הַנָּבִיא <מלאכי ג:כג>

הַנִּסְתָּר בְּנַחַל כְּ[רִ]ית בִּיאָתוֹ נֶחֱזֶה
לְבוּשׁ קִנְאָה תִלְבַּשׁ [וְדָם תַּזֶּה]
וְיוֹמְךָ הַגָּדוֹל נָשׁוּר וְנֶחֱזֶה
עֲנֵינִי ייי וְיֵ[דְ]עוּ הָעָ]ם הַזֶּה <מ״א יח:לז>

וַחֲמָתְךָ הַבְ[עֵר] עַד שְׁמֵי עִלִּיִּים
וְאַפְּךָ הַקְדִּיחַ עַד שְׁאוֹל [תַּחְ]תִּיִּים
הַדְלִיקֵהוּ ב[..] עִבְ[רֵי] בְּרִ[ית] עֵץ חַיִּים
שְׁפֹךְ חֲמָתְךָ אֶל הַגּוֹ[יִם] <תה׳ עט:ו>

ה
[אָמְנָם ... מִדּוֹת ... ...]
[... ... ...]
[ב.. ... ...] עֲלֵיהֶם לְיַחֲסוֹ וּב[..]
אֲשֶׁר יֵצֵא לִפְנֵ[יהֶם וַאֲשֶׁר יָבֹא לִפְנֵיהֶם] <במ׳ כז:יז?>

[מִדָּה רִאשׁוֹנָה ג.. ... ...]
[... ...] חָכְמָה יִהְיֶה מְמַלֵּא ל[..]
[ד.. ... ...]
[... ... ...]

מִדָּה שְׁנִיָּה הִשְׁמִיעַ ב[וּ.. ... ...]
[... ...] יֵצֵא לִפְנֵיהֶם בִּצְנִיעוּת [...]
[וּ.. ... ...]
בֹּא יָבֹא בְרִנָּה נֹשֵׂא אֲלֻ<מֹּתָיו> <תה׳ קכו:ו>

[מִדָּה שְׁלִישִׁית ז..] יִהְיֶה שָׁפָל [...]
[... ... ...]
[ח.. ... ..ם] בְּטָהֳרָה [... ...]
[... ... ...]

[מִדָּה רְבִיעִית ט.. ... .]נִי
רוּ[.. ... ...]
[י.. ... ... ב]ה תרבץ הֵשִׁיב [...]
[... ... ...]

ז [א.. ב.. ... ...]
[... ... ..ם ש.. ...]

גַּם [ד.. ... ...]
[... ...] אָמַר ייי וּרְפָאתִים <יש׳ נז:יט>

[ה.. ו.. ... ...]
[...] וְחַסְדִּי מֵאִתֵּךְ לֹא יָמוּשׁ <יש׳ נד:י>

[ז.. ח.. ... ...]
[... וּבְרִי]ת שְׁלוֹמִי לֹא תָמוּט אָמַר <יש׳ נד:י>

[ט.. י.. ... ...]
[בְּרִיתִי הָיְתָ]ה אִתּוֹ הַחַיִּים וְהַשָּׁלוֹם <מלאכי ב:ה>

[כ.. ל.. ... ...]
[...] תּוֹרַת אֱמֶת הָיְתָה בְּפִיו [...] <מלאכי ב:ו>

[מ.. נ.. ... ...]
[... ...] וְהוּא רַחוּם [...] <תה׳ עח:לח>

[ס.. ע.. ... ...]
[... ...] בְּשָׁלוֹם וּבְמִישׁוֹר [...] <מלאכי ב:ו>

פֹּעֲלֵי צֶדֶק [... ... ...]
אַנְשֵׁי לָצוֹן יָפִיחוּ קִרְיָה <מש׳ כט:ח>

קוֹמַת רֶגֶל פִּינְחָס בְּיוֹשֶׁר פִּלּוּלָיו
[ש.. ... ...] <?>

שְׁלוֹמְךָ תְּחַזֵּק לוֹ לַעֲוֹן הֲמוֹנָיו
חָכְמַת אָדָם תָּאִיר פָּנָיו <קה׳ ח:א>

[ו]לך תע[לה קדושה]

א

5 **הקשה...קנ[אה]**: על פי שה״ש ח,ו: קשה כשאול קנאה. 7 **זרע אה[בו]**: ישראל, על פי יש׳ מא,ח: זרע אברהם אהבי. 9 **טען...ונתאכזר**: פינחס לקח רומח והתחזק בו כדי להכות את איש ישראל ואת המדינית, על פי במ׳ כה,ז: ויקח רמח בידו. 10 **לאל המאוזר**: ה׳, השׁ׳ תה׳ סה,ז: נאזר בגבורה. 11 **כדקר בחרבו**: על פי במ׳ כה,ח: וידקר את שניהם. **נתאכזר**: התנהג באכזריות. 18 **יכפר...מליו**: על פי במ׳ כה,יג: אשר קנא לאלהיו ויכפר על בני ישראל. 19 **מלוליו**: דבריו, ר׳ תה׳ קו,ל: ויעמד פנחס ויפלל. 20 **יקבץ...חיליו**: ה׳ יקבץ את שבטי ישראל. 21 **כאיש...עליו**: על פי שה״ש ד,ד. ר׳ אג״ב פ: כל ישראל תלוין לאברהם שנאמר מגן אברהם אלף המגן תלוי עליו.

ב

1 **מצא...ימיו**: ר׳ מלאכי ב,ה: בריתי היתי אתו החיים והשלום. 2 **נחלת...עולם**: על פי במ׳ כה,יג: והיתה לו ולזרעו אחריו ברית כהנת עולם. **לשמש...ותומיו**: ר׳ שמ׳ כח,ל: ונתת אל חשן המשפט את האורים ואת התמים והיו על לב אהרן. 3 **שר וגדול**: על פי ש״ב ג,לח: כי שר וגדול נפל היום. **הוא...ר[ח]ומיו**: ה׳ שם את פינחס בעם ישראל כדי לרחם עליהם. 5 **פעלי גניי**: החוטאים בגילוי עריות כמו איש ישראל והמדינית. 6 **צמדת**: ה׳ צירף אותם. **להחדיל...ועון**: כדי לשים קץ לכל חטא ועון בדרכיהם. 7 **קנאה אזר**: פינחס אזר קנאה. **לנשא עון**: לה׳, על פי שמ׳ לד,ז: נשא עון ופשע וחטאה. 9 **שלום...שלום**: על פי תה׳ קיט,קסה. 10 **שבח...אדביק**: אשבח את עם ישראל בברכת כהנים (במ׳ ו,כד-כו). **בזרע השלום**: ישראל, על פי זכ׳ ח,יב: כי זרע השלום. 11 **תנה**: אמר. **אדון השלום**: ה׳. 17 **בשמי מ[עו]ניו**: ר׳ [ג],ד,13. 18 **הזיל...צפוניו**: ר׳ איוב כ,כו: טמון לצפוניו, ר׳ [ג],ב,19. 19 **ס[ח]...אפניו**: על פי מש׳ כה,יא.

ג

1 **לטובה אות**: על פי תה׳ פו,יז: עשה עמי אות לטובה. 2 **בשל[ום] ובמישור**: על פי מלאכי ב,ו: בשלום ובמישור הלך אתי. 6 **וקנה...עד**: קנה לו חיי עולם. 7 **הוא...[אלי]הו**: ר׳ מדרש אגדה, פ׳ פינחס, ע׳ 148: אמר ריש לקיש הוא פינחס הוא אליהו, אמר לו הקב״ה אתה נתת שלום ביני ובין בני ישראל, אף לעתיד לבוא אתה עתיד ליתן שלום ביני וביניהם שנאמר הנה אנכי שלח לכם את אליהו הנביא. 9 **דבור...[מ]גפה**: על פי תה׳ קו,ל: ויעמד פנחס ויפלל ותעצר המגפה. 10 **ב[ש]לומו...ונגף**: פינחס השיב את חמתו ומגפתו של ה׳. 11 **אכזריות...[אף]**: על פי מש׳ כז,ד. 13 **השמיע [ל]מו**: ה׳ הודיע לבני ישראל. **מקור [חיים]**: ה׳, על פי תה׳ לו,י: כי עמך מקור חיים. 14 **בורא... [ש]פתים**: ה׳, על פי יש׳ נז,יט. 15 **תור[ת]...חיים**: על פי מלאכי ב,ו: תורת אמת היתה בפיהו. 16 **בריתו...ה[חיי]ם**: על פי מלאכי ב,ה: בריתי היתה אתו החיים. יתכן שהמעתיק שיבש ״אתו״ ל״אמת״ על פי הטור הקודם. 17 **היתה...אחריו**: כאן מובא הפסוק השלישי של הסדר במקום פסוק ההפטרה (מלאכי ב,ה).

ד

1 **עד...קנאתינו**: כמה זמן ה׳ יכעס עלינו. **ותשאג כלביא**: על פי יש׳ ה,כט: שאגה לו כלביא. 2 **כל...[זו]נות**: על פי יר׳ יג,כז: זמת זנותך. **מתגרים בי**: כל הרשעים נלחמים בישראל. 3 **ובעזות ...יכונו**: ובחוצפתם יתכוננו למלחמה. **עד...תשבי**: עד שיבוא אליהו התשבי, על פי מ״א יז,א. 5 **הנסתר...כ[ר]ית**: אליהו, על פי מ״א יז,ג: ונסתרת בנחל כרית אשר על פני הירדן. 6 **לבוש...תלבש**: השׁ׳ יש׳ נט,יז: ויעט כמעיל קנאה. 7 **ויומך...ונחזה**: על פי מלאכי ג,כג: לפני בוא יום ה׳ הגדול והנורא. **נשור**: נראה. 9 **וחמתך הב[ער]**: על פי אסתר א,יב: וחמתו בערה בו. **עד...עליים**: עד השמים העליונים. 10 **ואפך...תחתיים**: על פי דב׳ לב,כב: כי אש קדחה באפי ותיקד עד שאול תחתית. 11 **עב[רי] בר[ית]**: השׁ׳ יר׳ לד,יח: האנשים העברים את ברתי. **עץ חיים**: התורה, על פי מש׳ ג,יח: עץ חיים היא למחזיקים בה.

ה

1 **[אמנם ... מדות]**: אולי בהקשר ברכות ט,ה: בכל מדה ומדה שהוא מודד לך הוה מודה לו במאד מאד. הפיוט לא ניתן לפירוש.

ז

4 **ורפאתים**: במקרא: ורפאתיו. 12 **בפיו**: במקרא: בפיהו. 16 **בשלום ובמישור**: ר׳ ג,2. 19 **קומת ...פלוליו**: על פי תה׳ קו,ל: ויעמד פינחס ויפלל. 21 **שלומך...לו**: על פי במ׳ כה,יב: הנני נתן לו את בריתי שלום. **לעון המוניו**: על חטא בני ישראל.

[כד] מטות <במ׳ ל:ב>

ראשי

א אִלַּפְתָּה לְעַם חֲשׁוּקֶיךָ
בְּמוֹצָא שְׂפָתָם [י.. ..קיך]
גַּדְתָּה [... ...] לִדְבֵקֶיךָ
דְּבָרְךָ לְעוֹלָם וּלְעוֹלָם [כָּל מִשְׁפַּט] צִדְקֶךָ <תה׳ קיט:קס>

הֲפָרַת ט[וֹ]ב [...] לְחַוּוֹת
וְהַתָּרַת שְׁבוּעוֹת לְצַוּוֹת
זְ[כוּת חָ]ק אִסּוּרִים נַמְתָּה לְנַוּוֹת
חֲכַם לֵב יִקַּח מִצְוֹת <מש׳ י:ח>

טַעְמֵי יוֹשֶׁר לְבַטּוֹ[ת]
[י.. עת בָּ]אוֹתוֹת הַחֲרוּתוֹת
כָּל פִּקּוּד דָּת אָזְנַיִם לְהַטּוֹת
לְדַבֵּר אֶ[ל רָאשֵׁי הַמַּטּוֹת]

ככ׳ [וידבר] משה <אל ראשי המטות לבני ישראל לאמר זה הדבר אשר צוה ה׳> <במ׳ ל:ב>
ונ׳ ולי מה יקרו ריעיך אל <מה עצמו ראשיהם> <תה׳ קלט:יז>
ונ׳ לעו[לם ייי דב]רך נצב בשמים <תה׳ קיט:פט>
ונ׳ אלופינו מסובלים <אין פרץ ואין יוצאת ואין צוחה ברחבתינו> <תה׳ קמד:יד>
ונ׳ שאו שערים <ראשיכם והנשאו פתחי עולם ויבוא מלך הכבוד> סלה <תה׳ כד:ז>

[... ... ..ינו]
וְשֶׁקֶר אַ[ל..] תַּרְגֵּל לְשׁוֹנֵינוּ
נוֹרָאוֹת בְּצֶדֶק תַּעֲנֵינוּ
ייי עֻזֵּינוּ וּמָגִנֵּנוּ <תה׳ כח:ז> ב מגן

ב מוּסָר תַּנְחִיל לַשְּׁבָטִים
נְדָרִים לְבַקֵּר של[..] מטִים
סִיחַ רָם יָשִׁיב חֵמָה וּשְׁפָטִים
עַל כֵּן יִהְיוּ דְבָרֶיךָ מְעַטִּים <קה׳ ה:א>

פִּי אִישׁ [אֲשֶׁר ...] צִוָּה נֶאֱמָן
צֹאן מַרְעִיתוֹ בְּכָל זְמַן
קַיְּמוּ וְשַׁלְּמוּ נֶ[דֶר ...]
רֹאשֵׁךְ עָלַיִךְ [כַּכַּרְמֶל] וְדַלַּת רֹאשֵׁךְ כָּאַרְגָּמָן <שה״ש ז:ו>

שִׁמְעוּ לְעַם נְהָגַם כְּעֵדֶר
ש[..]ת רָמִים חֲשׁוּבִים כְּקָרְבַּן סֵדֶר
תְּמִימִים תִּהְיוּ בְּחֵדֶר
תְּמַהֲרוּ לְשַׁלֵּם [תַּ]שְׁלוּמֵי יִדֹּר נֶדֶר

ככ׳ איש כ[י יד]ר נדר <לה׳> או השבע שבעה לאסר אסר על נפשו לא יחל דברו ככל היצא מפיו יעשה> <במ׳ ל:ג>
ונ׳ אל תבהל על פיך לחטא את בשרך ואל ת<אמר> לפני מלאך [כי שגגה] היא למה יקצף אלהים על קליך וחבל את מעשה י<דיך> <קה׳ ה:ה>
ונ׳ שמר פיו [ולשונו שמר מצרות נפ]שו <מש׳ כא:כג>
ונ׳ [מ]וסר ייי ב[נ]י אל תמאס ואל תקוץ בתוכחתו <מש׳ ג:יא>
ונ׳ טוב אשר לא תדר [..] משתדר ולא תשלם <קה׳ ה:ד>

תְּשַׁ[לֵּם] טוֹבָה לְבָרָה וְיָפָה
וְטַל מִמַּעַל [... ...]
וְתֹאמַר כְּמַיִם עַל נֶפֶשׁ עֲיֵפָה
אֲנִי אָמִית וַאֲחַ<יֶּה> מָחַ<צְתִּי> וַאֲנִי אֶ<רְפָּא> <דב׳ לב:לט> מחיה

ג
יָפָה שְׁתִיקָה וּדְמִימוּת פֶּה
מלפר[.. ..]ני מַבִּיעַ [בַּפֶּה]
[מָוֶת] וְחַיִּים נִתְלָה בַּפֶּה
יֵשׁ בּוֹטֶה כְּמַדְקְרוֹת חָרֶב וּלְשׁוֹן חֲכָמִים מַרְפֵּא <מש׳ יב:יח>

[הַנֶּ]דֶר אֲשֶׁר תִּדֹּר בְּמִלּוּל טַעְמֶיךָ
שַׁלְּמֵיהוּ מְהֵרָה וְאָדוֹן יְרַחֲמֶיךָ
וְיִתֵּן [לְ]בָבְךָ בְּהַשְׁלִימֶיךָ
כִּי דָרֹשׁ יִדְרְשֶׁנּוּ ייי [אֱלֹהֶייךָ] <דב׳ כג:כב>

דּוּמִיָּה [..]ן לְהִסָּדֵר
נְדָרִים וּנְדָבוֹת לְסַדֵּר
כָּל חִנּוּן וְכָל הֶסְדֵּר
ול[.. ... ... אין ..]דר <?>

הִשְׁמַעְתָּ נִקְדָּשׁ בִּצְדָקָה
אֵלַי הַצֶּדֶק וְתֹמְכֵי צְדָקָה
[מ.. ...] אֹתָם לְהַצְדִּיקָה
נְאֻם בִּי נִשְׁבַּעְתִּי יָצָא מִפִּי צְדָקָה

ככ׳ [בי נשבעתי] נאם ייי יצא מפי צדקה דבר לא ישוב <כי לי
תכרע כל ברך תשבע כל לשון> <יש׳ מה:כג>
ונ׳ לך דומיה [תהלה אלהים בציו]ן ולך ישולם נדר
<תה׳ סה:ב>
ונ׳ יש בוטא כמדקרות חרב ולשון חכ[מים מרפא]
<מש׳ יב:יח>
ונ׳ ימלך <ה׳ לעולם אלהיך ציון לדר ודר הללויה>
<תה׳ קמו:י>
[אל נ]א

T-S A.S. 62.77: 14 **ותמכי צדקה]** ורודפי צדקה. \ 18 **לך דומיה]** דומיה.

ד עַד מָתַי פְּזוּרֵנוּ
סְחִי וּמְאוּס הָיִינוּ כּוּלָּנוּ
[..עה] וְנֹאמַר כּוּלָּנוּ בְּמִילּוּלֵינוּ
אַלּוּפֵינוּ מְסֻבָּלִים [אֵין פֶּרֶץ וְאֵין יוֹצֵאת וְאֵין צְוָחָה בִּרְחוֹבוֹ]תֵינוּ
<תה׳ קמד:יד>
כִּי בָךְ תִּ[שָּׁבַע כָּל] לָשׁוֹן
לָכֵן נַמְ[תָּ]ה מָוֶת וְחַיִּים בְּיַד לָשׁוֹן
יַכְרֵת ייי כָּל שִׂפְתֵי חֲלָקוֹת לָשׁוֹן
לְאָדָם מַעַרְכֵי לֵב וּמֵייי מַעֲנֵה לָשׁוֹן <מש׳ טז:א>

כְּמַעֲשֵׂיהוּ לְאִישׁ תְּשַׁלֵּם
סַחְתִּי [..ים] לְבָנָיו שָׁלוֹם
כְּעַל גְּמוּלוֹת בעל החלום
טוֹב אֲשֶׁר לֹא תִדֹּר וּמַה שֶּׁתִּדֹּר וְלֹא תְשַׁלֵּם <קה׳ ה:ד>

אַשְׁרֵי תְמִימֵי דָ[רֶךְ]
מְשַׁלְּמֵי נֶדֶר תְּבָרֵךְ
וּפוֹרְצֵי נְדָרִים תָּבִיא בְלִבָּם [מֹרֶךְ]
כִּי לִי תִּכְרַע כָּל בֶּרֶךְ <יש׳ מה:כג>

נ<ורא> מ<רום> וק<דוש>

ה אָמְנָם בִּשְׁתַּיִם נִמְשְׁלָה עֲדַת קְהָלוֹ
הַנֹּדֵר נִדְרוֹ בְּבִטּוּי מִלּוּלוֹ
בְּבֹנֵי חֳרָבוֹת וְכִמְבַטְּלֵי קָרְבָּנוֹת הִמְשִׁילוֹ
מַתָּן אָדָם יַרְחִיב לוֹ <מש׳ יח:טז>

גַּם הָרִאשׁוֹן דָּת לָקַח
נֵרְדְּ וְכַרְכּוֹם יְרַקַּח
דּוֹמֶה בְבוֹנֶה וּכְחָכָם יוֹסִף לֶקַח
אִם צָדַקְתָּ מַה תִּתֶּן לוֹ אוֹ מַה מִיָּדְךָ יִקָּח <איוב לה:ז>

הַשֵּׁנִי הַנּוֹדֵר וְאֵינוֹ מְשַׁלֵּם לְנַפְשׁוֹ דּוֹקֵר
בִּמְבַטֵּל קָרְבָּנוֹת דִּמָּהוּ [לִגְדֻ]לָּתוֹ אֵין חֵקֶר
וּמְשׁוֹטֵט בַּסֵּתֶר אַחַר נְדָרִים לְבַקֵּר
נְשִׂיאִים וְרוּחַ וְגֶשֶׁם אָיִן אִישׁ מִתְהַלֵּל בְּמַתַּת שָׁקֶר <מש׳ כה:יד>

זֶה הַנִּשְׁבָּע בְּחַיָּיו כְּמוֹ הַנִּשְׁבָּע בְּחַיֵּי עֶלְיוֹן
הַנּוֹדֵר בְּכִינּוּי כְּמוֹ הַנּוֹדֵר בְּשֵׁם מֵרִים אֶבְיוֹן
חֵטְא נְדָרִים הִגְלָה עַם זוּ סַנְדְּרֵי גְדוֹלָה בְבִיזָּיוֹן
לָכֵן נֶאֱמַר לְךָ דֻמִיָּה תְהִלָּה [אֱלֹהִים] בְּצִיּוֹן <תה׳ סה:ב>

טַעַם נִדְרוֹ לְשַׁלֵּם כְּמִלָּתוֹ
אֲשֶׁר מִלֵּל בִּלְשׁוֹנוֹ וּמוֹצָא שְׂפָתוֹ
כִּי אָדוֹן דְּרָשׁוֹ מֵאִתּוֹ
לֹא יַחֲלִיפֶנּוּ וְלֹא יָמִיר אֹתוֹ <ויק׳ כז:י>

לע<ולם> תע<רץ>

ו אָדָם אִם יִהְיֶה פָּרוּץ וּשְׂפָתָיו חוֹטוֹת
בִּשְׁבוּעָה וָנֶדֶר לְבַטּוֹת
בִּיטִּיתָ לַצִּיר טְרִיָּיתוֹ לְהַטּוֹת
וַיְדַבֵּר מֹשֶׁ<ה> אֶל רָ<אשֵׁי> הַמַּ<טּוֹת> <במ׳ ל:ב>

גַּדְתִּי לִקְהַל הֲמוֹנָי
מַקְדִּישׁ אָדָם קוֹדֶשׁ לְפָנָי
דְּבָרוֹ לֹא יַחֵל בְּעִנְיָנָי
אִישׁ כִּי יִדֹּר נֶ<דֶר> לַייי <במ׳ ל:ג>

הָאִשָּׁה לֹא בָזֶה הַסֵּדֶר
עַל אָבִיהָ וְעַל אִישָׁהּ הִיא בְתוֹךְ חֶדֶר
וַדַּי אָבִיהָ וְאִמֶּיהָ יַתֵּר נֶדֶר
וְאִשָּׁה כִּי תִדֹּר נֶדֶר <במ׳ ל:ד>

זָמְמָה נִדְרָהּ
יַקְשֵׁב מִמָּהּ מַאֲ[מָ]רָהּ
חָשׁ אָבִיהָ לְהָפִירָהּ
וְשָׁמַע אָבִיהָ אֶת נִדְרָהּ <במ׳ ל:ה>

טָס וְגָעַר אֹתָהּ
לְבַטֵּל מַ[חֲשֶׁ]בֶת [דַּעְ]תָּהּ
יוֹפִי דִבּוּר מִלָּתָהּ
וְאִם הֵנִיא אָבִיהָ אֹתָהּ <במ׳ ל:ו>

ובכן אמרת בעזוז

ז אָמַרְתָּ בְחָכְמָה עִיזּוּז וְגִבּוֹר
טוֹב אֶרֶךְ אַפַּיִם מִגִּבּוֹר <מש׳ טז:לב>

גֶּבֶר דְּבָרוֹ אִם יְשַׁלֵּם יִינָּקֵשׁ עַל פֶּה
כִּי לְשׁוֹן חֲכָמִים מַרְפֵּא <מש׳ יב:יח>

הַנֹּדֵר וּמְשַׁלֵּם בִּשְׁנֵי עוֹלָמִים לֹא יִכָּלֵם
וְתָרוֹן לְשׁוֹן אִלֵּים <יש׳ לה:ו>

זְמִימָתְךָ חָסוּךְ מִכְּזָב וְתִנָּצֵל מֵחֵטְא
כִּי תֶחְדַּל לִנְדֹּר ל<א> יִ<הְיֶה> בְ<ךָ> חֵטְא <דב׳ כג:כג>

טַעְמוֹ יַשְׁתִּק בְּנֶוֶה שָׁלוֹם יַקְשִׁב
אֱוִיל מַחֲרִישׁ חָכָם יֵחָשֵׁב <מש׳ יז:כח>

כִּי לִפְנֵי שֶׁבֶר גָּאוֹן יִתְגַּבֵּר
וּמַגְבִּיהַּ פִּתְחוֹ מְבַקֶּשׁ שָׁבֶר <מש׳ יז:יט>

מִילּוּל נְאֻמוֹ תָּקִים וְתִהְיֶה בְרָכָה בְקֶרֶב
יֵשׁ בּוֹטֶה כְּמַדְקְרוֹת חָרֶב <מש׳ יב:יח>

סִיחַ עִנְיָנְךָ מִכָּזָב תִּגְרַע
נְצֹר לְשׁוֹנְךָ מֵרָע <תה׳ לד:יד>

פַּלּוּס צְעָדֶיךָ תָּכִין וְתִנָּצֵל מֵאַשְׁמָה
וּשְׂפָתֶיךָ מִדַּבֵּר מִרְמָה <תה׳ לד:יד>

קוֹמַת רְשָׁעִים וּגְאוֹנָם יְשַׁבֵּר
אֲשֶׁר אָמְרוּ לִלְשֹׁנֵנוּ נַגְבִּיר <תה׳ יב:ה>

שִׁבְטֵי תַמָּתִי וַעֲדַת נְבוֹנָי
נִדְרוּ וְשַׁלְּמוּ לַייי <תה׳ עו:יב>

ולך תע[לה קדושה]

א

1 **אלפתה**: ה׳ לימד בתורה. **לעם חשוקיך**: ישראל, על פי דב׳ ז,ז: חשק ה׳ בכם. 2 **במוצא שפתם**: ר׳ דב׳ כג,כד: מוצא שפתיך תשמר. 3 **גדתה**: הגדת. **לדבקיך**: ישראל, על פי דב׳ ד,ד: ואתם הדבקים בה׳. 5 **הפרת**: ביטול. **לחוות**: להודיע, על פי תה׳ יט,ג: יחוה דעת. 6 **והתרת... לצוות**: לצוות על ביטול שבועות, ר׳ במ׳ ל,ג: או השבע שבעה. 7 **ז[כות]...לנוות**: ה׳ אמר לקבל את תורת האיסורים ברצון. 9 **טעמי...לבטו[ת]**: להגיד מצוות ישרות. 10 **באותות החרותות**: אולי לפרש כמצוות הרשומות בתורה. 11 **כל...דת**: כל מצות תורה. **אזנים להטות**: לשמוע, על פי תה׳ יז,ו: הט אזנך לי שמע אמרתי. 19 **ושקר...לשונינו**: שלא תהיה לשוננו רגילה לשקר, הש׳ תה׳ טו,ג: לא רגל על לשנו. 20 **נוראות...תענינו**: על פי תה׳ סה,ו.

ב

1 **מוסר**: תורה, על פי מש׳ א,ח: שמע בני מוסר אביך ואל תטש תורת אמך. **לשבטים**: לבני ישראל. 2 **נדרים לבקר**: על פי מש׳ כ,כה: ואחר נדרים לבקר. 3 **סיח**: דבר. **רם**: ה׳, על פי תה׳ קיג,ד: רם על כל גוים ה׳. 5 **נאמן**: משה, על פי במ׳ יב,ז: לא כן עבדי משה בכל ביתי נאמן הוא. 6 **צאן מרעיתו**: ישראל, על פי תה׳ ק,ג: עמו וצאן מרעיתו. 7 **קימו ושלמו**: ר׳ תה׳ עו,יב: נדרו ושלמו לה׳. משה ציווה לישראל לקיים ולשלם את נדריהם בכל זמן. 9 **שמע**: השמיע. **לעם...כעדר**: ישראל, על פי תה׳ עח,נב: וינהגם כעדר במדבר. 10 **רמים...סדר**: אולי הכוונה לשילום הנדר שנחשב כסדר הקרבנות. 11 **תמימים...בחדר**: גם בסתר תהיו תמימים. 18 **תש[לם] טובה**: על פי ש״א כד,יט: וה׳ ישלמך טובה. **לברה ויפה**: ישראל, ר׳ [ז],ג,13. 19 **וטל ממעל**: הש׳ בר׳ כז,לט: ומטל השמים מעל, ר׳ [א],ב,16. 20 **כמים...עיפה**: על פי תה׳ כה,כה: מים קרים על נפש עיפה.

ג

1 **יפה...פה**: יותר טוב לשתוק ולא לנדור נדר. 2 **מביע [בפה]**: מי שמדבר ונודר נדר עלול להפר אותו. 3 **[מות]...בפה**: הש׳ מש׳ יח,כא: מות וחיים ביד לשון. 5 **[הנ]דר...טעמיך**: מי שנודר נדר לפי דבריו. 6 **שלמיהו מהרה**: ר׳ קה׳ ה,ג: אל תאחר לשלמו. **אדון**: ה׳, ר׳ תה׳ קיד,ז: מלפני אדון חולי ארץ, ועוד. 7 **ויתן...בהשלימיך**: ה׳ ידרוש ממך לשלם את נדריך. 9 **דומיה...להסדר**: אולי להשלים [בלשון]. 10 **נדרים ונדבות**: ר׳ ויק׳ כב,יח: לכל נדריהם ולכל נדבותם. 13 **נקדש בצדקה**: ה׳, על פי יש׳ ה,טז. 14 **אלי הצדק**: ישראל, על פי יש׳ סא,ג: וקרא להם אילי הצדק.

ד

1 **פזורנו**: גלותנו. 2 **סחי ומאוס**: על פי איכה ג,מה: סחי ומאוס תשימנו בקרב העמים. 3 **במילולינו**: בדברינו. 5 **כי...לשון**: על פי יש׳ מה,כג. 6 **נמ[ת]ה**: אמרת. **מות...לשון**: על פי מש׳ יח,כא. 7 **יכרת...לשון**: על פי תה׳ יב,ד. 9 **כמעשיהו...תשלם**: על פי תה׳ סב,יג: כי אתה תשלם לאיש כמעשהו. 10 **סחתי**: אמרתי. **לבניו**: לבני ישראל. 11 **כעל גמולות**: על פי יש׳ נט,יח: כעל גמלות כעל ישלם. **בעל החלום**: לא ברור, אולי צ״ל כעל ישלם. 13 **אשרי...ד[רך]**: על פי תה׳ קיט,א: אשרי תמימי דרך ההלכים בתורת ה׳. 14 **משלמי...תברך**: ה׳ יברך את מי שנודר ומשלם את נדרו. 15 **ופורצי נדרים**: הש׳ תנח׳ מטות א: אמר להם הקב״ה לישראל הוו זהירין בנדרים ואל תפרצו בהן שכל הפורץ בהם סופו למעול בשבועות. **תביא...[מרך]**: על פי ויק׳ כו,לו: והבאתי מרך בלבבם.

ה

1 **בשתים נמשלה**: בשתי השוואות. **עדת קהלו**: ישראל. 2 **הנדר...מלולו**: הש׳ ויק׳ ה,ד: נפש כי תשבע לבטא בשפתים. 3 **בבני...המשילו**: הש׳ נדרים כב, ע״א: ר׳ נתן אומר הנודר כאילו בנה במה והמקיימו כאילו מקריב עליו קרבן. **בבני חרבות**: על פי יש׳ סא,ד: ובנו חרבות עולם. 5 **הראשון**: הנודר ומשלם. **דת לקח**: הש׳ מש׳ י,ח: חכם לב לקח מצות, קיים מצוה. 6 **נרד וכרכום**: על פי שה״ש ד,יד: נרד וכרכם קנה וקנמון, רמז לקרבנות. **ירוקח**: יעורב, ר׳ ד״ב טז,יד: בשמים וזנים מרקחים. 7 **דומה בבונה**: ר׳ טור 3. **וכחכם...לקח**: על פי מש׳ א,ח: ישמע חכם ויוסף לקח.

9 **לנפשו דוקר**: הש׳ ויק״ר לז,ג: כדיי הוא כל מי שהוא מבטא בנדרים לדוקרו בחרב. 10 **במבטל...דמהו**: ה׳ השווה את הנודר ואינו משלם למבטל קרבנות, ר׳ טור 3. **[לגדו]לתו...חקר**: ה׳, על פי תה׳ קמה,ג. 11 **ומשוטט בסתר**: ה׳ הולך ובודק את הנדרים בסתר. **אחר...לבקר**: ר׳ מש׳ כ,כה: מוקש אדם ילע קדש ואחר נדרים לבקר, הש׳ בר״ר פא,א: ואחר נדרים לבקר, א״ר ינאי איחר אדם את נדרו נתבקרה פנקסו. 13 **זה...עליון**: מי שנשבע שבועה בשם חייו כאלו נשבע ב״חי ה׳״. 14 **הנודר בכינוי**: באחד שמות ה׳, ר׳ ירוש׳ נדרים א,א: כינויי נדרים כנדרים. **מרים אביון**: ה׳, על פי תה׳ קיג,ז: מאשפת ירים אביון. 15 **חטא נדרים**: בני ישראל לא שילמו את נדריהם. **עם זו**: ישראל, על פי שמ׳ טו,טז. **סנדרי גדולה**: סנהדרין הגדולה, ר׳ משנה סנהדרין א,ו: סנהדרי גדולה היתה של שבעים ואחד. **בביזיון**: בחרפה, ר׳ אסתר א,יח. 17 **טעם...כמלתו**: מצוה היא לשלם נדר לפי דברו. 18 **אשר מלל**: מה שהנודר אמר, ר׳ בר׳ כא,ז: מי מלל לאברהם. **ומוצא שפתו**: על פי דב׳ כג,כד: מוצא שפתיך תשמר ועשית כאשר נדרת לה׳ אלהיך נדבה אשר דברת בפיך. 19 **כי...מאתו**: על פי דב׳ כג,כב: כי דרש ידרשנו ה׳ אלהיך מעמך.

ו

1 **אדם...פרוץ**: הש׳ דב״ל ואתחנן, ע׳ 45: זש״ה יש בוטה כמדקרות חרב, כל מי שפרוץ בנדרים במי שנוטל את החרב ודוקרח לתוך מעיו, ואין בוטה אלא שבועה. **חטות**: חוטאות. 2 **לביטות**: לבטא, להביע. 3 **ביטית**: אמרת, הסברת. **לציר**: למשה, ר׳ [טז],ה,10. **טרייתו להטות**: להביא מוצא דרך ראשי המטות שחם מסוגלים להתיר נדרים, ר׳ מדה״ג מטות, ע׳ תקכד: מנין אתה אומר שנמסרו נדרים לגדולים להתיר, אמר וידבר משה אל ראשי המטות. 5 **גדתי**: הגדתי. **לקהל המוני**: לישראל. 6 **מקדיש אדם**: אדם מקדיש נדרים. **קודש לפני**: שהוקדשו לבית המקדש, בכה״י גם: מוקש אדם בשפתותיו לפני, אדם שלא ייזהר בנדרים, יווקש. 6 **דברו...יחל**: על פי במ׳ ל,ג: לא יחל דברו. **בעניני**: בתורתי. 9 **האשה...הסדר**: הלכות מיוחדות לנדרי האשה. 10 **על אביה**: ר׳ במ׳ ל,ד-ו. **ועל אישה**: ועל בעלה, ר׳ במ׳ ל,ח,יד. **היא...חדר**: ר׳ במ׳ ל,ד: בבית אביה, במ׳ ל,יא: ואם בית אישה נדרה. 11 **ודי**: בוודאי. **ואמיה**: כנראה צ״ל וְאִישָׁהּ. **יתר נדר**: על פי במ׳ ל,ו,יג. 13 **זממה**: אמרה. 14 **יקשב**: ישמע <אביה>. 15 **חש...להפירה**: אביה ממהר להפר את נדרה. 17 **טס**: מיהר. **וגער**: אביה נזף. 19 **יופי...מלתה**: הנדר שהיא נדרה.

ז

1 **עיזוז וגבור**: ה׳, על פי תה׳ כד,ח. 3 **גבר...ישלם**: אם איש ישלם את נדרו. **יינקש...פה**: ר׳ מדה״ג מטות, ע׳ תקכב: מלמד שאין ראוי לאדם להרבות דברים שרוב דברים מביאין את האדם לידי עון. 5 **בשני עולמים**: בעולם הזה ובעולם הבא. 7 **זמימתך...מכזב**: תיזהר מהשקר. **ותנצל מחטא**: כך תהיה בלי חטא. 9 **טעמו ישתק**: מי שלא אומר מלה ושותק. **בנוה שלום**: ירושלים ובית המקדש, על פי יש׳ לב,יח: וישב עמי בנוה שלום. **יקשב**: אולי להציע ״ישב״. 11 **כי... יתגבר**: על פי מש׳ טז,יח: לפני שבר גאון לפני כשלון גבה רוח. 13 **מילול נואמו**: ר׳ בפיוט ה,2: בבטוי מלולו. **תקים**: תקיים, תשלם. **ותהיה...בקרב**: על פי יש׳ יט,כד: ברכה בקרב הארץ. 15 **סיח...תגרע**: אל תשקר בדיבורך, הש׳ איוב טו,ד: ותגרע שיחה לפני אל. 17 **פלוס צעדיך**: על פי מש׳ ד,כו: פלס מעגל רגלך. **תכין**: ר׳ דב׳ יט,ג: תכין לך הדרך. 19 **קומת...ישבר**: ה׳ ישבר את גאות הרשעים. 21 **שבטי תמתי**: ישראל, על פי שה״ש ה,ב ועוד. **ועדת נבוני**: ישראל, הש׳ דב׳ א,יג: הבו לכם אנשים חכמים ונבנים.

[כה] מסעי <במ׳ לג:א>

א אַחֲרֶיךָ הִמְשַׁכְתָּה קְהָלִים
בַּמִּדְבָּר הִנְהַגְתָּה בִמְסִלּוּלִים
גֵּיאָיוֹת יָשִׁית לָהֶם שְׁבִילִים
דֶּרֶךְ לַעֲבֹר גְּאוּלִים <יש׳ נא:י>

הוֹלֵךְ בְּאֶרֶץ צְפוּנָי
וְחַסְדֵי ייי אַזְכִּיר תְּהִלֹּת ייי
זַכִּים מְשׁוֹרְרִים בְּעִנְיָנָי
חֶלְקִי אָמַרְתִּי ייי <תה׳ קיט:נז>

טָסִים וְנוֹשָׁעִים עַל יַד רוֹעֶה
יְדִידִים עַל פִּי ייי הָיוּ נֹסְעֵי
כְּבָאוּ לְנַחֲלַת גּוֹי תִּנְטְעִי
לַצִּיר נֶאֱמַר אֵלֶּה מַסְעֵי

ככ׳ אלה מסעי <בני ישראל אשר יצאו מארץ מצרים לצבאתם ביד משה ואהרן> <במ׳ לג:א>
ונ׳ חסדי ייי אזכיר <תהלות ה׳ כעל כל אשר גמלנו ה׳ ורב טוב לבית ישראל אשר גמלם כרחמיו וכרב חסדיו> <יש׳ סג:ז>
ונ׳ נחית כצאן עמך ביד משה ואהרן <תה׳ עז:כא>
ונ׳ נחית בחסדך עם זו גאלת <נהלת בעזך אל נוה קדשך> <שמ׳ טו:יג>
ונ׳ גפן ממצרים תסיע <תגרש גוים ותטעה> <תה׳ פ:ט>
ונ׳ ויסע כצאן עמו וינהגם כעדר במדבר <תה׳ עח:נב>

בַּמִּ<דְבָּר> לֹא חָסְרוּ טוּבוֹ
וְסִיגְּבָם בְּסִגּוּבוֹ
יְגוֹנֵן זֶ[רַע] אַבְרָהָם אֹהֲבוֹ
מָגֵן הוּא לְכֹל הַחוֹסִים בּוֹ <תה׳ יח:לא> מגן ב

ב מַחֲנוֹתָם וּנְסִעָתָם
נָם קָדוֹשׁ בַּעֲדָתָ[ם]
[סְ]פוּרִים יִהְיוּ בַהֲלִיכָתָם
עַתָּה בֹּא כָתְבָהּ עַל לוּחַ אִתָּם <יש׳ ל:ח>

פְּסִיעַת צֹאן יָדוֹ
צַעַד הִלּוּךְ קְהַל יְדִידוֹ
קָבַע עָנָיו בְּדַת לְמוּדוֹ
רוֹצֶה ייי אֶת יְרֵאָיו וְאֶת הַמְיַחֲלִים לְחַסְדּוֹ <תה׳ קמז:יא>

שִׁבְתָּם וְקִימָתָם בְּפֵרוּשֵׁי
שִׁיעֵר מִמַּיִם מְמֹשֶׁה
תִּכֵּן רוֹעֶה קְדוֹשַׁי
תִּכֵּן וַיִּכְתֹּב מֹשֶׁה

ככ׳ ויכתב משה <את מוצאיהם למסעיהם על פי ה׳ ואלה מסעיהם למוצאיהם> <במ׳ לג:ב>

ונ׳ רוצה ייי א[ת] יר<איו את המיחלים לחסדו> <תה׳ קמז:יא>

ונ׳ הכל בכתב <מיד ה׳ עלי השכיל כל מלאכות התבנית> <ד״א כח:יט>

ונ׳ [חסד ואמת אל יעזבך] קשרם על גרגרותיך <כתבם על לוח לבך> <מש׳ ג:ג>

ונ׳ תכתב זאת לדור אחרון ועם נברא יהלל יה <תה׳ קב:יט>

יָהּ תְּטָעֵינוּ
בְּתוֹךְ אַדְמָתֵינוּ
וְעֹרֵר טַלָּךְ לְרְדוּמֵינוּ
לְהַחֲיוֹת מֵיתֵינוּ מחיה ב

ג יָזַם מֵמִית וּמְחַיֶּה
לְזֶרַע כֹּה יִהְיֶה
כָּל טְמוּנִים וּמֵתִים אֲחַיֶּה
מַה שֶׁהָיָה הוּא שֶׁיִּהְיֶה <קה׳ א:ט>

הַדְּרָכִים יְוּסְלְלוּ לָנוּ
וְקוֹל קוֹרֵא בַּמִּדְבָּר יַשְׁמִיעֵנוּ
וּפַנּוּ דֶּרֶךְ ייי יֹאמַר לִקְהָלֵינוּ
יַשְּׁרוּ בָּעֲרָבָה מְסִלָּה לֵאלֹהֵינוּ <יש׳ מ:ג>

דֶּרֶךְ קְרוֹבָה בְהִלּוּךְ רַגְלָיִם
יְגַלֶּה לִיהוּדָה וְאֶפְרָיִם
לַעֲלוֹת לִמְקוֹם עֲמִידַת רַגְלָיִם
כַּאֲשֶׁר הָיְתָה לְיִשְׂרָאֵל בְּיוֹם עֲלֹתוֹ מִמִּצְרָיִם <יש׳ יא:טז>

הָאֵל יַשְׁקִיף מִמְּרוֹמוֹ
לִקְנוֹת אֶת שְׁאָר עַמּוֹ
וְיוֹלִיכֵם קוֹמְמִיּוּת לְאוּלַמּוֹ
וְהָיְתָה מְסִלָּה לְיִשְׂרָאֵל עַמּוֹ

ככ׳ והיתה מסלה לשאר עמו [אשר ישאר מאשור] כאשר היתה [ל]ישראל ביום עלתו מ[ארץ] מצרים <יש׳ יא:טז>

ונ׳ מה שהיה הוא שיהיה ואשר נעשה הוא שיעשה ואין כל חדש תחת השמש <קה׳ א:ט>

ונ׳ קול קרא במדבר <פנו דרך ה׳ ישרו בערבה מסלה לאלהינו> <יש׳ מ:ג>

ונ׳ ימ<לך ה׳ לעולם אלהיך ציון לדר ודר הללויה> <תה׳ קמו:י>

אל נא

ד עַד מָתַי עַמְּךָ תָּעוּ
אֲשֶׁר אֵין לָהֶם רֹאשׁ נִתָּעוּ
עֵת תְּקָרֵב נוֹאַ[ם] אֲשֶׁר בּוֹ יִשָּׁ[עֲשָׁ]עוּ
וְהוֹלַכְתִּי עִוְרִים בְּדֶרֶךְ אשר לֹא יָדָעוּ <יש׳ מב:טז>

[בְּנֵי] אָבוֹת בְּנָסְעָם הָיָה עִמָּם
הָאוֹר אֲשֶׁר נִצְפַּן וְנֶעֱמָם
וּשְׁכִינַת אֵל הוֹלֶכֶת עִמָּהֶ[ם] בְּכָל מְקוֹמָם
וַייי הוֹלֵךְ עִמָּהֶם יוֹמָם <שמ׳ יג:כא>

אַרְבָּעִים וּשְׁתַּיִם מַסָּעוֹת הִסִּעָם יָהּ
פֶּלֶא הִפְלִיא לָהֶם חֲסִין יָהּ
בְּמָקוֹם אֲשֶׁר לֹא יֵשֵׁב שָׁם דָּבָר לֹא חִסְּרָם יָהּ
תִּכָּתֶב זֹאת לְד<וֹר> אַ<חֲרוֹן> וְעַ<ם> נִ<בְרָא> יְהַלֶּל [יָהּ]
<תה׳ קב:יט>

נְסִיעַת עַם מַגִּישֵׁי אִשֶּׁה
הַקְּרוּאִ[ים] יַלְדֵי יְשִׁישַׁי
וְלֹא יִהְיוּ נֹסְעִים שֶׁלֹּא בִרְשׁוּת מֵעוֹלָם מַחֲשֶׁה
עַל פִּי ייי בְּיַד מֹשֶׁה <במ׳ ט:כג>

הִנְהִיג חֲבַצֶּלֶת הַשָּׁרוֹן
וְעִמָּהֶם הָיָה נֹסֵעַ אָרוֹן
וּלְפָנָיו הָ[יוּ] מַנְעִימִים רוֹן
בְּיַד מֹשֶׁה וְאַהֲרֹן <במ׳ לג:א>

נ<ורא> מ<רום> וק<דוש>

ה אָמְנָם שֶׁבַע מַסָּעֹ[וֹת] עַל יַד רוֹעֶה אֱמוּנָה
עַד יְרִידַת הַמָּן מִשְּׁמֵי מְעוֹנָה
בִּסְסֵי בְדָמִים עֲדַת מִי מָנָה
וּבְנֵי יִשְׂרָאֵל אָכְלוּ אֶת הַמָּן אַרְבָּעִים שָׁנָה <שמ׳ טז:לה>

מַסָּע רִאשׁוֹן [גָּזַר] לָהֶם לְסֻכּוֹת
דִּיבּוּר וְיָדוּעַ לְאוֹם עֵינֶיהָ בְרֵכוֹת
הִלּוּךְ נְסִיעָ[ה] הָרִאשׁוֹנָה בַּמַּסָּעוֹת הָעֲרוּכוֹת
וַיִּסְעוּ בְנֵי יִשְׂ<רָאֵל> מֵרַעְמְסֵס (וַיַּחֲנוּ) בְּסֻכּוֹת <במ׳ לג:ה>

זִמּוּן מַסָּע הַשֵּׁנִי לְהִתְכַּבָּר
חֲסוּרִים לֹא חָסְרוּ מְאוּמָה וְלֹא כָל דָּבָר
טִכְּסוּ אַחֲרַי לְהִתְחַבֵּר
וַיַּחֲנוּ בְאֵתָם בִּקְ<צֵה> הַמִּ<דְבָּר> <במ׳ לג:ו>

יוֹפִי מַסָּע שְׁלִישִׁי נָסְעוּ גּוֹי גָּדוֹל
כְּיָצְאוּ מֵאִתָּם לִבְדּוֹל
לְעֵת יָצָא מִשָּׁם וְעִמָּם שְׁכִינַת [אֵל] גָּדוֹל
וַיַּחֲנוּ עַל פִּי הַחִירֹת לִפְנֵי מִגְ<דּוֹל> <במ׳ לג:ז>

מַסָּע רְבִיעִי [נָ]סְעָה יָפָה וּבָרָה
נְתִיב בַּיָּם עָבְרָה בְּמוֹרָא
סְגֻולַּת אוּם כְּרָמִים נ[וֹטֵ]רָה
וַיִּסְעוּ [מִפְּנֵי הַחִירֹת וַיַּעַבְרוּ בְתוֹךְ הַיָּם הַמִּדְבָּרָה] <במ׳ לג:ח>

אלף ביתא רבתי לאלה מסעי

ו [אַרְבָּעִים וּשְׁתַּיִם] מַסָּעוֹת סָע עַם אֵל
וְלֹא חִסְּרָם דָּבָר מוֹשִׁיעַ וְגוֹאֵל
בַּמִּדְבָּר עַל יַד יְקוּתִיאֵל
אֵלֶּה מַסְעֵי בְנֵי יִשְׂ<רָאֵל> <במ׳ לג:א>

גְּאוּלִים עַל פִּי ייי נְסִיעֹתֵיהֶם
וְעִמָּם נֹסַעַת שְׁכִינַת אֱלֹהֵיהֶם
דָּהַר צִיר אֲשֶׁר בָּהֶם
וַיִּכְתֹּב מֹשֶׁ[ה אֶת מוֹצָאֵיהֶם לְמַסְעֵיהֶם] <במ׳ לג:ב>

הֲלֹא נְצוּרִים כְּאִישׁוֹן
אֲשֶׁר נְצָרָם אַחֲרוֹן וְרִאשׁוֹן
וַדַּי מַסָּע רִאשׁוֹן
וַיִּסְעוּ מֵרַעְמְסֵס [בַּחֹדֶשׁ הָרִאשׁוֹן] <במ׳ לג:ג>

זֵידִים כְּנָגַף ייי
נָמוּ גְאוּלִים מִי כָמוֹךָ בָּאֵלִ[ים] ייי
חֲיָלַי בְּיָד רָמָה הוֹצִיא ייי
וּמִצְרַיִם מְקַבְּרִים [אֵת אֲשֶׁר הִכָּה ייי] <במ׳ לג:ד>

טְלוּלִים [בַּ]עֲנָנִים בְּסֻוכּוֹת
עֲנָנִים אֲשֶׁר לְצוּרָם מְסֻוכּוֹת וּמְזֻוכּוֹת
יְקָרִים נָסְעוּ מִנּוֹף אֲשֶׁר בְּרוּחַ עִוְעִם אַרְצָ[תָ]ם מְסוּכוֹת
וַיִּסְעוּ בְנֵי יִשְׂ<רָאֵל> מֵרַעְמְסֵס וַיַּחֲנוּ בְּסֻכּוֹת <במ׳ לג:ה>

כְּלוּלִים בַּעֲנָנִים בְּלֶכְתָּם
עִמָּם נִמְשְׁכָה אַהֲבָתָם
לְבוּבִים לַעֲשׂוֹת שְׁאֵלָתָם
וַיִּסְעוּ מִסֻּכֹּת וַיַּחֲנוּ בְאֵ<תָם> <במ׳ לג:ו>

מֵרוֹדְפֵיהֶם לִמְצוֹא חֵירוּת
וּמֵהֶם לְהַעֲבִיר צָרוֹת
נוֹקְמֵיהֶם מִפְּנֵיהֶם לִכְרוֹת
וַיָּשָׁב עַל פִּי הַחִירוֹת <במ׳ לג:ז>

סְוֵינִים שָׁרוּ שָׁלוֹשׁ מִיתוֹת בְּסְקִירוֹת
וְהַיָּם נַעֲשָׂה פוֹרְרוֹת פּוֹרְרוֹת
עֲדָיִים עָדוּ וְיָצְאוּ לְחֵירוּת
וַיִּסְעוּ מִפְּנֵי הַחִירוֹת <במ׳ לג:ח>

ובכן

ז
אֲהוּבִים בְּאַהֲבָם דָּת מִזָּהָב וּמִכֶּסֶף
כַּנְפֵי יוֹנָה נֶחְ[פָּ]ה בַכֶּסֶף <תה׳ סח:יד>

ולך תעלה [קדושה]

א

1 **אחריך המשכתה**: ר׳ שה״ש א,ד: משכני אחריך. **קהלים**: בני ישראל. 2 **הנהגתה**: ה׳ הדריך את בני ישראל. **במסלולים**: בדרכים נכונות, על פי יש׳ לה,ח: מסלול ודרך. 3 **גיאיות...שבילים**: הש׳ תוס׳ סוטה ד,א: ועמוד ענן נסע לפניהם משפיל הגבוה ומגביה השפל, מכ׳ בשלח ויהי פתיחתא: שבעה עננים הם... ואחד שהיה מהלך לפניהם כל הנמוך מגביה וכל הגבוה משפילו שנאמר כל גיא ינשא וכל הר וגבעה ישפלו (יש׳ מ,ד). 5 **בארץ צפוני**: ישראל, על פי תה׳ פג,ד: על עמך יערימו סוד ויתיעצו על צפוניך. 6 **וחסדי...ייי**: יש׳ סג,ז, ר׳ טור 14. 7 **זכים**: בני ישראל הטהורים. 9 **טסים ונושעים**: ר׳ שמ׳ יט,ד: ואשא אתכם על כנפי נשרים ואבא אתכם אלי. **רועה**: משה, על פי שמ׳ ג,א: ומשה היה רעה. 10 **ידידים**: ישראל, על פי תה׳ ס,ז: למען יחלצון ידידיך. **נסעי**: נוסעים. 11 **כבאו**: כשהגיעו בני ישראל. **לנחלת גוי**: על פי תה׳ קיא,ו: לתת להם נחלת גוים. **תנטעי**: ה׳ יטע אותי על אדמתם. 12 **לציר**: למשה, ר׳ [טז],ה,10. 19 **לא...טובו**: על פי תה׳ לד,יא: לא חסרו כל טוב. 20 **וסיגבם בסגובו**: ה׳ חיזק את בני ישראל. 21 **ז[רע]...אהבו**: על פי יש׳ מא,ח: ואתה ישראל...זרע אברהם אהבי.

ב

1 **מחנותם ונסעתם**: על פי במ׳ י,ב: ולמסע את המחנות. 2 **נם**: אמר. **קדוש**: ה׳. **בעדת[ם]**: עדת ישראל. 3 **[ס]פורים...בהליכתם**: על פי במ׳ לג,ב: ויכתב משה את מוצאיהם למסעיהם. 5 **פסיעת**: צעדה. **צאן ידו**: ישראל, על פי תה׳ צה,ז: עם מרעיתו וצאן ידו. 6 **צעד...ידידו**: מסעי ישראל. 7 **עניו**: משה, ר׳ [ט],ה,15. **בדת למודו**: בתורתו. 9 **שבתם...בפרושי**: חניותיהם ומסעיהם של בני ישראל מפורשים בתורה. 10 **שיער**: חישב. **ממים מומשה**: משה, ר׳ [יא],ה,19. 11 **תכן**: תיכנן, קבע. **רועה**: משה, ר׳ [כה],א,9. **קדושי**: בני ישראל. 12 **תכן**: קבע בכתב. 18 **יה תטעינו**: על פי שמ׳ טו,יז: תביאמו ותטעמו בהר נחלתך. 20 **וערר טלך**: על פי יש׳ כו,יט: יחיו מתיך...כי טל אורות טלך. **לרדומינו**: למתים שלנו, הש׳ חגיגה יב, ע״ב: וטל שעתיד הקב״ה להחיות בו מתים.

ג

1 **יזם**: חשב לעשות. **ממית ומחיה**: ה׳, ר׳ [ג],ב,17. 2 **לזרע...יהיה**: ישראל, על פי בר׳ טו,ה: ויאמר לו כה יהיה זרעך. 3 **טמונים**: נקברים, מתים, ר׳ שמ׳ ב,יב: ויטמנהו בחול. 5 **הדרכים... לנו**: הדרכים מוכנות לנו. 6 **וקול...במדבר**: המשיח, על פי יש׳ מ,ג: קול קורא במדבר פנו דרך ה׳ ישרו בערבה מסלה לאלהינו. 7-8 **ופנו...לאלהינו**: ר׳ טור 6. 9 **דרך קרובה**: ר׳ צפ׳ א,יד: קרוב ומהר מאד. **בהלוך רגלים**: דרך קצרה ומהירה ללכת בה ברגל. 10 **ליהודה ואפרים**: לישראל, ר׳ דה״ב יז,ב: בארץ יהודה ובערי אפרים. 11 **למקום...רגלים**: ירושלים, על פי תה׳ קכב,ב: עמדות היו רגלינו בשעריך ירושלם. 13 **האל...ממרומו**: על פי תה׳ קב,כ: כי השקיף ממרום קדשו. 14 **לקנות...עמו**: על פי יש׳ יא,יא. 15 **ויוליכם קוממיות**: על פי ויק׳ כו,יג: ואולך אתכם קוממיות. **לאולמו**: בית המקדש, ר׳ דה״ב כט,יז: באו לאולם ה׳.

ד

1 **עד...תעו**: כמה זמן בני ישראל יהיו תועים בגלות, ר׳ מדה״ג מסעי, ע׳ תקסב: היו מהלכין ביום ובלילה מפני שתעו במדבר, ר׳ גם שו״ט קז: אמר הקב״ה אע״פ שתעו במדבר הרי קיבצם. 2 **אשר...נתעו**: בני ישראל נתפזרו בעולם בלי מנהיג. 3 **עת...נוא[ם]**: ה׳ יקרב את הזמן כדי לקיים את מה שאמר בתורה. **אשר... יש[עש]עו**: התורה אשר יתענגו בה בני ישראל. 5 **[בני] אבות**: שבטי ישראל. **עמם**: מתקשר ל״אור״ בטור 6. 6 **האור...נצפן**: האור הגנוז, ר׳ בר״ר ג,ו: אורה שנבראת בששת ימי בראשית... היכן היא, נגנזה והיא מתוקנת לצדיקים. **ונעמם**: נגנז, סתום. 9 **ארבעים...מסעות**: ר׳ סע״ר ח: נמצאו כל המסעות מ״ב מסעות. **הסעם יה**: ה׳ הסיע אותם. 10 **פלא...לחם**: על פי יש׳ כט,יד: להפליא את העם הזה הפלא ופלא, ר׳ תנח״ב מסעי פא: לכך אמר הקב״ה למשה כתוב המסעות שנסעו ישראל במדבר כדי שידעו כמה נסים עשיתי להם בכל מסע ומסע. **חסין יה**: ה׳, על פי תה׳ פט,ט: מי כמוך חסין יה. 11 **במקום...דבר**: המדבר, על פי יר׳ ב,ו: בארץ לא עבר בה איש ולא ישב אדם שם. **לא...יה**: ה׳ היה עמהם. 13 **עם...אשה**: בני ישראל שהגישו והקריבו קרבנות בכל המסעות במדבר. 14 **ילדי ישישי**: בני שלשה האבות, ר׳ מועד קטן כה, ע״ב: גזע ישישים. 15 **מעולם מחשה**: ה׳, על פי יש׳ נז,יא: הלא אני מחשה ומעלם. 17 **הנהיג**: ה׳ הדריך. **חבצלת השרון**: ישראל, על פי שה״ש ב,א: אני חבצלת השרון. 18 **ועמהם...ארון**: ר׳ במ׳ י,לג: וארון ברית ה׳ נסע לפניהם. 19 **ולפניו...רון**: בני ישראל היו מרננים לפני ארון הברית.

ה

1 **שבע מסע[ות]**: על פי שמ׳ טז,א-ד, במ׳ לג,א-יא. **רועה אמונה**: משה, על פי תה׳ לז,ג: ורעה אמונה. 2 **עד...המן**: הש׳ במ׳ יא,ט: ירד המן עליו. **משמי מעונה**: מן השמים, ר׳ [ג],ד,13. 3 **בססי בדמים**: הש׳ יח׳ טז,ו: ואראך מתבוססת בדמיך, ר׳ שמ״ר יז,ג: בב׳ דמים ניצולו ישראל ממצרים בדם פסח ובדם מילה. **עדת...מנה**: ישראל, על פי במ׳ כג,י: מי מנה עפר יעקב. 5 **[גזר]...לסכות**: ציווה אותם לנסוע לסוכות. 6 **לאום...ברכות**: ישראל, על פי שה״ש ז,ה. 9 **זמון**: ייעוד. **להתכבר**: מלשון ״כביר״, להתכונן למסע גדול. 10 **חסורים...דבר**: לא היה חסר להם שום דבר. 11 **טכסו**: נסעו לצבאותיהם. **אחרי להתחבר**: להצטמד אל ה׳. 13 **יופי...שלישי**: המסע השלישי ביפיו. **גוי גדול**: ישראל, על פי בר׳ יב,ב: כי מי גוי גדול. 14 **כיצאו...לבדול**: כשיצאו לעזוב את אתם. 15 **יצא**: יצא עם ישראל. **[אל] גדול**: ר׳ דב׳ ז,כא: אל גדול ונורא. 17 **יפה וברה**: ישראל, ר׳ [ז],ג,13. 18 **נתיב בים**: על פי יש׳ מג,טז: בים דרך ובמים עזים נתיבה. 19 **סגולת אום**: ר׳ שמ׳ יט,ה: והייתם לי סגלה מכל העמים. **כרמים נ[וט]רה**: על פי שה״ש א,ו: נטרה את הכרמים.

ו

1 **סע**: נסע. **עם אל**: ישראל. 2 **לא...דבר**: הש׳ פיוט ה, טור 10. **מושיע וגואל**: ה׳, על פי יש׳ מט,כו: כי אני ה׳ מושיעך וגאלך. 3 **יקותיאל**: משה, הש׳ מגילה יג, ע״א: זה משה ולמה נקרא שמו יקותיאל שקוו ישראל לאל בימיו. 5 **גאולים**: ישראל, על פי יש׳ נא,י: דרך לעבר גאולים. **על...ייי**: במ׳ לג,ב. 7 **דהר**: מיהר. **ציר**: משה, ר׳ [טז],ה,10. 9 **נצורים כאישון**: ישראל, על פי דב׳ לב,י: יצרנהו כאישון עינו. 10 **נצרם**: ה׳ שמר אותם. **אחרון וראשון**: ה׳, על פי יש׳ מד,ו: אני ראשון ואני אחרון. 11 **ודי**: בוודאי. 13 **זידים**: המצרים, על פי שמ׳ יח,יא: אשר זדו עליהם. **כנגף**

ייי: ר׳ יש׳ יט,כב: ונגף ה׳ את מצרים. 14 **נמו**: אמרו. **מי...ייי**: שמ׳ טו,יא. 15 **חילי**: צבאות ישראל. **ביד...ייי**: על פי שמ׳ יד,ח: ובני ישראל יצאים ביד רמה. 17 **טלולים [ב]עננים**: בני ישראל מכוסים בעננים. **בסוכות**: ר ׳ מכ׳ פסחא בא יד: אין סוכות אלא ענני כבוד. 18 **לצורם**: ה׳, ר׳ [ג],ד,13. **מסוכות ומזוכות**: ה׳ פרש על בני ישראל ענני כבוד כסוכה לצל כדי לזכותם, הש׳ שמ׳ יב,לז בת״י תמן איתחפיאו שבעת ענני יקרא. 19 **יקרים**: ישראל, ר׳ איכה ד,ב: בני ציון היקרים. **מנוף**: ממצרים, על פי יש׳ יט,יג: נשאו שרי נף. **אשר...מסוכות**: על פי יש׳ יט,יד: ה׳ מסך בקרבה רוח עועים והתעו את מצרים. 21 **כלולים בעננים**: עטופים בענני הכבוד. 22 **עמם...אהבתם**: לא אבדה אהבת ה׳. 23 **לבובים**: היו מתכוונים. 25 **מרודפיהם... חירות**: לשחרר אותם מהמצרים. 27 **נוקמיהם...לכרות**: להשמיד את אויביהם. 29 **סוינים**: המצרים, על פי יח׳ כט,י: ונתתי את ארץ מצרים לחרבות חרב שממה ממגדל סונה ועד גבול כוש. **שרו**: ראו. **שלוש...בסקירות**: הש׳ שמ״ר כא,ה: כיון שראו ישראל שהיו מוקפין מג׳ רוחות הים סוגר והשונא רודף והחיות מן המדבר. 30 **והים...פוררות**: ר׳ תה׳ עד,יג: אתה פוררת בעזך ים, הש׳ מכ׳ בשלח ויהי ד: נבקע הים ונעשה פוררין פוררין. 31 **עדיים עדו**: על פי יח׳ טז,ז: ותבאי בעדי עדיים, הש׳ מכ׳ פסחא בא יג: זו ביזת הים.

ז

1 **אהובים**: ישראל. **באהבם דת**: שאוהבים את התורה. **מזהב ומכסף**: הש׳ מש׳ כב,א: מכסף ומזהב חן טוב, ר׳ תה׳ קיט,קכז: על כן אהבתי מצותיך מזהב ומפז.

דברים - DEUTERONOMIUM

[כו] ואתחנן <דב׳ ג:כג>

ז
אָז בְּפִתְרוֹן צִיּוּיֵ לַעֲטוֹף
תְּפִילָּה לְעָנִי כִּי יַעֲטוֹף <תה׳ קב:א>

גּוֹחִי דְּרַשְׁתִּיךָ וְסִיחִי יִתְכּוֹנָן
קוֹלִי אֶל ייי אֶתְחַנָּן <תה׳ קמב:ב>

הִרְבֵּיתִי וּפִילַּלְתִּי תִקְוָתִי בְּלִי לְהָסִיר
תָּבוֹא לְפָנֶיךָ אֶ[נְקַת] אָסִיר <תה׳ עט:יא>

זָעַקְתִּי חָנֵּנִי בְצִיפְצוּפִי
יִהְיוּ לְרָצוֹן [אִמְרֵי פִי] <תה׳ יט:טו>

טוֹבִיָּה יָזַם וּתְחִינָּה דָּרַשׁ
תַּחֲנוּנִים יְדַבֵּר רָשׁ <מש׳ יח:כג>

כִּי לִתְחִנָּתִי מִמַּעַל נִקְרֵאתִי וְנַמְתִּי בְּמַעֲנִי
פְּנֵה אֵלַי וְחָנֵּנִי כִּי יָ<חִיד> וְעָ<נִי> אָנִי <תה׳ כה:טז>

סִיחִי עֲנֵה כְּ[אָמַר]תָּה לְאַמֵּת
קָרוֹב ייי לְכָל קֹ<וֹרְאָיו> לְ<כֹל> אֲשֶׁ<ר> יִ<קְרָאֻהוּ> בֶאֱמֶת
<תה׳ קמה:יח>

פִּילּוּל צָעַק [תַּ]שְׁמִיעִי
זָחַלְתִּי וָאִירָא [מֵחַ]וּוֹת דֵּעִי <איוב לב:ו>

ז

1 **בפתרון**: בפירוש. **ציוי**: תפילה. **לעטוף**: ר׳ טור 2. 3 **גוחי**: על פי תה׳ כב,י: כי אתה גחי מבטן, הש׳ תה׳ קיט,י: בכל לבי דרשתיך. **וסיחי**: תפילתי. **יתכונן**: יתקיים, הש׳ מש׳ כד,ג: ובתבונה יתכונן. 5 **ופיללתי**: התפללתי, הש׳ תה׳ קו,ל: ויעמד פינחס ויפלל. **תקותי...להסיר**: שלא להסיר את תקותי. 7 **זעקתי**: התפללתי, ר׳ תה׳ קמב,ב: קולי אל ה׳ תזעק. **חנני**: על פי תה׳ ד,ב: חנני ושמע תפלתי. **בציפצופי**: בתפילתי. 9 **טוביה**: משה, ר׳ תנח׳ ואתחנן א: לטוב זה משה שנאמר ותרא אותו כי טוב הוא (שמ׳ ב,ב). **יזם**: פתח בתפילה. **ותחינה דרש**: הש׳ תנח׳ ואתחנן ג: ואתחנן אל ה׳ זש״ה ופנית את תפלת עבדך ואל תחנתו. 11 **ממעל נקראתי**: הש׳ דב׳ ד,לט: הוא האלהים בשמים ממעל. **ונמתי במעני**: ואמרתי בתפילתי. 13 **סיחי**: ר׳ טור 3. 13 **כ[אמר]תה לאמת**: כפי שהבטחת לעשות באמת. 15 **פילול צעק**: התפלל. **[ת]שמיעי**: תשמיעני.

[כז] כי תבוא <דב׳ כו:א>

א [.......]

[..] גּוֹיִם
טִיעַת פֵּירוֹת [אֶרֶץ]
[...] לְשׁוֹכֵן שְׁמֵי עֶרֶץ
[... עֲנָוִים יִרְשׁוּ אָרֶץ]
נֶאֱמַר וְהָיָה כִּי תָבֹא אֶל הָאָרֶץ

כב והיה כי תבוא <אל הארץ אשר ה׳ אלהיך נתן לך נחלה וירשתה וישבת בה> <דב׳ כו:א>
ונ ותתן להם <את הארץ הזאת אשר נשבעת לאבותם לתת להם ארץ זבת חלב ודבש> <יר׳ לב:כב>
ונ לייי הארץ ומלואה <תבל וישבי בה> <תה׳ כד:א>
ונ וענוים ירשו ארץ <והתענגו על רב שלום> <תה׳ לז:יא>

שָׁלוֹם הַשָּׁקוּל [כְּנֶגֶד] כֹּל
תִּיטַּע בְּאוֹם בְּחוּרָה מִכֹּל
מָגִנֵּנוּ אֲדוֹן כֹּל
כְּאָב נִתְבָּרֵךְ בַּכֹּל ב

ב מִבִּרְכַּת שְׁמֵי מַעְלָה
נְשִׂיָּיה בְּפֵיר[וּשׁ] יְפִיתָה לִסְגוּלָּה
סוֹבַע סְמָחוֹת מִמַּעְלָה
עַל עַמְּךָ בִרְכָתֶיךָ סֶּלָה <תה׳ ג:ט>

פֵּירוֹת בִּיכּוּרִים תָּרִימוּ
צִיוּוּי צוֹרְכֶם תְּקַיְּימוּ
קוֹדֶשׁ יִשְׂרָאֵל לַייי תְּרוֹמְמוּ
רֵאשִׁית תְּבוּאָתוֹ כָּל אוֹכְלָיו יֶאְשָׁמוּ <יר׳ ב:ג>

שַׁדַּיי בּוֹרֵא בְרֵאשִׁית
שְׁבָטָיו כְּחוֹל הַיָּם מִנְייָנָם הֵישִׁית
תְּשׁוּרַת טֶנֶא נָם לָהֶם לְהָשִׁית
תַּקְרִיבוּ לְפָנַיי לְקִיחַת רֵאשִׁית

כב ולקחת <מראשית כל פרי האדמה אשר תביא מארצך אשר ה׳ אלהיך נתן לך ושמת בטנא והלכת אל המקום אשר יבחר ה׳ אלהיך לשכן שמו שם> <דב׳ כו:ב>
ונ לייי הישועה <על עמך ברכתך סלה> <תה׳ ג:ט>
ונ תנו לה מפרי ידיה <ויהללוה בשערים מעשיה> <מש׳ לא:לא>

ונ כבד את ייי <מהונך ומראשית כל תבואתך> <מש׳ ג:ט>
ונ וימלאו אסמיך <שבע ותירוש יקביך יפרצו> <מש׳ ג:י>
ונ קודש ישראל <לה׳ ראשית תבואתה כל אכליו יאשמו רעה תבא אליהם נאם ה׳> <יר׳ ב:ג>

[... ... ...]
לְזֶרַע כֹּה יִהְיֶה
רְקוּ[בִים] בְּטַל אֲחַ[יֶּה]
[וּבַיּוֹם] הַשְּׁלִישִׁי תְּקִימֵנוּ וְנִחְיֶה <הוש׳ ו:ב> ב

ג יַעֲלֶה עַל שְׂפַ[ת הַ]נַּחַל וְתִרְאוּ
יְבַכֵּר לַחוֹדֶשׁ וּמֵימָיו מִמִּקְדָּשׁ יֵצְאוּ
בִּיכּוּרֵי קוֹדֶשׁ בִּזְמַנָּם תִּמְצְאוּ
וְיָשָׁן מִפְּנֵי חָדָשׁ תּוֹצִיאוּ <ויק׳ כו:י>

הֲמוֹנֵי יִשְׂרָאֵל ויהוּדה
לְהוֹדוֹת שְׁמוֹ בְּיִרְאָה וּבִרְעָדָה
[וְ]תֶעֱרַב לְפָנָיו מִנְחַת יְהוּדָה
בּוֹאוּ שְׁעָרָיו בְּתוֹדָה <תה׳ ק:ד>

דִּיגְלֵי עֲמוּסָיו
יִפְדֶּה מִיַּד שׁוֹסָיו
יַכְחִיד כָּל מַכְעִיסָיו
יְהִי כְבוֹד ייי לְעוֹלָם יִשְׂמַח ייי בְּמַעֲ<שָׂיו> <תה׳ קד:לא>

הֲמוֹנִים בְּחִירִים מִכֹּל
יַפְרִישׁוּ מִפֵּירוֹת כֹּל
לְהָבִיא לַמִּקְדָּשׁ לִפְנֵי אֲדוֹן כֹּל
רֵאשִׁית כָּל בִּיכּוּרֵי כֹּל

ככ וראשית כל ביכורי כל <וכל תרומת כל מכל תרומתיכם לכהנים יהיה וראשית עריסתיכם תתנו לכהן להניח ברכה אל ביתך> <יח׳ מד:ל>
ונ יהי כבוד ייי <לעולם ישמח ה׳ במעשיו> <תה׳ קד:לא>
וא<תה> ק<דוש יושב תהלות ישראל> <תה׳ כב:ד>

אל נא

ד עַד מָתַי תִּהְיֶה אַרְצֵנוּ שְׁמָמָה
צְווּחָה יָפָה כַּלְּבָנָה וּבָרָה כַּחַמָּה
וּבָטְלוּ בִיכּוּרֵי פֵּירוֹתֶיהָ עַד תְּחַיֶּה יְשֵׁינֵי תַרְדֵּימָה
תְּשַׁלַּח רוּחֲךָ יִבָּרֵאוּן וּתְחַדֵּשׁ פְּנֵי אֲדָמָה <תה׳ קד:ל>

מַה נֹּאמַר וּמַה [... ...]
[.......]

א

2 **טיעת פירות**: נטיעת פירות. 3 **לשוכן...ערץ**: ה׳ השוכן בשמי מרום. 10 **שלום...כל**: ר׳ ספרא בחוקותי א,ח: ת״ל ונתתי שלום בארץ מגיד שהשלום שקול כנגד הכל. 11 **באום...מכל**: עם ישראל הנבחר מכל העמים. 12 **אדון כל**: ר׳ [ז],א,9. 13 **כאב**: כאברהם, לעניין ברכת מגן אברהם.

ב

1 **מברכת...מעלה**: על פי דב׳ מט,כה: ברכת שמים מעל. 2 **נשייה**: הארץ, על פי תה׳ פח,יג: וצדקתך בארץ נשיה. **בפיר[וש]**: במפורש כתוב בתורה. **יפיתה לסגולה**: ייעדת לעם ישראל, ר׳ [כה],ה,19. 3 **סובע סמחות**: על פי תה׳ טז,יא: שבע שמחות את פניך. 5 **פירות...תרימו**: הש׳ נח׳ י,לו: ולהביא את בכורי אדמתנו ובכורי כל פרי. 6 **ציווי...תקיימו**: תקיימו את מצות ה׳. 7 **קודש...ליי**: על פי יר׳ ב,ג, ר׳ טור 8,18. **תרוממו**: תגדלו, תרימו. 9 **שדיי**: ה׳, על פי בר׳ יז,א: אני אל שדי. **בורא בראשית**: ה׳, על פי בר׳ א,א: בראשית ברא אלהים. 10 **שבטיו**: שבטי ישראל. **כחול...הישית**: על פי בר׳ לב,יב: ושמתי את זרעך כחול הים. 11 **תשורת טנא**: מתנת הטנא, על פי דב׳ כו,ב: ושמת בטנא. **נם...להשית**: ציווה לבני ישראל להביא. 12 **תקריבו...ראשית**: על פי ויק׳ ב,יב: קרבן ראשית תקריבו אתם. 20 **לזרע...יהיה**: ישראל, על פי בר׳ טו,ה: כה יהיה זרעך. 21 **רקו[בים]**: מתים. **בטל אח[יה]**: ר׳ [א],ב,16.

ג

1 **יעלה...[ה]נחל**: על פי יח׳ מז,יב: ועל הנחל יעלה. 2 **יבכר...יצאו**: על פי יח׳ מז,יב: לחדשיו יבכר כי מימיו מן המקדש יוצאים. 3 **ביכורי קודש**: ר׳ טור 8,18. **בזמנם**: בעונתם. 6 **להודות שמו**: הש׳ תה׳ קכב,ד: להודות לשם ה׳. **ביראה וברעדה**: על פי תה׳ ב,יא: עבדו את ה׳ ביראה וגילו ברעדה. 7 **[ו]תערב...יהודה**: על פי מלאכי ג,ד: וערבה לה׳ מנחת יהודה. 9 **דיגלי**: השבטים, על פי במ׳ ב,לא: יסעו לדגליהם. **עמוסיו**: ישראל, ר׳ [ז],ו,27. 10 **שוסיו**: אויביו, הש׳ ש״א יד,מח: ויצל את ישראל מיד שסהו. 11 **יכחיד**: ה׳ יכרית. 13 **המונים...מכל**: ישראל, על פי תה׳ קה,ו: בני יעקב בחיריו. 14 **יפרישו...כל**: יקחו מכל הפירות ראשית תבואתם. 15 **להביא למקדש**: ר׳ ב,5. **אדון כל**: ר׳ א,12.

ד

1 **עד...שממה**: על פי ויק׳ כו,לג: והיתה ארצכם שממה. 2 **צווחה**: צעקה. **יפה...כחמה**: ישראל, ר׳ [ז],ג,13. 3 **עד...תרדימה**: עד שאתה, ה׳, תחייה את המתים.

[כח] נצבים <דב׳ כט:ט>

[י..פ לְהֵימָן הֶאֱזִין ה[..]
[... ..]כם לִשְׁמוֹעַ [..]ור [...]
[... ..]טים עַמֶּיךָ לְפָנָיו
וְכָל יִשְׂרָאֵל [וּזְקֵי]נָיו <יה׳ ח:לג>

הֵימָן בְּהִתְאַסֵּף [... ...]
[..]דתיו כ[ן א]יסף [...]
וינם קְרוּאֵי [..]ים
וַיִּקְרָא לְזִקְנֵ<י> יִשְׂרָ(אֵל) [וּלְרָאשָׁיו וּלְשׁוֹפְטָיו וּלְשֹׁטְרָיו] וַיִּתְיַצְּבוּ לִפְנֵי הָ[אֱלֹהִ]ים <יה' כד:א>

דִּיבֵּר בְּחָכְמָה יוֹסֵד אֶרֶץ
וּ[נ.. ... שְׁמֵי] עֶרֶץ
לְהַשְׁמִיעַ לִמְשׁוּלִים כַּעֲפַר אָרֶץ
וְעַמֵּךְ כּוּלָּ[ם צַדִּיקִים לְעוֹלָם יִירְשׁוּ] אָרֶץ <יש' ס:כא>

הִיצִּיב אוֹמְרֵי אֵין כָּאֵל
לְהַקְשִׁיבָה סִי[חַ ...]
[וְעַם] גָּדוֹל הֶעֱמִיד פְּנֵי אֵל
וַיֶּאֱסוֹף יְהוֹשֻׁעַ אֶת כָּל זִקְנֵ[י יִשְׂרָאֵל]

[ככ'] ויאסוף יהושוע <את כל שבטי ישראל שכמה ויקרא לזקני ישראל ולראשיו ולשפטיו ולשטריו ויתיצבו לפני האלהים> <יה' כד:א>
ונ' וכל ישראל <וזקניו ושטרים ושפטיו עמדים מזה ומזה לארון נגד הכהנים הלוים נשאי ארון ברית ה' כגר כאזרח חציו אל מול הר גרזים והחציו אל מול הר עיבל כאשר צוה משה עבד ה' לברך את העם ישראל בראשנה> <יה' ח:לג>
ונ' ועמך כולם צדיקים <לעולם יירשו ארץ נצר מטעו מעשה ידי להתפאר><יש' ס:כא>

ד עַד מָתַי עַמְּךָ מְפוּזָּרִים כּוּלָּם
בְּאַרְ[בַּ]ע כַּנְפוֹת הָאָרֶץ עֲלֵיהֶם הָיָה עוֹלָם
וְעִיכְּבוּנִי לְדָורְשָׁךְ וְיִיחַדְתִּיךְ מֶלֶךְ עוֹלָם
וַאֲנִי בְּתֻומִּי תָּ[מַכְ]תָּ בִּי וַתַּ[צִּיבֵנִי] לְפָנֶיךָ לְעוֹלָם <תה' מא:יג>

רִיבָה רִיבִי בְּלוֹחֲמַיי יִשְׁפּוֹט
אוֹיְבַיי נַעֲשׂ[וּ ... ...] אוֹתָם תִּשְׁפּוֹט
אוֹמְרִים אָנוּ פְּלִילִים וְאָנוּ שׁוֹפְטִים סדרה [...]
[אֱלֹהִים] נִיצָּב בַּעֲדַת אֵל בְּקֶרֶב אֱלֹהִים יִשְׁפּוֹט <תה' פב:א>

אֲיֻומָּה אֲשֶׁר לָךְ [... ...]
[... מ..ד] יגה הת[..ת]ה
תדלה אמנה בְּלִי לש[ר..]
[מַצֶּבֶת בָּם] זֶרַע קוֹדֶשׁ מַ[צַּ]בְ[תָּהּ] <יש' ו:יג>

בְּרִיתָךְ עוֹ[לָם] תִּיצָּב
וְשָׁם [אֲמִ]תָּךְ תִּתְיַצָּב
לִיבֵּ[נוּ] לֹא יִתְעַצָּב
לְעוֹלָם ייי דְּבָרְךָ נִיצָּב <תה' קיט:פט>

חיי וקיים

ה [אָמְנָם חֲ]מֹשֶׁה דְבָרִים פָּתַר לָהֶם יְקוּתִיאֵל
כְּהֶאֱסִיפָם מְשָׁרְתָ[וֹ ... ...]
בְּחָכְמָה הִקְשִׁיבָם סוֹד רָזִיאֵל
בְּמַקְהֵלוֹת [בָּרְכוּ אֱלֹהִים ייי מִמְּקוֹר יִשְׂרָ]אֵל <תה׳ סח:כז>

דָּבָר הָרִאשׁוֹן גִּילָּה לָהֶם קִישְׁבוּ מִלָּתִי
[אֶ]ת אֲשֶׁ[ר ...] המ[.. .נ]ים [סת]רתי
דָּגוּל לֹא [יֹא]בֶה [ס..] לעובר [..]וה ע[..]תי
[וְהַעֲבַרְתִּי אֶתְכֶם תַּחַ]ת הַשָּׁבֶט וְהֵבֵאתִי <יח׳ כ:לז>

דָּבָר הַשֵּׁנִי הוּא [פָּתַ]ר לָהֶם נוֹעַם אֲמִירָה
פִּתְרוֹן [..]תי עוֹמֵד הַיּוֹם אֵילוּ הַחַיִּי[ם בַּ]חֲקִירָה
וְנָמָה יָפָה וּבָרָה בְּשָׂפָה בְּרוּרָה
וַיַּצִּיבֵנִי כַּמַּטָּרָה <איכה ג:יב>

דָּבָר [הַ]שְּׁלִישִׁי זֶה עָנָיו לְפָ[ו]תְרוֹ הוֹאֵל
וְאֵת אֲשֶׁר אֵינֶנּוּ א[.. .]ב מ[.. .]אל
[ח.. ... ...] שִׁבְטֵי יִשְׂרָאֵל
יַצֵּב גְּבֻולוֹת עַמִּים [לְמִסְ]פַּר בְּנֵי יִשְׂרָאֵל <דב׳ לב:ח>

[דָּבָר הָרְבִיעִי ט..]ה פּ[י] בִּמְלִיצָה
מֵחוֹטֵב עֵיצֶיךָ וְעַד שׁוֹאֵב מֵימֶיךָ [נִרְצָה]
[י..] וענ[י]ן עֲתִידִים לְ[דַ]מּוֹת יָפָה כְּתִרְצָה
[וְהִנֵּה סֻולָּם מֻוצָּ]ב אַרְצָה <בר׳ כח:יב>

דָּבָר הַחֲמִישִׁי כְּסָח מֵ[הָר נִ]צָּבִים הַיּוֹם
[...] גְּאֻולָּה עֲתִי[דָה תִ]הְיֶה בוֹ בַיּוֹם
[ל.. ... ...] לְיֵשַׁע לַיְלָה וָיוֹם
הִנֵּה אָנֹכִי שׁוֹלֵחַ לָכֶם אֵת אֵלִיָּה הַנָּבִיא לִפְנֵי בֹ[וֹא יוֹם] <מלאכי ג:כג>

אתם אל נא

ו אֲשֶׁר עֲתִידִים לְהֵירָבוֹת מִזַּרְעֲכֶם
[...] חָשַׁק יי בָּכֶם וַיִּבְחַר בָּכֶם
בְּוַדַּיי עַד סוֹף כָּל הַדּוֹרוֹת מִבְּנֵיכֶם
אַתֶּם נִצָּבִים הַיּוֹם כֻּולְּכֶם <דב׳ כט:ט>

גֻּולְגּוֹלֶת עֶדְרֵי קְהַלְכֶם
גְּדוֹלֵ[יכֶם] עִם קְטַנֵּיכֶם
דִּגְלֵי מַחֲנֵיכֶם
טַפְּכֶם נְשֵׁיכֶם <דב׳ כט:י>

הֲמוֹן קְהָלֶיךָ
[וַעֲדַת] גְּאוּלֶיךָ
וַאֲשֶׁר עֲתִידִים לַחֲיָילֶיךָ
לְעָבְרְךָ בִּבְרִית יי אֱלֹהֶיךָ <דב׳ כט:יא>

זֶה [... ...] עַם
מִקְּהַל עֲדַתְכֶם וְגִיזְעָם
חֻוקָּיו עָשׂוּ בְנוֹעַם
לְמַעַן הָקִים אוֹתְךָ הַיּוֹם לוֹ לְעָם <דב׳ כט:יב>

טַפְּכֶם עַד סוֹף כֹּל אֲנִי כּוֹרֶת
כִּי אַתֶּם לְפָנַי כְּמַלְאֲכֵי שָׁרֵית
יַחַד לָכֶם וְלִבְנֵיכֶם אֲנִי חוֹרֶת
וְלֹא אִתְּכֶם לְבַדְּכֶם אָנֹכִי כּוֹרֵת <דב׳ כט:יג>

כֻּולְּכֶם נוֹעָדִים לִפְנֵי אָיוֹם
בְּנֵי יוֹשֵׁב כְּחוֹם הַיּוֹם
לְמִגָּדוֹל וְעַד קָטָן בְּפִידְיוֹם
כִּי אֶת אֲשֶׁר יֶשְׁנוֹ פֹּה עִמָּנוּ עוֹמֵד הַ[יּוֹם] <דב׳ כט:יד>

מִמִּצְרַיִם בִּזְרוֹעַ נִיגְאַלְתֶּם
זֶה אֵלִי וְאַנְוֵהוּ עַל יָם בְּעֶלֶץ אֲמַרְתֶּם
נִכְרְתוּ אֲשֶׁר בְּקִרְבָּם עֲבַרְתֶּם
כִּי אַתֶּם יְדַעְתֶּם <דב׳ כט:טו>

סְרַפְתֶּם כָּל טִיר[וֹתֵיהֶם]
דְּחִיתֶם כָּל חַמָּנֵיהֶם
עֲקַרְתֶּם מַצֵּבוֹתֵיהֶם
וַתִּרְאוּ אֶת שִׁקּוּצֵיהֶ[ם וְאֵת] גִּילּוּלֵיהֶם <דב׳ כט:טז>

פְּסִילֵיהֶם אֲשֶׁר אֵין בָּהֶם מַמָּשָׁה
אֶחָד [... ... ..]ה לִדְרוּשָׁה
צַ[לְ]מֵיהֶם לְהָמִיךְ [... ...]
[פֶּן] יֵשׁ בָּכֶם אִישׁ אוֹ [אִשָּׁ]ה <דב׳ כט:יז>

קַלּוּת רֹאשׁ דֶּרֶךְ יְשָׁרָה לְקַלְקְלָה
וְאוֹרַח חַיִּים לְעַקְּלָה
רוֹדֵף [אַ]חֲרֵי שְׁרִירוּת לִבּוֹ בְכִיסְלָה
וְהָיָה בְּשָׁמְעוֹ אֶת דִּבְרֵי הָאָלָה <דב׳ כט:יח>

שׁוֹטֶה נִשְׂטָה מִקְּהָלוֹ
אַחֲרֵי אֵל זָר יְהִי מַסְלוּלוֹ
תָּופְתֶּה תִּפְתַּח פִּיהָ וְתֹאכְלוֹ
לֹא יֹאבֶה יי סְלוֹחַ לוֹ <דב׳ כט:יט>

יִשְׁמְרוּ הֲמוֹנִים אֲשֶׁר נִתְפָּרֵשׁ לָנוּ
וַאֲשֶׁר [נִ]יתְגַּלָּה לְעֵינֵינוּ
דְּבָרִים הַסְּתוּמִים מִמֶּנּוּ
הַנִּסְתָּרוֹת לַיי אֱלֹהֵינוּ וְהַנִּגְלוֹת לָנוּ <דב׳ כט:כח>

ז
אָיוֹם בַּאֲיוּמָּתוֹ שְׁכִינָתוֹ יָשְׁבָה
אֲשֶׁר בְּשַׁלֶּכֶת מַצֶּבֶת בָּהּ <יש׳ ו:יג>

גִּלְיוֹן דָּת נָם עָנָיו לִי לְבֹחֵן
תִּתֵּן לְרֹאשְׁךָ לִוְיַת חֵן <מש׳ ד:ט>

הֵאִירָה וְהִזְרִיחָה אֲפֵילַת מְיַחֲדֵי אֵל
וְלֹא תְכַבֶּה אֶת נֵר יִשְׂרָאֵל <ש״ב כא:יז>

זֶרַע חֲשׁוּקִים קְרָאָם מוֹשִׁיעַ וְגוֹאֵל
כִּי יי דִּבֶּר טוֹב עַל יִשְׂרָאֵל <במ׳ י:כט>

טָהוֹר יְדִידִים נָם לֶאֱסוֹף יַחַד
וְשָׂמוּ עֲלֵיהֶם רֹאשׁ אֶחָד <הוש׳ ב:ב>

כְּלוּלָה לָךְ אֲחַבֵּק בְּיָמִין בְּחוֹמֶל
רֹאשֵׁךְ עָלַיִךְ כַּכַּרְמֶל <שה״ש ז:ו>

מָקוֹם נִיכָּר בָּנוּ יִיחוּדָךְ וְאוֹתוֹ נִדְרוֹשׁ
[לְךָ] יי הַמַּמְלָכָה וְהַמִּתְנַשֵּׂא לְכֹל לְרֹאשׁ <דה״א כט:יא>

סַחְתָּה עֶלְיוֹן לְיִשְׂרָאֵל
וְשַׁבְתִּי אֶת [שְׁ]בוּת עַמִּי יִשְׂרָאֵל <יר׳ ל:ג>

פֶּגֶר צוֹרְרֵי עַם הֲמוֹנֶיךָ
לֹא יִתְיַצְּבוּ הוֹלְלִים [לְ]נֶגֶד עֵינֶיךָ <תה׳ ה:ו>

קְלַע רִישְׁעָם כְּסַחְתָּה לֶעָנָיו עֲבוּר צַר וְרִישְׁעוֹ
הַשְׁכֵּם בַּבֹּ[קֶר] וְהִתְיַצֵּב לִפְנֵי פַרְעֹה <שמ׳ ח:טז>

שֵׁימַע תַּשְׁמִיעֵינוּ כְּשִׁימַע צִיר לֶאֱמוּנַיי
[הִתְיַצְּבוּ וּרְאוּ] אֶת יְשׁוּעַת יי <שמ׳ יד:יג>

ג

1 **להימן**: משה, על פי ב״ב טו, ע״א: הימן זה משה. **האזין**: השמיע. 5 **הימן**: ר׳ טור 1. 9 **דיבר ...ארץ**: על פי מש׳ ג,יט: ה׳ בחכמה יסד ארץ. 10 **[שמי] ערץ**: ר׳ [כו],א,3. 11 **למשולים...ארץ**: ישראל, על פי בר׳ כח,יד: והיה זרעך כעפר הארץ. 13 **אומרי...כאל**: ישראל, על פי דב׳ לג,כו: אין כאל ישרון. 15 **[ועם] גדול**: ישראל, ר׳ דה״ב א,י: את עמך הזה הגדול. **פני**: לפני.

ד

1 **עד...כולם**: כמה זמן יהיה כל עם ישראל בגלות? 2 **באר[ב]ע...הארץ**: על פי יש׳ יא,יב: ונפצות
יהודה יקבץ מארבע כנפות הארץ. 3 **ועיכבוני**: האויבים מנעו אותי. **לדורשך**: מלדרוש את ה׳.
וייחדתיך: אני, ישראל, בקריאת שמע אמרתי "ה׳ אחד". **מלך עולם**: ה׳. 5 **ריבה ריבי**: על פי תה׳
קיט,קנד: ריבה ריבי וגאלני. **בלוחמיי ישפוט**: ר׳ יש׳ ב,ד: ושפט בין הגוים. 7 **אנו... שופטים**:
האויבים, על פי דב׳ לב,לא: ואיבינו פלילים. 9 **אומה**: ישראל, ר׳ [יד],א,1. 11 **תדלה אמנה**: לא
ברור, אולי מובנו: ה׳ יחדש את בריתו. 13 **עו[לם] תיצב**: תקים לעולם. 14 **תתיצב**: תתקיים. 15
יתעצב: יצטער.

ה

1 **פתר**: ביאר. **להם**: לבני ישראל. **יקותיאל**: משה, ר׳ [כה],ו,3. 2 **כהאסיפם**: כשאסף אותם.
משרת[ו]: יהושע, על פי שמ׳ כד,יג: ויהושע משרתו. 3 **הקשיבם**: משה הודיע להם. **סוד רזיאל**:
התורה, ר׳ אוצר המדרשים ע׳ שו: בשעה שעלה משה... ופגע בו גליצור המכונה רזיאל... ולמה
נקרא רזיאל ששומע מאחורי הפרגוד מה שנגזר להיות, ע׳ ת: ויפתח רזיאל את הספר ויקרא באזני
אדם. 5 **קישבו**: כציווי: תשמעו. 7 **דגול**: ה׳, על פי שה״ש ה,י: דגול מרבבה. 9 **נועם אמירה**:
התורה. 10 **פתרון**: פירוש. **עומד היום**: ר׳ דב׳ כט,יד: כי את אשר ישנו פה עמנו עמד היום לפני
ה׳ אלהינו. **אילו...[ב]חקירה**: להורות את החיים. 11 **ונמה**: ואמרה. **יפה וברה**: ישראל, ר׳ [ז],ג,13.
בשפה ברורה: על פי צפ׳ ג,ט: שפה ברורה. 13 **עניו**: משה, ר׳ [ט],ה,15. **לפ[ו]תרו הואל**: רצה
לפרש. 17 **במליצה**: ר׳ מש׳ א,ו: להבין משל ומליצה. 18 **מחוטב...מימיך**: על פי דב׳ כט,י: מחטב
עציך עד שאב מימיך. 19 **יפה כתרצה**: ישראל, על פי שה״ש ו,ד: יפה את רעיתי כתרצה. 21
כסח מ[הר]: כשדיבר ה׳ מן הר סיני. **[נ]צבים היום**: על פי דב׳ כט,ט: אתם נצבים היום. 22
גאולה...ביום: באותו היום תבוא הגאולה.

ו

1 **אשר...מזרעכם**: על פי שמ׳ לב,יג: ארבה את זרעכם. 2 **חשק...בכם**: על פי דב׳ ז,ז. 3 **בודיי**:
בוודאי, באמת. **עד...מבניכם**: הש׳ תנח׳ נצבים ג: אף הדורות העתידין לבא היו שם. 5 **גולגולת**:
כל אחד ואחד. **עדרי קהלכם**: בני ישראל. 6 **גדול[יכם]...קטניכם**: על פי דב׳ כט,ט-י: זקניכם...
טפכם. 7 **דגלי מחניכם**: שבטי ישראל לפי דגלי מחניהם. 10 **גאוליך**: ישראל, על פי יש׳ לה,ט:
והלכו גאולים. 11 **ואשר...לחייליך**: שעתידים להיות חייליך. 14 **מקהל עדתכם**: ישראל, על פי
מש׳ ה,יד: קהל ועדה. **וגיזעם**: וזרעם. 15 **חוקיו...בנועם**: קיימו את מצוותיו בנעימות. 17 **טפכם**:
דב׳ כט,י. **עד...כורת**: אני, ה׳, כורת ברית עולם עם בניכם. 18 **כי...שרית**: הש׳ חולין צא, ע״ב:
חביבין ישראל לפני הקב״ה יותר ממלאכי השרת. 19 **חורת**: כותב. 21 **כולכם**: דב׳ כט,ט. **נועדים**:
ר׳ במ׳ י,ג: ונועדו אליך כל העדה. **איום**: ה׳, על פי חב׳ א,ז: אים ונורא הוא. 22 **יושב...היום**:
אברהם, על פי בר׳ יח,א: והוא ישב פתח האהל כחם היום. 23 **בפדיום**: בגאולה, הש׳ במ׳ ג,מט:
הפדיום. 25 **ממצרים...ניגאלתם**: על פי תה׳ עז,טז: גאלת בזרוע עמך. 26 **זה...ואנוהו**: שמ׳ טו,ב.
בעלץ: בשמחה. 27 **נכרתו**: הושמדו. **אשר...עברתם**: על פי דב׳ כט,טו: ואת אשר עברנו בקרב
הגוים אשר עברתם. 29 **סרפתם... טיר[ותיהם]**: על פי במ׳ לא,י: ואת כל טירותם שרפו באש. 30
דחיתם: הסרתם. 31 **עקרתם**: הרסתם. 33 **פסיליהם... ממשה**: פסלים שאין בהם מציאות. 34
לדרושה: ישראל, על פי יש׳ סב,יב: ולך יקרא דרושה. 35 **להמיך**: להשפיל. 37 **קלות...לקלקלה**:
חוסר רצינות גורם לקלקול הדרך הישרה, הש׳ עזרא ח,כא: לבקש ממנו דרך ישרה. 38 **אורח
חיים**: התורה, על פי מש׳ י,יז: ארח לחיים. **לעקלה**: על פי שופ׳ ה,ו: ילכו ארחות עקלקלות. 39
רודף...בכיסלה: מי שמתעקש בכסילותו. **שרירות לבו**: על פי דב׳ כט,יח: כי בשררות לבי אלך.
בכיסלה: הש׳ תה׳ פה,ט: ואל ישובו לכסלה. 41 **שוטה ...מקהלו**: הכסיל מתרחק מקהל ישראל.
42 **אל זר**: על פי תה׳ פא,י: לא יהיה בך אל זר. **מסלולו**: דרכו, ר׳ יש׳ לה,ח: והיה שם מסלול
ודרך. 43 **תופתה**: גהינם, על פי יש׳ ל,לג: כי ערוך מאתמול תפתה. 45 **ישמרו...לנו**: ישמרו
המוני ישראל מה שנתפרש לנו. 46 **ואשר... לעינינו**: הנגלות לנו, ר׳ טור 48. 47 **דברים...ממנו**:
על פי דנ׳ יב,ט: כי סתמים וחתמים הדברים.

ז

1 **איום**: ה׳, ר׳ ו,21. **באיומתו**: בתוך עם ישראל, ר׳ [יד],א,1. 2 **בה**: במקרא: בם. 3 **גליון דת**: ספר התורה, הש׳ יש׳ ח,א: קח לך גליון גדול וכתב עליו. **נם**: אמר. **עניו**: משה, ר׳ [ט],ה,15. **לי לבחן**: כדי לבחון את ישראל. 5 **האירה והזריחה**: אור התורה. **אפילת**: חושך. **מיחדי אל**: בני ישראל מייחדים את שם ה׳ בקריאת שמע. 7 **זרע חשוקים**: על פי דב׳ י,טו: רק באבתיך חשק ה׳. **מושיע וגואל**: ה׳, על פי יש׳ מט,כו. 9 **טהור**: ה׳, ר׳ [ז],א,8. **ידידים**: ישראל, ר׳ [כב],ו,22. **נם**: ה׳ ציווה. **לאסוף יחד**: להתאסף. 11 **כלולה**: ישראל, על פי יר׳ ב,ב: אהבת כלולתיך. **לך... בימין**: הש׳ שה״ש ב,ו: וימינו תחבקני. **בחומל**: ברחמים. 13 **מקום**: ה׳. **ניכר...ייחודך**: שאנו מייחדים אותו בקריאת שמע. 15 **סחתה**: דיברת. **עליון**: ה׳, על פי בר׳ יד,יח: לאל עליון. **לישראל**: הש׳ במ״ר א,ט: אמרת לישראל עליון. 17 **פגר**: תשמיד. **צוררי...המוניך**: אויבי ישראל. 19 **קלע רישעם**: תפגע ברשעת האויבים. **כסחתה**: כשדיברת. **לעניו**: למשה. **עבור**: בעניין. **צר ורישעו**: פרעה וחילו, הש׳ תה׳ עח,מב: יום אשר פדם מני צר. 21 **שימע תשמיעינו**: תודיע לנו בשורה טובה. **כשימע...לאמוניי**: כמו שבישר משה לישראל, על פי מש׳ יג,יז: וציר אמונים מרפא.

[כט] כי המצוה הזאת <דב׳ ל:יא>

א אַתָּה מַעֲמִיד מַנְהִיג לְכָל דּוֹר
בַּאֵר הֵיטֵב לְעַמָּךְ לְסִדּוֹר
גּוֹדְלָךְ בְּפִיהֶם לְתִדּוֹר
דָּבָר צִוָּה לְאֶלֶף דּוֹר <תה׳ קה:ח>

הִיא לֹא נִפְלֵאת מֵאֲהוּבִים
וּמְכֻוונֶת אַיֶּלֶת אֲהָבִים
זֹאת הַתּוֹרָה בָּהּ חֲקוּקִים וּכְתוּבִים
חֻוקִים וּמִצְוֹת טוֹבִים <נח׳ ט:יג>

טֻוכַּס בִּימִינָהּ אוֹרֶךְ יָמִים בְּכוֹשֶׁר
יֻומַּן בִּשְׂמֹאלָהּ בעושר [ו]כבוד
כָּל שׁוֹמֵר מִצְוָה יִתְאַשֵּׁר
לִימְדוּ הַמִּצְוָה הַזֹּאת אֲשֶׁר

ככ כי המצוה הזא<ת אשר אנכי מצוך היום לא נפלאת הוא ממך
ולא רחקה הוא> <דב׳ ל:יא>
ונ שומר מצוה לא ידע דבר רע <ועת ומשפט ידע לב חכם>
<קה׳ ח:ה>
ונ תורה <צוה לנו משה מורשה קהלת יעקב> <דב׳ לג:ד>

ונ לכל תכלה <ראיתי קץ רחבה מצותך מאד> <תה׳ קיט:צו>
ונ פיקודי יי יש<רים משמחי לב מצות ה׳ ברה מאירת עינים>
<תה׳ יט:ט>

עֵינַיִם תָּאִירָה
לְאוֹם יָפָה וּבָרָה
לְגוֹנֵן שֶׂה פְזוּרָה
בְּצֶ<דֶק> אָ<ב> נַמְתָּה לוֹ אַל תִּירָא ב

ב

מְשׁוּלַּת מַיִם שַׁעֲשׁוּעַ יוֹם יוֹם
נֶפֶשׁ מְשִׁיבַת לְיוֹצְאֵי פִדְיוֹם
סַחְרָהּ טוֹב מִסְּחַר כֶּסֶף בְּקִיּוּם
עַל כֵּן אָנֹ<כִי> מְצַ<וְּךָ> הַיּוֹם <שמ׳ לד:יא>

פִּיקּוּדֶיךָ נֶחֱמָדִים מִפָּז
צִיוּוּיָהּ מֵאִיר עֵינַיִם לַמְסֻלָּאִים בְּפָז
קוֹשְׁטְ מִילּוּלָהּ חָשׁוּק כְּזָהָב מוּפָז
רֹאשׁוֹ כֶּתֶם פָּז <שה״ש ה:יא>

שִׁיעוּר מִידָּתָהּ אֲרוּכָּה מֵאֶרֶץ הִיא
שְׁבוּיַת מָרוֹם נִקְרֵאת הִיא
תְּמִימָה וִיקָרָה מִפְּנִינִים הִיא
תִּינָּה לַתְּמִימִים וְנָם לֹא בַשָּׁמַיִם הִיא

ככ׳ לא בשמים <הוא לאמר מי יעלה לנו השמימה ויקחה לנו וישמענו אתה ונעשנה> <דב׳ ל:יב>
ונ׳ עלית למרום <שבית שבי לקחת מתנות באדם ואף סוררים לשכן יה אלהים> <תה׳ סח:יט>
ונ׳ עיר גיבורים <עלה חכם וירד עז מבטחה> <מש׳ כא:כב>
ונ׳ ראשו כתם פז <קוצותיו תלתלים שחרות כעורב> <שה״ש ה:יא>
ונ׳ [ו]החכמה מאין תמ<צא ואי זה מקום בינה> <איוב כח:יב>

בִּינָה תוֹסִיף לָעֲמוּסִים
אֲשֶׁר בְּצִילָּךְ חוֹסִים
הַזִּיל מִשְּׁמֵי פְרוּסִים
תְּחָיַית גִּשְׁמֵי רְסִיסִים ב

ג

יוֹם טְמוּנִים יְפָוּעֲנְחוּ
פִּילְאָךְ עִם זוּ יְסוֹחֲחוּ
וּמִכָּל צַעַר וָדוֹחַק יָנוּחוּ
נָהָר פְּלָגָיו יְשַׂמְּחוּ <תה׳ מו:ה>

הִיא מוֹרָשָׁה בְּרָחְבָּהּ וְאָרְכָּהּ
הוֹרִישָׁהּ לַאֲיוּמָּתוֹ לְהַמְתִּיק חִיכָּהּ
אֱלֹהִים הֵיבִין דַּרְכָּהּ
לֹא יָדַע אֱנוֹשׁ עֶרְכָּהּ <איוב כח:יג>

דִּיבּוּרָהּ פָּתַר לְיָפָה כְּתִרְצָה
רַב הָעֲלִילִיָּה גְּדוֹל הָעֵיצָה
יוֹמָם וָלַיְלָה בָּהּ לְהַמְלִיצָה
אֵשֶׁת חַיִל מִי יִמְ<צָא> <מש׳ לא:י>

הֱיוֹת כַּנָּהָר שְׁלוֹמֶיךָ הֶאֱזַנְתָּה
לְאוֹם אֲשֶׁר תָּאַבְתָּה
וּבְמִלּוּלָךְ לוֹ הִשְׁמַעְתָּה
לְמִצְוֹתַי לֹא הִקְשַׁבְתָּה

ככ׳ לוא הקש<בת למצותי ויהי כנהר שלומך וצדקך כגלי הים>
<יש׳ מח:יח>
ונ׳ לא ידע אנוש ער<כה ולא תמצא בארץ החיים> <איוב כח:יג>
ונ׳ נהר פלגיו <ישמחו עיר אלהים קדש משכני עליון> <תה׳ מו:ה>
ונ׳ אשת חיל <מי ימצא ורחק מפנינים מכרה> <מש׳ לא:י>
ואת<ה> ק<דוש יושב תהלות ישראל> <תה׳ כב:ד>

ד עַד מָתַי נָסוּר מִמִּצְוֹתֶיךָ וּמִיפִּקּוּדֶיךָ הַמְדֻובָּר
מֵעוֹל צָר אֲשֶׁר עָלֵינוּ גָּבָר
וּבָז לְדָבָר יֵחָבֶל לוֹ כִּי נִידְבָּר
הַמֶּלֶךְ צִוַּנִי דָבָר <ש״א כא:ג>

יוֹמָם וָלַיְלָה לַהֲגוֹת בְּתוֹרָתוֹ
בְּכָל לֵב וּבְכָל נֶפֶשׁ וּבְכָל מְאֹד לֶאֱהוֹב אוֹתוֹ
כְּהֵיעִיד בָּם וְהִקְשִׁיבָם יְקַר שְׁבוּעָתוֹ
זִכְרוּ תּוֹרַת מֹשֶׁה עַ<בְדִּי> אֲ<שֶׁר> צִ<וִּיתִי> א<וֹתוֹ> <מלאכי ג:כב>

לְמַנּוֹת עֲלֵיכֶם אֲנָשִׁים חֲכָמִים וּנְבוֹנִים
בְּחָכְמָה מְבִינִים וְהֵם נֶאֱמָנִים
לְדַקְדֵּק בְּטֻומְאָה וְטָהֳרָה בְּתִשְׁעִים וּשְׁמוֹנֶה פָּנִים
וְעַתָּה אֲלֵיכֶם הַ<מִּצְוָה> הַזֹּ<את> הַכֹּהֲנִים <מלאכי ב:א>

לְבָרֵךְ יַחַד כָּל קְהַל יִשְׂרָאֵל
לִזְכּוֹת וּלְזַכּוֹת נָם יְקוּתִיאֵל
לְהוֹדִיעַ לְעַם נוֹשַׁע בַּיי אַשְׁרֶיךָ יִשְׂרָאֵל
צַו אֶת בְּנֵי יִשְׂרָאֵל <ויק׳ כד:ב>

וְהִלְוִיתָ גּוֹיִם רַבִּ[ים] וְאַ[תָּה] לֹא תִלְוֶה
כְּמוֹ לְיִשְׁעִי תִקְוֶה
וְלִשְׁמוֹר מִצְוֹתַי לֵב תְּשַׁוֶּה
וְרֵיעֲךָ בָּהּ תַּרְוֶה כְּכָל אֲשֶׁר אָ<נֹכִי> מְצַוֶּה <דב׳ ד:ב>

פץ חיי וק<יים>

ה אָמְנָם עַל מִצְוָה הַזֹּאת וְחָכְמָתָהּ הַמְצֻוְיָּנָה
שָׁאַל עָנָיו לַשָּׁמַיִם וְסָחוּ לוֹ בֶּאֱמוּנָה
בֵּיאוּר הַמִּצְוָה וְחָכְמָתָהּ כברבכה נְתוּנָה
וֶהֱשִׁיבוּהוּ וְהַחָכְמָה מֵאַיִן תִּמָּ<צֵא> וְאֵ<י> זֶ<ה> מְ<קוֹם> בִּינָה <איוב כח:יב>

הָרִאשׁוֹנָה שָׁאַל לַתְּהוֹם גַּלֵּי לִי אִם יֵשׁ בָּךְ חָכְמָה מְכֻוֶּנֶת הִיא
אֲבַקֵּשׁ לְלַמְּדָהּ לְעַם מְקַבְּלֵי הֶגְיוֹנֵי בִּזְהִי
דִּיבֶּר לוֹ מִמַּעַל מִצְוַת הַמֶּלֶךְ הִיא
תְּהוֹם אָמַר לֹא בִי הִיא <איוב כח:יד>

הַשְּׁנִיָּה שָׁאַל לַיָּם הָועָלְמָה בָּךְ עֵין מַחֲמַדִּי
תָּאַבְתִּי לְהַנְחִילָהּ לִקְהַל יְדִידִי
וּפָץ מַה תַּעֲשֶׂה וְעַל יָדְךָ הִנְחִילָהּ דּוֹדִי
וְיָם אָמַר אֵין עִמָּדִי <איוב כח:יד>

זֹאת מְשׁוּלָה בְזָהָב וּבִזְכוּכִית תּוֹאֳרָהּ סוּיִם
לִימּוּדָהּ קָשֶׁה לִקְנוֹת כְּזָהָב וְנוֹחַ לְאַבֵּד כִּזְכוּכִית מְקֻוָּיָם
אִם תַּעַזְבֶיהָ יָמִ[ים] תַּעַזְבָךְ שָׁנִים וּבְלִיבָּךְ לֹא תְקֻוָּיָם
כִּי הִיא אֲרוּכָּה מֵאֶ<רֶץ> מִ<דָּהּ> וּרְ<חָבָה> מִיָּם <איוב יא:ט>

טִיכֵּס בִּימִינָהּ אֲרִיכוּת יָמִים הוֹגֵי בָהּ לְהִיפָּרַע
וּבִשְׂמֹאלָהּ עוֹשֶׁר וְכָבוֹד אֲשֶׁר לֹא יִיגָּרַע
יוֹשֵׁב וְעוֹסֵק בָּהּ יִוּצַּל מִפֶּגַע רָע
שׁוֹמֵר מִצְוָה לֹא יֵדַע דָּבָר רָע <קה׳ ה:ה>

כְּתוּבָה בְּשִׁבְעִים לָשׁוֹן וּמְבוֹאָרָה
וּקְרוּאָה שֵׁימוֹת שִׁבְעִים בַּאֲמִירָה
לִבְחוּרָה מִשִּׁבְעִים פְּתוּרָה בְּטוּמְאָה וְטָהֳרָה
פִּיקּוּדֵי יי יְשָׁ<רִים> מְשַׂ<מְּחֵי> לֵ<ב> מִצְ<וַת> יי בָּרָה <תה׳ יט:ט>

ו אוֹמֶץ חֻוקֵּי תוֹרָה זֹאת
אֲשֶׁר נָחֲלָה גִּינַּת אֱגוֹזוֹת
בְּכֵן לֹא נִפְלֵאת הִיא וְלֹא רְחוּקָה זֹאת
כִּי הַמִּצְוָה הַזֹּאת <דב׳ ל:יא>

גּוֹדֶל חֻוקָּהּ הָאָמוּר
וּפִתְרוֹנָהּ אֲשֶׁר בְּאַהַב גָּמוּר
דִּקְדּוּק דָּתוֹתֶיהָ הַשָּׁמוּר
לֹא בַשָּׁמַיִם הִ[יא] לֵאמֹר <דב׳ ל:יב>

הֲלִיכוֹתֶיהָ רְחָבָה מִיָּם
אֲשֶׁר נָתַן חַיי וְקַיָּים
וַאֲרוּכָּה מִנִּי אֶרֶץ כְּקִיווּיָם
וְלֹא מֵעֵבֶר לַיָּם <דב׳ ל:יג>
זֶה לוֹבֵשׁ [הוד ו]הדר

גִּידֵּל אִמְרֵי תוֹרָה לִמְאֹד מְאֹד
חֻוקִּים טוֹבִים נָתַן לָךְ בְּלִי לִמְעוֹד
כִּי קָרוֹב אֵלֶיךָ הַדָּבָר מְאֹד <דב׳ ל:יד>

טַעֲמֵי לֶקַח טוֹב
הַנִּשְׁמָעִים בְּמַה נָּעִים וּמַה טוֹב
יַחַד לְהַדְרִיכָךְ בִּנְתִיב טוֹב
רְאֵה נָתַתִּי לְפָנֶיךָ הַיּ<וֹם> אֶ<ת> הַחַ<יִּים> וְאֶ<ת> הַטּ<וֹב> <דב׳ ל:טו>

כָּלוּל תְּהִי לִפְנֵי ייי אֱלֹהֶיךָ
כִּי אֵין כַּאדוֹנֶיךָ וְכֵאלֹהֶיךָ
לָעַד בְּכָל נַפְשָׁךְ וּבְכָל עֲמָלֶיךָ
לְאַהֲבָה אֶת ייי אֱלֹהֶיךָ <דב׳ ל:טז>

מְאֹד תַּאֲרִיךְ יָמִים בְּטוֹבָתָהּ
לְפִיקּוּדֵי אִם אָבִיתָה
נַחֲלַת בְּנֵי בָנִים לִרְאוֹתָהּ
וְחָיִיתָה וְרָבִיתָה <דב׳ ל:טז>

סוֹר אִם תָּסוּר מֵאַחֲרֵי אוֹהַבְךָ
אֲשֶׁר תַּשְׁלִיךְ עָלָיו יְהָבְךָ
עוֹד יְהִי הוּא אוֹיִבְךָ
וְאִם יִפְנֶה לְבָבְךָ <דב׳ ל:יז>

פִּיקּוּדָיו אִם מִלִּשְׁמוֹעַ תְּזִידוּן
וּכְפוֹשְׁעִים וּכְמוֹרְדִים תִּמְרְדוּן
צַלְמֵי הַגּוֹיִם אִם תַּעֲבוֹדוּן
הִגַּדְתִּי לָכֶם הַיּוֹם כִּ<י> אָ<בֹד> תֹּאבֵ<דוּן> <דב׳ ל:יח>

קְדוֹשִׁים אֲשֶׁר כַּעֲפַר הָאָרֶץ
הַנְּתוּנִים בְּרָכָה בְּקֶרֶב הָאָרֶץ
רָחוֹק לֹא תִרְחֲקוּ מֵאִמְרֵי אֲרוּכָּה מֵאֶרֶץ
הַעִידוֹתִי בָכֶם הַ<יּוֹם> אֶ<ת> הַשָּׁ<מַיִם> וְאֶ<ת> הָאָ<רֶץ> <דב׳ ל:יט>

שַׁדַּי שֵׁינִי אֵין לוֹ
בְּרָכָה וּקְלָלָה עָרַךְ לִקְהָלוֹ
תָּמִים פָּעֳלוֹ לְרוֹמֵם שְׁמוֹ וּלְגַדְּלוֹ
לְאַהֲבָה אֶת יי אֱלֹהֶיךָ לִשְׁ<מוֹעַ> בְּקֹ<לוֹ> <דב׳ ל:כ>

ז אָמְנָם בְּהַרְחִיבִי לָכֶם מְקוֹם לֵב וְעֵינָיִם
מִצְוַת יי בָּרָה מְאִירַת עֵינָיִם <תה׳ יט:ט>

גִּילָּה דָגוּל לְיָפָה כְּתִרְצָה
יָפוּצוּ מַעְיְנוֹתֶיךָ חוּצָה <מש׳ ה:טז>

הוֹדָךְ וְזִיוָוךְ אַבְהִיק כַּמַּיִם
בָּרְחוֹבוֹת פַּלְגֵי מַיִם <מש׳ ה:טז>

זַעַק חִינּוּנָךְ הָיָה עוֹלֶה לִמְעוֹנוֹתָיי
לֻוא הִקְשַׁבְתָּ לְמִצְוֹתָיי <יש׳ מח:יח>

טַעְמִי יֶעֱרַב לְפָנֶיךָ אֵל
צִדְקָתְךָ כְּהַרְרֵי אֵל <תה׳ לו:ז>

כִּי לְעַמָּךְ הִנְחַלְתָּה דָת כְּתוּבָה
מִשְׁפָּטֶיךָ תְּהוֹם רַבָּה <תה׳ לו:ז>

מִמַּעַל נִיתְּנָה מְוּאֱרֶכֶת לִמְאֹד
רְחָבָה מִצְוָתְךָ מְאֹד <תה׳ קיט:צו>

סִידּוּרָהּ עַל יַד עָנָיו יָרַד בְּטַעַם
דְּרָכֶיהָ דַרְכֵי נוֹעַם <מש׳ ג:יז>

פּוֹצְחֵי צִפְצוּפָהּ אַצְהִיל בְּדִיצָה
לְהָבִין מָשָׁל וּמְלִיצָה <מש׳ א:ו>

קָבַע רָם בְּתוֹכָהּ קִינְיָינֵי תַעֲלוּמָה
כָּל זוֹ נִיסִּיתִי בַחָכְמָה <קה׳ ז:כג>

שִׁימּוּשָׁהּ תֹּאהַב כְּלִימּוּדָהּ פֶּץ לְאוֹם בּוֹ דְבוּקָה
בִּינוּ בְּמַאֲמַר אָמַרְתִּי אֶחְכָּמָה וְהִיא רְחוֹקָה <קה׳ ז:כג>

ובכן ולך תע[לה קדושה]

א

1 **אתה**: ה׳. **מנהיג**: משה. 2 **באר היטב**: התורה, על פי דב׳ כז,ח: וכתבת על האבנים את כל דברי התורה הזאת באר היטב. **לסדור**: לערוך. 3 **לתדור**: להגיד תמיד. 5 **היא...נפלאת**: התורה, על פי דב׳ ל,יא: לא נפלאת הוא. **מאהובים**: בני ישראל. 6 **ומכונת**: התורה נקראת. **אילת אהבים**: על פי מש׳ ה,יט: אילת אהבים ויעלת חן. 7 **זאת התורה**: על פי דב׳ ד,מד: וזאת התורה אשר שם משה לפני בני ישראל. 9 **טוכס**: סודר. **בימינה...ימים**: התורה, על פי מש׳ ג,טז: אורך ימים בימינה. 10 **יומן**: נתמנה, ניתן. **בשמאלה...[ו]כבוד**: התורה, על פי מש׳ ג,טז: בשמאולה עשר וכבוד, בכ״י צ״ל כבוד ועושר. 11 **שומר מצוה**: קה, ח,ה, ר טור 14. **יתאשר**: יהיה מאושר. 18 **עיניים תאירה**: על פי תה׳ יט,ט, ר׳ טור 17. 19 **לאום...וברה**: ישראל, ר׳ [ז],ג,13. 20 **שה פזורה**: ישראל, על פי יר׳ נ,יז: שה פזורה ישראל. 21 **בצ<דק> א<ב>**: בזכות אברהם. **נמתה**: אמרת. **אל תירא**: על פי בר׳ טו,א: אל תירא אברם אנכי מגן לך.

ב

1 **משולת מים:** נמשלו דברי תורה למים, הש׳ שהש״ר א,יט: נמשלו דברי תורה במים... הוי כל
צמא לכו למים (יש׳ נה,א). **שעשוע...יום:** התורה, על פי מש׳ ח,ל: ואהיה שעשועים יום יום. 2
נפש משיבת: התורה, על פי תה׳ יט,ח: תורת ה׳ תמימה משיבת נפש. **ליוצאי פדיום:** בני ישראל
היוצאים לגאולתם. 3 **סחרה...כסף:** התורה, על פי מש׳ ג,יד: כי טוב סחרה מסחד כסף. **בקיום:**
בקיום מצוות התורה. 5 **פיקודיך:** מצוותיך. **נחמדים מפז:** על פי תה׳ יט,יא: הנחמדים מזהב ומפז
רב. 6 **מאיר עיניים:** ר׳ א,17-18. **למסולאים בפז:** ישראל, על פי איכה ד,ב: בני ציון היקרים
המסלאים בפז. 7 **קושט מילולה:** תורת אמת. **חשוק:** צמוד, מחובר. **כזהב מופז:** על פי מ״א י,יח:
ויצפהו זהב מופז. 9 **שיעור...מארץ:** התורה, על פי איוב יא,ט: ארכה מארץ מדה, ר׳ בר״ר י,א:
חוץ מדבר אחד שאין לו סיקוסים ואי זו זו התורה שנאמר ארוכה מארץ מדה ורחבה מני ים. 10
שבוית מרום: התורה היתה גנוזה בשמים, ר׳ טור 14. 11 **תמימה:** על פי תה׳ יט,ח: תורת ה׳
תמימה. **ויקרה...היא:** על פי מש׳ ג,טו: יקרה היא מפנינים. 12 **תינה:** ה׳ דיבר. **לתמימים:** לבני
ישראל. **ונם:** ואמר. 18 **לעמוסים:** ישראל, ר׳ [ז],ו,27. 19 **אשר...חוסים:** על פי תה׳ לו,ח: בצל
כנפיך יחסיון. 20 **משמי פרוסים:** מן השמים הפרושים. 21 **תחיית...רסיסים:** רסיסי גשמים
לתחיית המתים, ר׳ שה״ש ה,ב: קוצותי רסיסי לילה.

ג

1 **יום...יפוענחו:** ביום שנתגלו צפונות התורה. 2 **פילאך:** ר׳ תה׳ עז,יב: כי אזכרה מקדם פלאך. **עם
זו:** ישראל, ר׳ [כד],ה,15. **יסוחחו:** ידברו. 3 **ודוחק:** לחץ. 5 **היא מורשה:** התורה, על פי דב׳ לג,ד:
תורה צוה לנו משה מורשה קהלת יעקב. **ברחבה וארכה:** על פי איוב יא,ט: ארכה מארץ מדה
ורחבה מני ים. 6 **לאיומתו:** ישראל, ר׳ [יד],א,1. **להמתיק חיכה:** על פי שה״ש ה,טז: חכו ממתקים.
7 **אלהים...דרכה:** על פי איוב כח,כג. 9 **פתר:** ה׳ פירש. **ליפה כתרצה:** ישראל, ר׳ [כח],ה,19. 10
רב...העיצה: ה׳, על פי יר׳ לב,יט: גדל העצה ורב העליליה. 11 **בה להמליצה:** להבין בתורה משל
ומליצה. 13 **היות...שלומיך:** על פי יש׳ מח,יח, ר׳ טור 17. **האזנתה:** השמעת. 14 **לאום...תאבתה:**
ישראל. 15 **ובמלולך...השמעתה:** לו השמעת להם את תורתך.

ד

1 **נסור ממצותיך:** על פי דנ׳ ט,ה: וסור ממצותיך וממשפטיך. **ומיפקודיך:** אולי לשון יחיד בגלל
הפועל שלאחריו. **המדובר:** המצוות ופיקודים שעליהם דיבר ה׳ בתורה. 3 **ובז...לו:** על פי מש׳
יג,יג. **כי נידבר:** כך נאמר. 5 **להגות:** ללמוד. 6 **בכל...אותו:** על פי דב׳ ו,ה: ואהבת את ה׳ אלהיך
בכל לבבך ובכל נפשך ובכל מאדך. 7 **כהיעיד בם:** על פי דב׳ לא,כח: ואעידה בם את השמים ואת
הארץ. **והקשיבם:** והשמיע להם. **יקר שבועתו:** שבועתו היקרה. 9 **אנשים...ונבונים:** על פי דב׳
א,יג: הבו לכם אנשים חכמים ונבנים. 11 **לדקדק...פנים:** הש׳ עירובין יג, ע״ב: על כל דבר ודבר
של טומאה ארבעים ושמונה טעמי טומאה ועל כל דבר ודבר של טהרה ארבעים ושמונה טעמי
טהרה, שהש״ר ב,ד: התורה שנדרשת מ״ט פנים טהור ומ״ט פנים טמא. 13 **כל... ישראל:** על פי
דב׳ לא,ל: וידבר משה באזני כל קהל ישראל את דברי השירה הזאת. 14 **לזכות ולזכות:** הש׳
יומא פז, ע״א: אשריהם לצדיקים לא דיין שהן זוכין אלא שמזכין לבניהם ולבני בניהם עד סוף כל
הדורות. **נם:** אמר. **יקותיאל:** משה, ר׳ [כה],ו,3. 15 **לעם...ישראל:** על פי דב׳ לג,כט: אשריך
ישראל מי כמוך עם נושע בה׳. 17 **והלוית...תלוה:** על פי דב׳ כח,יב. 18 **כמו... תקוה:** על פי בר׳
מט,יח: לישועתך קויתי ה׳. 19 **ולשמור...תשוה:** תכוון את לבך כדי לשמור את מצוות ה׳.

ה

1 **מצוה...וחכמתה:** התורה. **המצוינה:** המיוחדת. 2 **עניו:** משה, ר׳ [ט],ה,15. **וסחו לו:** השמים ענו
למשה. 3 **המצוה וחכמתה:** ר׳ טור 1. **כברבכה:** צ״ל כברכה. 5 **הראשונה:** הפעם הראשונה.
שאל: משה שאל; אין מקום ישיר, אבל הש׳ שבת פט, ע״א: וא״ר יהושע בן לוי בשעה שירד משה
מלפני הקב״ה בא שטן ואמר לפניו רבונו של עולם תורה היכן היא אמר לו נתתיה לארץ הלך
אצל ארץ אמר לה תורה היכן היא אמרה לו אלהים הבין דרכה וגו׳ הלך אצל ים ואמר לו אין
עמדי הלך אצל תהום א״ל אין בי שנאמר תהום אמר לא בי היא וים אמר אין עמדי. **גלי לי:**
תגלה לי. **חכמה...היא:** התורה. 6 **לעם...הגיוני:** עם ישראל המקבל את דברי תורתי. **בזהי:**

בזהיון, בפאר. 7 **דיבר לוך** התהום דיבר למשה. **ממעל**: תורה מן שמים. **המלך**: ה׳. 9 **השנייה**:
הפעם השנייה. **הועלמה בך**: האם התורה נחבאה בים? **עין מחמדי**: מחמד עיני: התורה. 10
תאבתי: רציתי. **לקהל ידידי**: ישראל. 11 **ופץ**: ואמר. **מה...דודי**: כבר הנחיל ה׳ את התורה ע״י
משה. **דודי**: ה׳, על פי שה״ש ה,י: דודי צח ואדום, ועוד. 13 **זאת...ובזכוכית**: התורה, על פי איוב
כח,יז: לא יערכנה זהב וזכוכית. **תוארה סוים**: כך הוגדר תוארה של התורה. 14 **לימודה... מקוים**:
הש׳ ירוש׳ חגיגה ב,א: דברי תורה קשין לקנות ככלי זהב ונוחין לאבד ככלי זכוכית. 15
אם...שנים: אם תעזוב את התורה לימים, היא תעזוב אותך לשנים, הש׳ ירוש׳ ברכות ט,ה: יום
תעזביני ימים אעזבך. **ובליבך...תקוים**: התורה לא תתגשם בלבך. 17 **טיכס**: סידר, קבע. **בימינה**
...ימים: על פי מש׳ ג,טז, ר׳ א,9. **הוגי...להיפרע**: ליטול שכר לאלה שלומדים תורה. 18
ובשמאלה...וכבוד: ר׳ א,10. **אשר... ייגרע**: על פי דב׳ יג,א: ולא תגרע ממנו. 19 **מפגע רע**: על פי
מ״א ה,יח: ואין פגע רע. 21 **כתובה...מבוארה**: הש׳ משנה סוטה ז,ה: וכתבו עליו את כל דברי
התורה בשבעים לשון שנאמר באר היטב (דב׳ כז,ח). 22 **שימות שבעים**: הש׳ שהש״ז א,יב:
שבעים שמות קרא שלמה לתורה. 23 **לבחורה משבעים**: עם ישראל נבחר מבין שבעים האומות,
הש׳ סא״ר יח: הפרשתה את ישראל מתוך שבעים אומות. **פתורה**: מפורשת בתורה. **בטומאה**
וטהרה: ר׳ ד,11.

ו

1 **אומץ**: כח. **תורה זאת**: על פי דב׳ ד,מד: וזאת התורה. 2 **נחלה**: קיבלה כנחלה. **גינת אגוזות**:
ישראל, על פי שה״ש ו,יא: אל גנת אגוז ירדתי. 3 **בכן**:אז. **לא... זאת**: על פי דב׳ ל,יא. 5 **גודל**:
גדולה. 6 **ופתרונה**: וביאורה. **אשר...גמור**: שנלמד באהבה. 7 דקדוק **דתותיה**: דיוק מצותיה. 9
הליכותיה: דרכי התורה. **רחבה מים**: התורה, על פי איוב יא,ט, ר׳ ג,5. 10 **חיי וקיים**: ה׳, על פי דנ׳
ו,כז: אלהא חיא וקים. 11 **וארוכה...ארץ**: התורה, על פי איוב יא,ט, ר׳ ג,5. **כקיווים**: אולי צ״ל
כקויים: כפי שנאמר. 13 **זה...[ו]הדר**: ה׳, על פי תה׳ קד,א: הור והדר לבשת, צ״ל הדר והוד. 14
גידל...מאד: ה׳ הרבה את מצוות התורה עד מאוד. 15 **חוקים טובים**: על פי נח׳ ט,יג: חקים
ומצות טובים. **בלי למעוד**: לא לטעות. 17 **טעמי**: מצוות. **לקח טוב**: התורה, על פי מש׳ ד,ב: כי
לקח טוב נתתי לכם. 18 **במה... טוב**: ישראל, על פי תה׳ קלג,א: הנה מה טוב ומה נעים. 19 **יחד**:
יחד עם זה. **להדריכך...טוב**: על פי תה׳ קיט,לה: הדריכני בנתיב מצותיך. 21 **כלול תהי**: ישראל
תהיה שלמה, תמימה. 23 **לעד**: לעולם. **בכל נפשך**: על פי דב׳ ו,ה. **עמליך**: מעשיך. 25
מאד...ימים: ר׳ א,9. **בטובתה**: של התורה. 26 **לפיקודי... אביתה**: אם תעסוק במצוותי. 27
נחלת...לראותה: אז נחלתך שתראה בנים ובני בנים. 29 **סור...אוהבך**: אם באמת תעזוב את ה׳
שהוא אוהב אותך. 30 **אשר...יהבך**: על פי תה׳ נה,כג: השלך על ה׳ יהבך. 31 **הוא אויבך**: ר׳
איכה ב,ה: היה אדני כאויב. 33 **פיקודיו...תזידון**: אם בכוונה לא תשמעו למצוותיו, על פי נח׳
ט,כט: והמה הזידו ולא שמעו. 34 **וכפושעים...תמרדון**: על פי יח׳ כ,לח: **ומרדים** והפושעים בי.
35 **צלמי...תעבודון**: על פי דב׳ ל,יז: והשתחוית לאלהים אחרים ועבדתם. 37 **קדושים**: בני
ישראל. **כעפר הארץ**: על פי בר׳ יג,טז: ושמתי את זרעך כעפר הארץ. 38 **ברכה...הארץ**: על פי
יש׳ יט,כד. 39 **מאמרי...מארץ**: מצוות התורה, ר׳ טור 11. 42 **ברכה וקללה**: על פי דב׳ ל,יט: נתתי
לפניך ברכה וקללה. **לקהלו**: לישראל. 43 **תמים פעלו**: ה׳, על פי דב׳ לב,ד: הצור תמים פעלו.
לרומם...ולגדלו: על פי תה׳ לד,ד: גדלו לה׳ אתי ונרוממה שמו יחדו.

ז

1 **בהרחיבי...מקום**: ר׳ יש׳ נד,ב: הרחיבי מקום אהלך. **לב ועינים**: בית המקדש, על פי מ״א ט,ג: והיו
עיני ולבי שם כל הימים. 3 **דגול**: ה׳, ר׳ [ז],ב,1. **ליפה כתרצה**: ישראל, ר׳ [כח],ה,19. 5 **הודך...כמים**
ה׳ יעשה את הודה של ישראל והדרה צחים כמים. 7 **זעק חינונך**: זעקת תפלתך. **למעונותיי**:
לשמים, ר׳ [ג],ד,13. 9 **טעמי**: תפלתי. **יערב...אל**: על פי תה׳ קד,לד: יערב עליו שיחי. 11 **דת**
כתובה: תורה שבכתב. 13 **ממעל**: מן השמים. **ניתנה...למאד**: על פי מש׳ ג,טז, ר׳ א,9. 15 **סידורה**:
התורה בעריכתה. **עניו**: משה, ר׳ [ט],ה,15. **בטעם**: כמצוה. 17 **פוצחי צפצופה**: בני ישראל
המתפללים. **אצהיל בדיצה**: אֲשַׂמֵּחַ אותם בגילה. 19 **רם**: ה׳, על פי תה׳ קלח,ו: כי רם ה׳. **בתוכה**:
בתוך התורה. **קינייני תעלומה**: סודות התורה, ר׳ שמ״ר מו,ב: אני נותן לך שיהא בהם הלכות מדרש
ואגדות הה״ד ויגד לך תעלומות חכמה (איוב יא,ו). 21 **שימושה...כלימודה**: הש׳ ברכות ז, ע״ב:
גדולה שמושה של תורה יותר מלמודה. **פץ**: אמר. **לאום...דבוקה**: ישראל, על פי דב׳ ד,ד: ואתם
הדבקים בה׳. 22 **בינו במאמר**: תבינו במה שנאמר בפסוק.

[ל] האזינו <דב׳ לב:א>

א אִיזֵן עָנָיו לְאַנְשֵׁי בִינוֹת
בִּיטּוּי הַבְטָחוֹת וְתוֹכָחוֹת וּבְרָכוֹת מְצוּיָּינוֹת
גַּם חוּקָּה וְעֵדוֹת שִׁימְּעָם בִּרְנָנוֹת
דִּבְרֵי חֲכָמִים כַּדָּרְבוֹנוֹת <קה׳ יב:יא>

הִקְשִׁיבָם יִהְיוּ אִמְרֵיכֶם לְרָצוֹן
וְתִקְרְאוּ וְיַעֲנֶה אֶתְכֶם בְּרָצוֹן
זֶבֶד טוֹב יַזְבִּיד לְמַרְעִית צֹאן
חֶמְאַת בָּקָר וַחֲלֵב צֹאן <דב׳ לב:יד>

טַפֵּי יָפָה וּבָרָה
יִהְיוּ שְׁמוּרִים מִכָּל צָרָה
כַּאֲשֶׁר עֲלִיתוֹ לִשְׁמֵי שִׁפְרָה
לָכֵן אַתְחִיל בָּם הַאֲזִינוּ הַשָּׁמַיִם וַאֲדַבֵּרָה

ככ׳ האזינו <השמים ואדברה ותשמע הארץ אמרי פי> <דב׳ לב:א>
ונ׳ חמאת בקר <וחלב צאן עם חלב כרים ואילים בני בשן ועתודים עם חלב כליות חטה ודם ענב תשתה חמר> <דב׳ לב:יד>
ונ׳ השמים שמים לייי <והארץ נתן לבני אדם> <תה׳ קטו:טז>
ונ׳ שאו שמים עיניכם <והביטו אל הארץ מתחת כי שמים כעשן נמלחו והארץ כבגד תבלה וישביה כמו כן ימותון וישועתי לעולם תהיה וצדקתי לא תחת> <יש׳ נא:ו>
ונ׳ ברוכים אתם לייי <עשה שמים וארץ> <תה׳ קטו:טו>
ונ׳ כולם נכוחים למבין <וישרים למצאי דעת> <מש׳ ח:ט>

דַּעַת וּבִינָה תוֹסִיף לִידִידִים
תְּהִילָּתוֹ בִּקְהַל חֲסִידִים
תְּמַגֵּן עַם לָךְ מְיַחֲדִים
בְּצֶדֶק יָצָא מֵאוּר כַּשְׂדִּים ב

ב מוֹכִיחַ לְעַמּוֹ הָיָה יְקוּתִיאֵל
נָתַן לֶקַח טוֹב לְעַם אֵל
סְתוּם חָכְמָה הוֹדִיעָם וְקָבַע אִמְרֵי אֵל
עֵדוּת בְּיַעֲקֹב וְתוֹרָה שָׂם בְּיִשְׂרָאֵל <תה׳ עח:ה>

פִּינְּקָם בְּמָן וּסְלָיו כְּאַמָּתַיִים
צִבְאוֹת קְהַל חֵיילוֹתַיִים
קִיֵּים לָהֶם כְּלָל וּפְרָט וּפֵירְשָׁם לְעָנָיו [בִּשְׁתַּיִים]
רֶכֶב אֱלֹהִים רִיבּוֹתַיִים <תה׳ סח:יח>

שְׁמַעְיָה אֲשֶׁר מֵאֲדוֹנוֹ עֵיצָה נָטַל
שׁוֹדְדִים כּוּלָּם עַל יָדָיו הוּטַל
תָּאַב לְדַבֵּר דְּבָרוֹ יְבַסֵּס וַיִּינָּטַל
תָּכַף וְאָמַר יַעֲרוֹף כַּמָּטָר לִקְחִי תִּיזַּל כַּטַּל

כב׳ יערף <כמטר לקחי תזל כטל אמרתי כשעירם עלי דשא וכרביבים עלי עשב> <דב׳ לב:ב>

ונ׳ ויקם עדות <ביעקב ותורה שם בישראל אשר צוה את אבותינו להודיעם לבניהם> <תה׳ עח:ה>

ונ׳ רכב אלהים <רבתים אלפי שנאן אדני בם סיני בקדש> <תה׳ סח:יח>

ונ׳ פיה פתחה בחכמה <ותורת חסד על לשונה> <מש׳ לא:כו>

לְשׁוֹנָהּ הוֹגָה לְשׁוֹן לִימּוּדִי
לְעוֹרֵר טַל עַל מֵיתֶיהָ בְּעָמְדִי
לְהַחֲיוֹת בְּחוֹזֶק יָדִי
תַּעַן חַיִּים וָחֶסֶד עָשִׂיתָה עִמָּדִי <איוב י:יב> ב

ג
יְקָר הַנֶּאֱמָר בּוֹ בְּטַעַם
וַיֵּאתֶה רָאשֵׁי עָם
וּמִמֶּנּוּ לָמַד כָּל נָבִיא בְּנוֹעַם
סוֹד ייי לִירֵאָיו וּבְרִיתוֹ לְהוֹדִיעָם <תה׳ כה:יד>

הַנְּשִׁיכוֹת אֲשֶׁר הָיוּ נוֹשְׁכִים לֶאֱמוּנָיי
נְשִׁיקוֹת הָיוּ בְּעֵינֵי נְבוֹנָיי
וּמוֹדֶה וְעוֹזֵב יְרוּחָם כְּהִבְטַחְתָּה לַהֲמוֹנֵי בְּיַד נֶאֱמָנַי
אֲמָרַיי הַאֲזִינָה ייי <תה׳ ה:ב>

דִּבְּרָה כְּתִרְצָה יָפָה
לְהָחִישׁ לָהֶם אֲרוּכָה וּתְרוּפָה
וְסִילּוּד בְּחִילָה כְּעָגוּר צִיפְצְפָה
אִמְרַת ייי צְרוּפָה <תה׳ יח:לא>

הָאִישׁ מֹשֶׁה אֲשֶׁר עָלָה לִשְׁמֵי עֶרֶץ
הֵעִיד בָּנוּ שָׁמַיִם וָאָרֶץ
וּבֶן אָמוֹץ כְּמוֹתוֹ הֵעִיד בְּמֶרֶץ
שִׁמְעוּ שָׁמַיִם וְהַאֲזִינִי אֶרֶץ

כב׳ שמעו שמים <והאזיני ארץ כי ה׳ דבר בנים גדלתי ורוממתי והם פשעו בי> <יש׳ א:ב>

ונ׳ סוד ייי ליראיו <ובריתו להודיעם> <תה׳ כה:יד>
וא<תה> ק<דוש יושב תהלות ישראל> <תה׳ כה:ד>

אל נא

ד עַד מָתַי נֵשֵׁב חוּצָה לָאָרֶץ
וְשַׂר מַלְכוּת אֱדוֹם נִתְעַלָּה עַד שְׁמֵי עָרֶץ
הַשְׁפִּילֵהוּ וְהוֹרִידֵהוּ עַד תַּחְתִּיּוֹת אָרֶץ
וְיִשְׂמְחוּ הַשָּׁמַיִם וְתָגֵל הָאָרֶץ <תה׳ צו:יא>

כִּי מֶמְשַׁלְתָּךְ בַּשָּׁמַיִם וְשִׁילְטוֹנָךְ בָּאָרֶץ
וְכָל אֲשֶׁר בַּשָּׁמַיִם כֵּן יֵשׁ בָּאָרֶץ
בַּעֲבוּרֵינוּ הֵעִיד עָנָיו בַּשָּׁמַיִם וְהִסְהִיד בָּאָרֶץ
הַאֲזִינוּ הַשָּׁמַיִם וַאֲדַבֵּרָה וְתִשְׁמַע הָאָרֶץ <דב׳ לב:א>

וּבֶן חוֹזֶה אֲשֶׁר רָאָה מַרְאִית אֲדוֹן אֶרֶץ
לָמַד מֵעָנָיו וְהֵעִיד בַּ[שָּׁמַיִם] וּבָאָרֶץ
עֲבוּר סְפוּרִים כְּכוֹכְבֵי שָׁמַיִם וּמְשׁוּלִים כַּעֲפַר אָרֶץ
נָם שִׁמְעוּ שָׁמַיִם וְהַאֲזִינִי אֶרֶץ <יש׳ א:ב>

וְכָל נָבִיא וְחוֹזֶה וִיכַּח וּבֵירַךְ לְקְרוּ[אֵי] חֵפֶץ אֶרֶץ
לַהֲשִׁיתָם בְּרָכָה בְּקֶרֶב הָאָרֶץ
בְּכֵן נִתְבָּרְכוּ בְּבִירְכָּתָךְ נוֹטֶה שָׁמַיִם וְיוֹסֵד אָרֶץ
בְּרוּכִים אַתֶּם לַייי עוֹשֵׂה שָׁמַיִם וָאָרֶץ <תה׳ קטו:טו>

יְשׁוֹכְלַל מְשׂוֹשׂ כָּל הָאָרֶץ
וּלְפָנֵינוּ יַעֲלֶה הַפּוֹרֵץ
וּזְמִירוֹת יַשְׁמִעַ מִכְּ[נַף] הָאָרֶץ
וְהָיָה ייי לְמֶלֶךְ עַל כָּל הָאָרֶץ <זכ׳ יד:ט>
וּנְפוּצוֹת יְהוּדָה יְקַבֵּץ מֵאַרְבַּע כַּנְפוֹת הָאָרֶץ <יש׳ יא:יב>

חיי וקיים

ה אָמְנָם שָׁלוֹשׁ שִׁירוֹת חֲרוּת[וֹת] וּרְמוּזוֹת
שְׁתַּיִם בַּתּוֹרָה וְאַחַת בְּשׁוֹפְטִים חֲרוּזוֹת
בָּהֶם חִיֵּיב הַ[בָּא] לְכָותְבָם כְּמוֹהֶם נִרְמָזוֹת
בְּוַיִּכְתֹּב מֹשֶׁה אֶת הַשִּׁירָה הַזֹּאת <דב׳ לא:כב>

רִ[אשׁוֹנָה] גֵּאֶה בִשְׁמֵי מְרוֹמֵיהוּ
לְפָנָיו כְּעָלְתָה שַׁוְעַת עַמֵּיהוּ
דְּרוֹר הִשְׁ[יגָם] כְּהֶעֱבִירָם יַ[מֵּ]יהוּ
וְהִיא שִׁירַת וַיּוֹשַׁע ייי בַּיּוֹם הַהוּא <שמ׳ יד:ל>

שְׁנִיָּה [הֵימָן] כְּעָלָה לִשְׁמֵי שִׁיפְרָה וְהוֹרִיד יְקָרָה
הֵיעִיד וְהִכְרִיז דּוֹק וָחֶלֶד שׁ[לֹא י..] וְלֹא יָקִיאוּ בָרָה
וְעָרַב בְּרָכָה וְתוֹכֵיחָה זֶה וָזֶה בְסֵדֶר הַמְיוּקָּרָה
וְהִיא שִׁירַת הַאֲזִינוּ הַשָּׁמַיִם וַאֲדַבֵּרָה <דב׳ לב:א>

שְׁלִישִׁית זְמַן יְהִירִים פָּצוּ סִ[יסְרָא בְּ]הַכְּנִיעָם
וְשָׂמְחָה נְבִיאָה וְשׁוֹרְרָה בְטוּב טַעַם
חַיִי כְּיָצָא לְיֵשַׁע [עַמּוֹ] וְקָשַׁב קוֹל נִיעְנוּעָם
וְהִיא שִׁירַת וַתָּשַׁר דְּבוֹרָה וּבָרָק בֶּן אֲבִינוֹעַם <שופ׳ ה:א>

[טָו]כְּסוּ בְיוֹם אֶחָד שְׁלֹשׁ עֶשְׂרֵי תוֹרוֹת אִילוּפִי
אַחַת אַחַת לְכָל שֵׁבֶט [צִפְ]צוּפִי
וְאַחַת לְעֵדוּת אַלּוּפִי
כְּפֶץ וְהוּא קָרוֹב לַשָּׁמַיִם וְתִשְׁמַע הָאָרֶץ אִמְרֵי פִּי <דב׳ לב:א>

כָּל נָבִיא וְחוֹזֶה אֲשֶׁר הָיוּ בִקְדוֹשֵׁי
חָכְמָה וּמוּסָר לָמְדוּ מִמַּיִם מוּמְשֵׁה
לְעֵת חָתַם תּוֹרָה בִּבְרָכָה וּבֵרַךְ מְקוּדָּשַׁי
וְלֹא קָם נָבִיא עוֹד בְּיִשְׂרָאֵל כְּמֹשֶׁה <דב׳ לד:י>

אל נא

ו האזינו השמים

אוֹמֶר אֲשֶׁר אֲדַבְּרָה וַאֲסַפְּרָה
בְּעַד [נָ]אוָה וּשְׁחוֹרָה
בְּמַעַל הִתְחִיל עָנָיו לְדַבְּרָה
הַאֲזִינוּ הַשָּׁמַיִם וַאֲדַבֵּרָה <דב׳ לב:א>

[גֶּפֶן אֲ]שֶׁר הִסִּיעַ יוֹצֵר רוּחִי
דִּבְרֵי שֶׁבַח וְדִבְרֵי גְנַיִי לָהּ בְּפַעְנְחִי
דָּאִיתִי [אֶרֶץ וְ]שָׁמַיִם בְּפָוצְחִי
יַעֲרֹף כַּמָּטָר לִקְחִי <דב׳ לב:ב>

הוֹרֵיתִי לְאוֹם כְּרָמִים [נוֹטֵרָה]
[טֶרֶם] גַּעְתִּי לְמִיתָה בֵּין טֻומְאָה וְטָהֳרָה
וְהִקְשַׁבְתִּי בְאָזְנָם נוֹאַם [..רה]
כִּי שֵׁם יי אֶקְרָא <דב׳ לב:ג>

זֶה צַדִּיק וְיָשָׁר בְּכָל מִפְעָלוֹ
הִפְצִיחַ בְּיוֹם [..]ה וְנָם עָנָיו בְּמִילוּלוֹ
דָּבָר הִשְׁמִיעַ לְמוֹעֵד מַיִם בְּשָׁעֳלוֹ
הַצּוּר תָּמִים [פָּעֳ]לוֹ <דב׳ לב:ד>

זֶה הָאִישׁ חִינֵּן וּבִיקֵּשׁ
שֶׁלֹּא יְהֵא בְעַמּוֹ אֶחָד מִתְעַקֵּשׁ
חָטְאוּ [וַיָּחֶ]לּוּ אוֹרַח [עִי]קֵּשׁ
שִׁיחֵת לוֹ לֹא בָּנָיו מוּמָם דּוֹר עִיקֵּשׁ <דב׳ לב:ה>

טוֹב וּמֵטִיב [... ... ...]
[... ... ...]
[יְקוּ]תִיאֵל הֵעִי[ד בָּזֹאת]
הַלְ[יי תִּגְמְלוּ זֹאת] <דב׳ לב:ו>

[כ.. ...] לִפְנֵי [...] בְּרִיּוֹתָיי
הוֹדַעְתִּי לְנוֹחֲ[לַיי] דָּתוֹתָיי
לְהַרְאוֹת לָהֶם מַעַשׂ נִפְלְאוֹתָיי
הֲלֹא הוּא כָּמֻוס עִמָּדִי חָתוּם בְּאוֹ[צְרוֹתָ]יי <דב׳ לב:לד>

מִזְּקֵנֶיךָ תִישְׁאַל וְתָבִין לְ[מִיל]וּלָם
וְכַאֲשֶׁר יוֹרוּךָ תִשְׁמַ[ע בְּקוֹלָם]
נְ[חוֹל] חַיִּים עַד הָעוֹלָם
[זְ]כוֹר יְמוֹת עוֹלָם <דב׳ לב:ז>

שְׁדֵה עֲמָ[לֵק רֵאשִׁי]ת גּוֹיִם
וּמִגְּבוּרָתָם [יִיעָ]שׁוּ גוֹיִם
עֶלְיוֹן יַצֵּב לְמִסְפַּ[ר בְּנֵי יִשְׂרָאֵל] תְּחוּם גּוֹיִם
בְּהַנְחֵל עֶלְיוֹן גּוֹיִם <דב׳ לב:ח>

פּוֹאַר אֵל בְּמַקְהֲלוֹת אֲ[יֻוּמָּתוֹ]
אֵין כָּמוֹהוּ וְאֵין זוּלָתוֹ
צוּר בָּחַר וְחָשַׁק צֹאן מַרְעִיתוֹ
כִּי חֵלֶק ייי עַמּוֹ יַעֲקֹב חֶבֶל נַחֲלָתוֹ <דב׳ לב:ט>

קָרֵיב אֲקָרֵב קוֹרֵא בַּמִּדְבָּר
וּבָאָרֶץ יְהִי פִּיסַּת בָּר
רַחֲשִׁי אָקִים לְעוֹלָה מִמִּדְבָּר
יִמְצָאֵ[הוּ] בְּאֶרֶץ מִדְבָּר <דב׳ לב:י>

שְׁבָטָיו יְשׁוֹבֵב לִמְכוֹנוֹ
וְ[כַיּ]וֹנִים אֶל אֲ[רֻבֹּ]תֵיהֶם יְבִיא[וּם] לַאַרְמוֹנוֹ
תּוֹלַעַת יַעֲקֹב יָבֹ[וֹא אל ..]נוֹ
כְּנֶשֶׁ[ר יָעִיר קִ]ינּוֹ <דב׳ לב:יא>

ז [א..]רתי [ב..] לְדוֹק וְאַרְקָ[א ...יבה]
לַיי הָאָרֶץ וּמְלֹ[וֹאָ]הּ תֵּבֵל וְ[יוֹשְׁבֵי בָהּ] <תה׳ כד:א>

[ג.. ד.. ... בא ב.. ..הי]
כִּי הוּא אָמַר וַיֶּהִי <תה׳ לג:ט>

הר[..] בם ול[.. ... ...]
כִּי שָׁמַיִם כֶּעָשָׁן נִמְלָחוּ <יש׳ נא:ו>

זַךְ חָ[סַךְ] עַל יְחִי[דָ]תִי
תִּיזַּל כַּ[טַּל אִמְרָ]תִי <דב׳ לב:ב>

ט[וֹב יָ]צַר כֹּל לְמַעֲנֵיהוּ
[צַדִּיק וְיָשָׁר ה]וּא <דב׳ לב:ד>

[כִּי לְ]כֹל רֹאשׁ מִ[תְנַשֵּׂא]
וּמִי יֹאמַר [לוֹ] מַה תַּעֲשֶׂה <קה׳ ח:ד>

[מ..] נ[וֹרָא]וֹתֶיךָ שָׁמַיִם
[באר]ץ וכל א[שר ...] [illegible]

[שְׂרָ]פִים עוֹמְדִים [מִ]מַּעַל לוֹ וְהַכֹּל מְבַלֶּה
וְהָאָרֶץ כַּבֶּגֶד תִּיבְלֶה <יש׳ נא:ו>

פּוֹעַל צִידְקָךְ יְמַלְלוּ שׁוֹכְנֵי אֶרֶץ
מִקְצֵה הָאָרֶץ וְעַד קְצֵה הָאָרֶץ <דב׳ יג:ח>

קִירְאוּ בָּרְחָבָה מִנִּי יָם וּבָהּ אַאֲרִיךְ חַיֵּיכֶם
כִּי לֶקַח טוֹב נָתַתִּי לָכֶם <מש׳ ד:ב>

שִׁמְעוּ תְּמִימִים וְלִדְרָכַיי תָּשׁוּבוּ
תּוֹרָתִי אַל תַּעֲזוֹבוּ <מש׳ ד:ב>

א

1 **איזן**: הודיע. **עניו**: משה, ר׳ [ט],ה,15. **לאנשי בינות**: זקני השבטים. 2 **ביטוי... וברכות**: משה מסר דברי תורה לזקני ישראל. **מצויינות**: מיוחדות. 3 **חוקה ועדות**: התורה. **שימעם**: השמיע להם. **ברננות**: בשמחה, על פי תה׳ סג,ו: שפתי רננות. 5 **הקשיבם**: משה הודיע לזקני ישראל. **יהיו...לרצון**: על פי תה׳ יט,טו: יהיו לרצון אמרי פי. 6 **ותקראו...להם**: על פי יש׳ סה,כד: והיה טרם יקראו ואני אענה. 7 **זבד...יזביד**: על פי בר׳ ל,כ: זבדני אלהים אתי זבד טוב. **למרעית צאן**: ישראל, ר׳ [כד],ב,6. 9 **טפי**: בנים, צאצאים. **יפה וברה**: ישראל, ר׳ [ז],ג,13. 11 **עליתו**: כשה׳ העלה את משה. **לשמי שפרה**: השמים, על פי איוב כו,יג: ברוחו שמים שפרה. 19 **דעת ובינה**: הש׳ תנח״ב בהעלתך לא: אמר לו הקב״ה אני נתתי בך בינה ודעת לפרנס את בניי. **לידידים**: ישראל, ר׳ [כב],ו,22. 20 **תהילתו...חסידים**: על פי תה׳ קמט,א. 21 **עם...מיחדים**: ר׳ [כח],ז,13. 22 **בצדק**: ר׳ [כט],א,21. **יצא...כסדים**: אברהם יצא, על פי בר׳ יא,לא: ויצאו אתם מאור כשדים.

ב

1 **מוכיח**: אומר תוכחות. **יקותיאל**: משה, ר׳ [כה],ו,3. 2 **לקח טוב**: התורה, ר׳ [כט],ו,17. **לעם אל**: ישראל, ר׳ [כה],ו,1. 3 **סתום...הודיעם**: על פי תה׳ נא,ח: בסתם חכמה תודיעני. **אמרי אל**: על פי

במ׳ כד,ד: נאם שמע אמרי אל. 5 **פינקם**: ה׳ פינק את בני ישראל. **במן...כאמתיים**: הש׳ במ׳
יא,ט,לא: וברדת הטל על המחנה לילה ירד המן עליו... ויגז שלוים מן הים ויטש על המחנה כדרך
יום כה וכדרך יום כה סביבות המחנה וכאמתים על פני הארץ. 6 **צבאות...חיילותיים**: צבאות
ישראל למחניהם. 7 **קיים...ופרט**: הש׳ סוטה לז, ע״ב: כללות ופרטות נאמרו בסיני. **ופירשם**: ה׳
פירש כלל ופרט. **לעניו**: משה, ר׳ [ט],ה,15. **[בשתיים]**: אולי מובנו: בשתי תורות, תורה שבכתב
ותורה שבעל פה. 9 **שמעיה**: משה, הש׳ ויק״ר א,ג: אף שמעיה היה שמו... שמעיה ששמע אל
תפילתו. **עיצה**: התורה, על פי מש׳ יט,כ: שמע עצה וקבל מוסר. **נטל**: לקח. 10 **שודדים...הוטל**:
משה השמיד את כל הפושעים במעשה העגל. 11 **תאב**: רצה. **יבסס ויינטל**: כך בכה״י, לא ברור.
12 **תכף ואמר**: אמר בתכיפות. 17 **לשונה...לימודי**: עם ישראל לומר תורה, הש׳ יש׳ נ,ד: אדני ה׳
נתן לי לשון למודים. 18 **לעורר... בעמדי**: כשאני, ה׳, עומד להוריד טל תחיית המתים, ר׳
[א],ב,16. 19 **בחוזק ידי**: הש׳ שמ׳ יג,ג: בחזק יד. 20 **תען**: ישראל תענה.

ג

1 **יקר...בו**: מתיחס אל משה. **בטעם**: התורה, על פי תה׳ קיט,סו: טוב טעם. 2 **ויאתה...עם**: על פי
דב׳ לג,כא: ויתא ראשי עם צדקת ה׳ עשה. 3 **וממנו**: ממשה. **בנועם**: בנעימות, הש׳ תה׳ כז,ד:
לחזות בנעם ה׳. 5 **הנשיכות...נושכים**: דברי תוכחות הנביאים. **לאמוניי**: ישראל, על פי תה׳
לא,כד: אמונים נצר ה׳. 6 **נשיקות**: אמרו הנביאים תוכחות לטובה, הש׳ ספרי דב׳ שמב: וממנו
למדו כל הנביאים שהיו אומרים לישראל דברים קשים תחילה וחוזרים ואומרים להם דברים
ניחומים. **נבוני**: על פי דב׳ א,יג: הבו לכם אנשים חכמים ונבנים. 7 **ומודה...ירוחם**: על פי מש׳
כח,יג. **כהבטחתה...נאמני**: כפי שה׳ הבטיח לישראל ע״י הנביאים. 9 **כתרצה יפה**: ישראל, ר׳
[כח],ה,19. 10 **להחיש**: להביא במהירות. **ארוכה ותרופה**: הגאולה, על פי יר׳ לג,ו: הנני מעלה לה
ארכה ומרפא. 11 **וסילוד בחילה**: פאר ביראה, על פי איוב ו,י: ואסלדה בחילה. **כעגור ציפצפה**:
על פי יש׳ לח,יד: כסוס עגור כן אצפצף. 13 **האיש משה**: על פי במ׳ יב,ג. **עלה...ערץ**: על פי שמ׳
יט,ג: ומשה עלה אל האלהים. 14 **העיד...וארץ**: על פי דב׳ לא,כח: ואעידה בם את השמים ואת
הארץ. 15 **ובן אמוץ**: ישעיהו, על פי יש׳ א,א: חזון ישעיהו בן אמוץ. **כמותו העיד**: כמשה,
ישעיהו העיד כמו שמשה העיד. **במרץ**: בחריפות.

ד

1 **עד...לארץ**: כמה זמן נשב עוד בגלות חוץ לארץ ישראל? 2 **ושר...נתעלה**: על פי ויק״ר כט,ב:
שרי אומות העולם... ושל אדום עולה ועולה ואינו יודע כמה. 3 **השפיליהו**: על פי איוב מ,יא:
וראה כל גאה והשפילהו. **והורידהו...ארץ**: הש׳ תה׳ סג,י: בתחתיות הארץ. 6 **וכל...בארץ**: הש׳
תה׳ קלה,ו: כל אשר חפץ ה׳ עשה בשמים ובארץ. 7 **העיד...בארץ**: הש׳ דב״ר י,ג: אמר אם קורא
אני לשמים הארץ רוגזת ואם אני קורא לארץ השמים רוגזים אמר הריני קורא לשניהם. **עניו**:
משה, ר׳ [ט],ה,15. 9 **ובן חוזה**: ישעיהו, על פי ויק״ר ו,ו: ישעיה הנביא בן אמוץ שהיה נביא בן
נביא. **מראית**: חזון. **אדון ארץ**: ה׳. 10 **והעיד...ובארץ**: על פי יש׳ א,ב, ר׳ טור 12. 11
ספורים...שמים: ישראל, על פי בר׳ טו,ה: וספר הכוכבים. **ומשולים...ארץ**: ישראל, על פי בר׳
כח,יד: והיה זרעך כעפר הארץ. 12 **נם**: אמר. 13 **ויכח**: אמר תוכחות. **לקרו[אי]...ארץ**: ישראל,
על פי מלאכי ג,יב: כי תהיו אתם ארץ חפץ. 14 **להשיתם**: לשים אותם. **ברכה...הארץ**: על פי יש׳
יט,כד. 15 **בכן...בבירכתך**: כך נתברכו בני ישראל בברכת ה׳. **נוטה...ארץ**: ה׳, על פי יש׳ נא,יג.
17 **ישוכלל**: ישוחזר, ייבנה בשלמות. **משוש...הארץ**: ירושלים, על פי תה׳ מח,ג. 18
ולפנינו...הפורץ: על פי מיכה ב,יג: עלה הפרץ לפניהם. 19 **וזמירות...הארץ**: על פי יש׳ כד,טז:
מכנף הארץ זמרת שמענו.

ה

1 **חרות[ות]**: כתובות. 3 **בהם...נרמזות**: הכוונה כנראה למי שכותב את השירות האלה, הוא חייב
להעתיק אותן כפי שנרמזות בתורה ובשופטים. 5 **ר[אשונה]**: השירה הראשונה. **גאה**: ה׳, על פי
שמ׳ טו,א: אשירה לה׳ כי גאה גאה. 6 **לפניו...עמידהו**: כשעלתה לפני ה׳ צעקת ישראל, הש׳ שמ׳
ב,כג: ותעל שועתם אל האלהים. 7 **דרור...י[מ]יהו**: ה׳ שיחרר את ישראל כשהעביר אותם דרך
הים. 9 **שניה**: השריה השנייה. **[הימן]**: משה, על פי ב״ב טו, ע״א: הימן זה משה. **כעלה**: כשהוא
עלה. **לשמי שפרה**: ר׳ א,11. **יקרה**: התורה, על פי מש׳ ג,טו: יקרה היא מפנינים. 10 **דוק וחלד**:

שמים וארץ, על פי יש' מ,כב: הנוטה כדוק שמים, תה' מט,ב: האזינו כל ישבי חלד. **יקיאו**: הש'
ויק' יח,כח: ולא תקיא הארץ אתכם. **ברה**: ישראל, ר' [ז],ג,13. 11 **וערב...וזה**: משה צירף ברכות
ותוכחות. **המיוקרה**: התורה. 13 **שלישית**: השירה השלישית. **זמן**: בזמן. **יהירים**: האויבים, על פי
מש' כא,כד: זד יהיר לץ שמו. **פצו...[ב]הכניעם**: בזמן שהאויבים האמינו שסיסרא יכניע את בני
ישראל. 14 **נביאה**: דבורה, על פי שופ' ד,ד: ודבורה אשה נביאה. 15 **חיי**: ה', ר' [כט],ו,10.
כיצא...[עמו]: על פי חב' ג,יג: יצאת לישע עמך. **קול ניענועם**: רינתם. 17 **[טו]כסו**: סודרו.
ביום...אילופי: הש' פדר"כ נספח א: שלש עשרה תורות כתב משה, י"ב לי"ב שבטים, ואחד לשבטו
של לוי. **ביום אחד**: באותו היום. **אילופי**: לימודי. 18 **[צפ]צופי**: דיבורי. 19 **ואחת**: ותורה אחת.
לעדות אלופי: ארון העדות אשר לשבט לוי. 20 **כפץ**: כשאמר. 21 **כל...וחוזה**: הש' ד,13.
בקדושי: בין הקדושים, בין בני ישראל. 22 **חכמה ומוסר**: הש' מש' א,ב: לדעת חכמה ומוסר.
ממים מומשה: משה, ר' [יא],ה,19. 23 **לעת...בברכה**: משה חתם את התורה בברכה, ר' דב' לג,א:
וזאת הברכה. **מקודשי**: בני ישראל.

ו

2 **[נ]אווה ושחורה**: ישראל, על פי שה"ש א,ה: שחורה אני ונאוה. 3 **במעל**: בשמים. **עניו**: משה,
ר' [ט],ה,15. 5 **[גפן]...הסיע**: ישראל, על פי תה' פ,ט: גפן ממצרים תסיע. **יוצר רוחי**: ה', על פי זכ'
יב,א: ויצר רוח אדם בקרבו. 6 **דברי...בפענחי**: כשאני מגלה לישראל ברכה ותוכחה. 7
דאיתי...בפוצחי: מיהרתי לדבר אל שמים וארץ. 9 **לאום...[נוטרה]**: ישראל, על פי שה"ש א,ו:
שמני נטרה את הכרמים. 10 **[טרם]...למיתה**: לפני שמשה הגיע למות. **בין...וטהרה**: על גבול ארץ
ישראל. 11 **והקשבתי**: והודעתי. [..רה]: אולי להשלים: [אמירה]. 13 **זה...וישר**. ה', **על פי דב'**
לב,ד. 14 **הפציח**: השמיע שירה. **ונם**: ואמר. **עניו**: משה, ר' [ט],ה,15. **במילולו**: בדיבורו. 15
למודד...בשעלו: ה', על פי יש' מ,יב: מי מדד בשעלו מים. 17 **זה האיש**: משה, על פי שמ' לב,א:
כי זה משה האיש. 19 **אורח [עי]קש**: הש' מש' ב,טו: ארחתיהם עקשים. 21 **טוב ומטיב**: ה', על
פי תה' קיט,סח: טוב אתה ומטיב. 23 **[יקו]תיאל**: משה, ר' [כה],ו,3. 26 **לנוח[לי] דתותיי**: בני
ישראל נחלו את מצוות התורה. 27 **מעש**: מעשה. 29 **מזקניך...ל[מיל]ולם**: הש' דב' לב,ז: שאל...
זקניך ויאמרו לך. 30 **וכאשר יורוך**: הש' דב' יז,י: ככל אשר יורוך. 31 **נ[חול]...העולם**: הש' דב"ר
י,א: הטה אזנך לתורה ואת נוחל חיים. 33 **שדה עמ[לק]**: הש' בר' יד,ז: ויכו את כל שדה עמלק.
[ראשי]ת גוים: על פי במ' כד,כ: ראשית גוים עמלק. 34 **ומגבורתם ...גוים**: אולי מובנו: הגוים
יתנהגו לפי גבורתם של בני ישראל. 35 **עליון...גוים**: על פי דב' לב,ח: בהנחל עליון גוים... יצב
גבלת עמים למספר בני ישראל. 37 **פואר**: מהולל. **א[יומתו]**: ישראל, ר' [יד],א,1. 38 **אין...זולתו**:
על פי ש"ב ז,כב: אין כמוך ואין אלהים זולתך. 39 **צור**: ה', ר' [ג],ד,13. **בחר וחשק**: על פי דב' ז,ז:
חשק ה' בכם ויבחר בכם. **צאן מרעיתו**: ישראל, ר' [כד],ב,6. 41 **קורא במדבר**: המשיח, על פי יש'
מ,ג: קול קורא במדבר. 42 **ובארץ...בר**: על פי תה' עב,טז: יהי פסת בר בארץ. 43 **רחשי**: דברי.
לעולה ממדבר: ישראל, על פי שה"ש ג,ו: מי זאת עלה מן המדבר. 45 **שבטיו ישובב**: ה' מחזיר
את שבטי ישראל. **למכונו**: למקומו, לבית המקדש, הש' שמ' טו,יז: מכון לשבתך. 46
ו[כי]ונים...א[רב]תיהם: על פי יש' ס,ח. **לארמונו**: לבית המקדש, על פי יר' ל,יח: וארמון על
משפטו ישב. 47 **תולעת יעקב**: ישראל, על פי יש' מא,יד: אל תיראי תולעת יעקב.

ז

1 **לדוק וארק[א]**: שמים וארץ, ר' ה,10, על פי יר' י,יא: די שמיא וארקא. 7 **זך**: ה'. **ח[סן]**: ריחם.
יחי[ד]תי: הנפש, על פי תה' כב,כא: הצילה מחרב נפשי מיד כלב יחידתי. 9 **ט[וב]... למעניהו**: על
פי מש' טז,ד: כל פעל ה' למענהו. 11 **[כי]...מ[תנשא]**: ה', על פי דה"א כט,יא: והמתנשא לכל
לראש. 15 **[שר]פים...לו**: על פי יש' ו,ב. **והכל מבלה**: הכל נשחת, רק ה' חי לעולם. 17 **פועל
צידקך**: ה', על פי תה' טו,ב: הולך תמים ופעל צדק. **ימללו**: ידברו, יגידו. 19 **קיראו**: תקראו.
ברחבה...ים: התורה, ר' [כט],ב,9. **ובה...חייכם**: ר' [כט],א,9. 21 **תמימים**: בני ישראל.

[לא] וזאת הברכה <דב׳ לג:א>

א
אֲבִיגְדוֹר בֵּירַךְ לִמְ[קַבְּלַי] דָת אֵיתָיו
בְּעֵת גָּעָה עִיתּוֹ נָם אַחֲרַיי אֵיךְ יִחְיוּ
גֶּזַע בְּרוּכִים בְּצֵל אֵל יֶחֱסָיוּ
דְּשֵׁנִים וְרַעֲנַנִּים יִהְיוּ <תה׳ צב:טו>,

הַמֶּזֶג הַזֶּה קָדוֹשׁ וּטְהוֹרִי
וְשִׁיתְלוֹ וְזַרְעוֹ [אַל] תְּחַסֵּר יוֹצְרִי
זִימּוּן בִּרְכָתִי תַדְבֵּק בָּם כְּסִידּוּרִי
חַיי ייי וּבָרוּךְ צוּרִי <תה׳ יח:מז>

טוֹבִיָּיה צִיוָּם אוֹרַח חַיִּים לְהִתְהַלְּכָה
יוֹם בֵּירְכָם בִּשְׁמוּרָה וַעֲרוּכָה
כִּי לִשְׁבָטָיו הִנְחִיל מַרְפֵּא וַאֲרוּכָה
לָהֶם בֵּרַךְ זאת הַבְּרָכָה

ככ׳ וזאת הברכה <אשר ברך משה איש האלהים את בני ישראל לפני מותו> <דב׳ לג:א>
ונ׳ עוד ינובון <בשיבה דשנים ורעננים יהיו> <תה׳ צב:טו>
ונ׳ טוב <עין הוא יברך כי נתן מלחמו לדל> <מש׳ כב:ט>
ונ׳ כי נפשו בחייו <יברך ויודך כי תיטיב לך> <תה׳ מט:יט>
ונ׳ ברוכים אתם <לה׳ עשה שמים וארץ> <תה׳ קטו:טו>
ונ׳ ברוך ייי [... ...] <?>
ונ׳ ושמו את שמי <על בני ישראל ואני אברכם> <במ׳ ו:כז>

אֲבָרְכֵם בְּאַרְבַּע פִּינַּיי
בְּפוֹצְחָם אֵין [קָ]דוֹשׁ כַּיי
וִיג[וֹנְנוּ] נוֹאֲמַי
עֶזְרֵנוּ [בְּשֵׁ]ם יי <תה׳ קכד:ח>

ב
מִצְּדָ[קַת אָב]וֹת יְשֵׁינֵי מַכְפֵּלָה
[.......]

א

1 **אביגדור**: משה, השׁ׳ ויק״ר א,ג, גם מגילה, ע״א: גדור שגדר פרצותיהן של ישראל. **למ[קבלי]...איתיו**: לבני ישראל שבאו לקבל את התורה. 2 **בעת...עיתו**: כשהגיע מותו של משה. **נם**: אמר. **אחריי...יחיו**: איך ימשיכו לחיות אחרי מותי. 3 **גזע ברוכים**: בני ישראל. **בצל...יחסיו**: על פי תה׳ לו,ח: בצל כנפיך יחסיון. 5 **המזג הזה**: על פי שה״ש ז,ג: אל יחסר המזג: בני ישראל יקבלו מה שמגיע להם. **קדוש וטהורי**: ה׳. 6 **ושיתלו וזרעו**: ה׳ לא יפחית להם בנים. **יוצרי**: ה׳, על פי יש׳ מט,ה: ה׳ יוצרי. 7 **זימון ברכתי**: כוונת ברכת משה. **תדבק...כסידורי**: ה׳ יברך את ישראל לפי סידור הברכות לשבטי ישראל. 9 **טובייה**: משה, ר׳ [כו],ז,9. **ציום**: ציווה אותם. **אורח חיים**:

התורה, ר׳ [כז],ו,38. **להתהלכה**: ללכת בדרך התורה. 10 **יום בירכם**: ביום שמשה בירך אותם.
בשמורה וערוכה: התורה, על פי ש״ב כג,ה: כי ברית עולם שם לי ערוכה בכל ושמורה. 11 **מרפא**
וארוכה: התורה, על פי יר׳ לג,ו: הנני מעלה לך ארכה ומרפא. 20 **בארבע פיניי**: בארבע פינות
העולם, בגלות. 21 **בפוצחם**: כשהם אומרים. **אין...כיי**: על פי ש״א ב,ב. 22 **נואמי**: אלה
שמדברים בשמי.

ב

1 **ישיני מכפלה**: האבות, על פי בר׳ כג,ט: ויתן לי את מערת המכפלה.

FESTIVALS - מועדים

ראש השנה

[לב] מעמד ליהודה

א אִיפַּדְתָּה בְּצֶדֶק חָוק רֹאשׁ כָּל מוֹעֲדִים
בַּמִּשְׁפָּט הַכֹּל בּוֹ נוֹעָדִים
גִּישָׁתָם בִּתְחִנָּה מִתְוַעֲדִים
דּוֹבְרִים לְהָלִיץ יוֹשֶׁר שְׁלֹשָׁה עֵדִים

הֶעֱלֵיתָה בְמַחֲשֶׁבֶת עוֹלָם לִבְ[רוֹת]
וְהַשְׁבְעָה הִקְדַּמְתָּה מִכֹּל לְהוֹרוֹת
זִימּוּן הֲלָכוֹת מְבֻוחָרוֹת
חָוק שׁוֹפָר לִמְשׁוֹךְ בְּאֱמוּנוֹת הַדּוֹרוֹת

טָס אָב מֵעֵבֶר כְּנִיפְקַד
יִיקֵּר בֶּן שָׁלוֹשׁ שָׁנִים וּבְאֵימָה שָׁקַד
כָּמַהּ בֶּן מֵאָה לְחַנֵּן וְעַל יֶלֶד קָד
לְהִתְעַדֵּן בְּיִסְכָּה וַייי פָּקַד

ככת׳ וייי פקד את שרה כאשר אמר <ויעש ה׳ לשרה כאשר דבר> <בר׳ כא:א>

ונא׳ זכרני ייי ברצון עמך ופקדיני בישועתיך <תה׳ קו:ד>

ונא׳ והיה ביום ההוא יפקוד ייי על צבא המרום במרום ועל מלכי האדמה ועל האדמה <יש׳ כד:כא>

ונא׳ תקעו בחדש שופר בכסא ליום חגינו <תה׳ פא:ד>

ונא׳ כי חוק לישראל הוא משפט לאלהי יעקוב <תה׳ פא:ד>

ונא׳ מלכותך מלכות כל עולמים וממשלתך בכל דור ודור <תה׳ קמה:יג>

בְּכָל דּוֹר וָדוֹר מַלְכוּתֶיךָ
וּלְנֵצַח נְצָחִים מֶמְשַׁלְתֶּךָ
שְׁלַח אוֹרְךָ וַאֲמִתֶּךָ
וְהָגֵן בְּעַד נַחֲלָתֶיךָ

זָכְרֵינוּ לְחַיִּים
מֶלֶךְ רַחֲמָן חָפֵץ בַּחַיִּים
כָּתְבֵינוּ בְסֵפֶר חַיִּים
אֵל חַי וּמָגֵן ב מגן

ב מֵעֶשְׂרִים דּוֹר נִבְחַר אֵיתָן
נָגִיד וָרֹאשׁ לַיְּצִירִים נִיתָּן
סָקַר וְהֵבִין בְּיוֹשֶׁר מַתָּן
עָקוֹד נֶעֱקַד נָשָׂא וְלֹא נִתְמַתָּן

פְּאֵר נתע[.. ...] בֶּאֱמוּנָה
צָפָה כִּי נִתְמַנָּה רֹאשׁ לְשׁוֹשַׁנָּה
קָ[ם לִי] כְהִקְשִׁיב יִוֹקַח נָא
רַחַשׁ הֵפִיק בְּרֹאשׁ הַשָּׁנָה

שִׁיוַּע לְצוּר בְּחִנּוּן אֱמוּנָתוֹ
שַׁדַּי הֱשִׁיבוֹ אַל תִּשְׁלַח בְּסִיחָתוֹ
תַּחַת כִּי כָסַף נַפְשׁוֹ לְעֹלָה לַהֲשִׁיתוֹ
וּתְמָכוֹ עֵת נֶעְתַּר לְנֹכַח אִשְׁתּוֹ

ככת׳ ויעתר יצחק לייי לנכח אשתו כי עקרה היא <ויעתר לו ה׳ ותהר רבקה אשתו> <בר׳ כה:כא>
ונא׳ ויזכר אלהים את רחל <וישמע אליה אלהים ויפתח את רחמה> <בר׳ ל:כב>
ונא׳ ותהר ותלד שרה לאברהם בן לזקוניו <למועד אשר דבר אתו אלהים> <בר׳ כא:ב>
ונא׳ אשר כרת את אברהם ושבועתו ליצחק <דה״א טז:טז>

לְיִצְחָק עוֹלָם שֵׁנִי תְחַדֵּשׁ לְהַגְבֵּר
יוֹם זֶה יְצוּרִים בַּמִּשְׁפָּט לְהַעֲבֵר
רְחוּמֶיךָ יָעוּפוּ כַּנֶּשֶׁר לְהַאֲבֵר
יַנְחִית טַל לָהֶם לְהַסְבֵּר

מִי כָמוֹךָ אָב הָרַחֲמָן
זוֹכֵר יְצוּרָיו בְּרַחֲמִים ב מחיה המתים

ג יוֹם זֶה נִבְחַר מִיָּמִים
וְנִבְחֲרוּ בוֹ שְׁלֹשָׁה רְחוּמִים
עֲקָרוֹת אַרְבַּע לְהִ(י)פָּקֵד מְסֻוּיָּמִים
לְחַיֵּי עַד רְשׁוּמִים

הַנֶּחְתָּם בְּכִסְאֲךָ סִיחוֹ לִיבַּבְתָּה
וּשְׁמוֹ אִישׁ תָּם סִיגַּבְתָּה
וְעָלָיו בַּחֲלוֹם בְּסֻולָּם נִצַּבְתָּה
יְלָדִים שְׁנֵים עָשָׂר מִמֶּנּוּ הִצַּבְתָּה

דְּרִי[שׁוֹת ...] לִמְאֹד עָצְמָה
מַעֲשֵׂה כָּל שָׁנָה [בִּי לקימה]
אִם בְּצֶדֶק תָּלִין אֲיֻומָּה
תַּחְסוֹךְ מִמִּשְׁפָּט רָע וּמְהוּמָה

הִשְׁוֵיתָה כָּל פּוֹעַל לְהָבִין בְּמַשְׁמָע
מַעֲשֵׂה יוֹם זֶה לִבְדּוֹק כְּחֹק שִׁמַּע
סִיחֵנוּ פְּנֵי אֵל יִוּשְׁמַע
בְּאֵם (נִזְכְּרָה) וְנִפְקְדָה בְּמִשְׁמָע

ככת׳ וישמע אלהים את נאקתם <ויזכר אלהים את בריתו את אברהם את יצחק ואת יעקב> <שמ׳ ב:כד>
ונא׳ ועלו מושיעים בהר <ציון לשפט את הר עשו והיתה לה׳ המלוכה> <עוב׳ א:כא>
ונא׳ ימלוך ייי לעולם אלהיך ציון לדור ודור <הללויה> <תה׳ קמו:י>
ואתה קדוש יושב <תהלות ישראל> <תה׳ כב:ד>

אל נא

ד מִפְּעַל כָּל מִפְקָד מִיּוֹם זֶה שֶׁקַּדְתָּה
כֹּל לְהַעֲבִיר בַּדִּין פְּקַדְתָּה וְצֵרַפְתָּה
אֵיתָנֵי צֶדֶק בְּהוֹד יִקַּרְתָּה
וְרַבֹּת בָּנוֹת עִיטַּרְתָּה

רֹאשׁ לַזְּמַנִּים יוֹם זֶה קָבַעְתָּה
וְלָדוּן הַכֹּל בּוֹ הֵיכַנְתָּה
וְגֵאוּת בּוֹ לָבַשְׁתָּה
וְחַסְדֵי יְצוּרִים בּוֹ זָכַרְתָּה

בִּתְרוּעָה וְקוֹל שׁוֹפָר רָצִיתָה וְנִתְפָּאַרְתָּה
וְעַל כֹּל נִתְאַדַּרְתָּה
וּבִשְׁמֵי מַעְלָה דַּרְתָּה
וְכוֹבַע יְשׁוּעָה נִתְרוֹמַמְתָּה

כי אתה אלהי עולם

ה אָמְנָם חָמֵשׁ עֲקָרוֹת נֶעְצְרוּ בְּרַחֲמָתַיִם
וְצַר לָמוֹ בְנַעֲרוּת וְנִפְרְחוּ בְזִקְנָה עַל הָאָבְנָיִם
בְּכֵן אַרְבַּע לְשֶׁעָבַר וַחֲמִישִׁית לֶעָתִיד בְּרוֹב צִירָיִם
וְהוֹצִיא כָאוֹר צִדְקֶךָ וּמִשְׁפָּטֶיךָ כַּצָּהֳרָיִם <תה׳ לז:ו>

הָרִאשׁוֹנָה גָּעָה לְתִשְׁעִים וְנֻוּתַּן לָהּ בְּשׂוֹרָה
לַמּוֹעֵד אָשׁוּב אֵלֶיךָ וְהִנֵּה בֵן נִתְבַּשְּׂרָה
דִּבְּרָה עֲצָרַנִי מִלֶּדֶת וּבַסּוֹף [נִ]תְיַשְּׁרָה
וַתֹּאמֶר מִי מִילֵּל לְאַבְרָהָם הֵינִיקָה בָנִים שָׂרָה <בר׳ כא:ז>

הַשְּׁנִיָּיה הִיא בַת בְּתוּאֵל הַנֶּעֱקָרָה בְּיוֹצְאֵי רְחָמִים
הֻועַקְּרָה בַתְּחִלָּה עַד עֵת גָּעוּ לְ[בָּהּ] רַחֲמִים
וְעִיתֵּר לְנִכְחָהּ וַיִּמְלְאוּ מָתְנֶיהָ בִתְאוֹמִים
וַיֹּאמֶר ײ לָהּ שְׁנֵי גוֹיִים בְּבִטְנֵךְ וּשְׁנֵי לְאֻומִּים <בר׳ כה:כג>

הַשְּׁלִישִׁית זֹאת יְפַת תּוֹאַר אֲשֶׁר אֵל הֱרִימָהּ
וְנָמָה הָבָה לִּי בָנִים וּבִגְעָרָה הִדְמִימָהּ
חִינּוּנָהּ נָשְׂאָה וּזְכָרָהּ מְרַחֲמָהּ
וַיִּשְׁמַע אֵלֶיהָ אֱלֹהִים וַיִּפְתַּח אֶת רַחְמָהּ <בר׳ ל:כב>

הָרְבִיעִית טוֹעֶנֶת אוֹנַח כִּי עֲקָרָהּ אֵל
חֲשָׁבָהּ עֵלִי לְשִׁכּוֹרָה כְּנִתְחַנְּנָה בְּבֵית אֵל
יָהּ זְכָרָהּ לָלֶדֶת ותהואל
וַתַּהַר הָאִשָּׁה וַתֵּלֶד בֵּן וַתִּקְרָא אֶת שְׁמוֹ שְׁמוּאֵל <ש״א א:כ>

הָעֲקָרָה הַחֲמִישִׁית כִּי יִשְׁלַם קֵץ וּכְבוֹדוֹ יִגָּלֶה
וּמְשׁוֹבֵב עֲקֶרֶת הַבַּיִת וְאֶבְיוֹן יִדְלֶה
עֵת יָדִין דִּינָהּ מוֹרִיד וּמַעֲלֶה
וְאָמַרְתְּ בִּלְבָבֵךְ מִי יָלַד לִי אֶת אֵלֶּה <יש׳ מט:כא>

Variant readings:

T.S. N.S. 275.52 = **ג** ; T.S. N.S. 243.55 = **ב** ; T.S.N.S. 101.30 (basic text) = **א**
Oxford Heb.e.37, fol. 16a-17a = **ה** ; Strasbourg 4077 (lines 1-8) = **ד**
NY Adler 1640, fol. 11 = **ז** ; T-S N.S. 235.39 (lines 16-24) = **ו** ; (lines 1-16)
(lines 2-16)

2 **ונפרחו**] וסגו **ד**. \ 3 **ארבע**] שש **ז**. **וחמישית**] ושביעית **ז**. \ 5 **וגעה**] געת **ז**. וגעת **בד**. **ונותן**] ונתן **ב**. ואתת **דז**. \ 7 **ובסוף**] לסוף **ז**. **[נ]תישרה**] להתיסרה **ב**. \ 8 **מילל**] מלל **ה**. \ 9 **השנייה**] השניה **ז**. **הנעקרה**] המבורכה **ז**. **השנייה...רחמים**] שנייה נעקרה כמו עקרות סוכותו **ה**. \ 10 **ל[בה]**] לב **ב**. **הועקרה...רחמים**] דבר תחן להשמיע לחישתו **ה**. נעקרה בתולה עד געו לה רחמים **ז**. \ 11 **ועיתר ...בתאומים**] הקשיב שיחו שוכן מעונתו **ה**. ויעתר לנכחה ויפתחו מעיניה כתהומים **ז**. \ 12 **ויאמר ...לאומים**] ויעתר לו ותהר רבקה אשתו <בר׳ כה:כא> **ה**. \ 13 **אל**] לו **ב**. להוסיף: אל **ז**. \ 15 **חינונה**] חינתה **ב**. חינה **ו**. חנונה **ז**. **נשאה**] קשב **ז**. \ 18 **חשבה**] נחשבה **ו**. \ 19 **ללדת ותהואל**] ללידה ותואל **ו**.

א

1 **איפדתה**: ה׳ התקין, קישט. **בצדק חוק**: בזכות התורה. **ראש...מועדים**: הש׳ משנה ר״ה א,ג: על תשרי מפני תקנת המועדות. 2 **במשפט...נועדים**: כולם יעמדו למשפט בראש השנה. 3 **גישתם בתחנה**: כשבאים בני ישראל לתפילה. **מתועדים**: מתאספים. 4 **דוברים...עדים**: מתפללים ששלשה האבות ימליצו בעדם. 5 **העליתה...לב[רות]**: עלה במחשבת ה׳ לברוא את העולם, הש׳ בר״ר א,ד: ויש מהן שעלו במחשבה להבראות. 6 **והשבעה**: שבעה דברים נבראו קודם שנברא העולם.

הקדמתה...להורות: דברים אלה בראת ראשון לשם הוראה. 7 **זימון**: ייעוד. **מבוחרות**: נבחרות. 8
חוק...הדורות: מצווה לתקוע שופר בר"ה, ר' טור 16-17. 9 **טס...כניפקד**: אברהם מיהר ללכת מאור
כשדים לכנען על פי מצות ה'. 10 **ייקר ...שנים**: אברהם בן שלוש שנים הכיר את ה', הש' בר"ר
סד,ד: בן שלוש שנים הכיר אברהם את בוראו. **ובאימה שקד**: היה ירא ה'. 11 **כמה**: תאב. **בן
מאה**: אברהם, על פי בר' כא,ה: ואברהם בן מאת שנה בהולד לו את יצחק בנו. **לחנן**: להתפלל.
ועל...קד: אולי מובנו: הודה על בשורת הבן. 12 **להתעדן**: להתענג. **ביסכה**: שרה, ר' בר' יא,כט:
ואבי יסכה, הש' מגילה יד, ע"א: ואמר רבי יצחק יסכה זו שרה. 19-20 **בכל...ממשלתך**: על פי תה'
קמה,יג, ר' טור 18. 21 **שלח...ואמתך**: תה' מג,ג. 22 **נחלתיך**: ישראל, על פי יש' סג,יז: שבטי
נחלתך. 23-25 **זכרינו...חיים**: תפילת ר"ה, שייך לברכת המחייה!

ב

1 **מעשרים דור**: מבריאת העולם ועד דור אברהם. **איתן**: הש' ב"ב טו, ע"א: איתן האזרחי (תה'
פט,א) זה הוא אברהם. 2 **נגיד וראש**: דה"ב יא,כב. **ליצירים**: לכל היצורים בעולם. 3 **סקר**: ראה.
ביושר מתן: במתנה הישרה, כלומר, בנו יצחק. 4 **נעקד**: יצחק, על פי בר' כב,ט: ויעקד את יצחק.
עקוד...נתמתן: אברהם לא היסס לקחת את יצחק ולעקוד אותו. 6 **צפה בי**: חזה בה'. **לשושנה**:
ישראל, על פי שה"ש ב,א: שושנת העמקים. 7 **ק[ם]...נא**: על פי בר' יח,ד,ו: יקח נא מעט מים...
וימהר אברהם. 8 **רחש הפיק**: התפלל. 9 **שיוע**: אברהם צעק. **לצור**: ה', ר' [ג],ד,13. **בחנון אמונתו**:
בתפילה נאמנה. 10 **שדי**: ה', ר' [כז],ב,9. **השיבו...בסיחתו**: ענה לאברהם. **אל תשלח**: בר' כב,יב.
11 **תחת...להשיתו**: במקום שאברהם רצה לשים את בנו לעולה. **כסף נפשו**: על פי תה' פד,ג:
נכספה וגם כלתה נפשי. 12 **ותמכו**: ה' עזר ליצחק. 17 **עולם שני**: העולם הבא. **תחדש לחגבר**: ה'
חיזק את העולם מחדש על זכות יצחק. 18 **יום...להעבר**: הש' ר"ה א,ב: בראש השנה כל באי
העולם עוברין לפניו. 19 **רחומיך**: בני ישראל. **יעופו כנשר**: חב' א,ח. **להאבר**: על פי יש' מ,לא:
יעלו אבר כנשרים, בני ישראל ימהרו לעמוד בדין. 20 **ינחית...להסבר**: ה' יתכוון להוריד עליהם
טל התחייה. 21-22 **מי...ברחמים**: תפילת ר"ה, שייך לברכת המגן!

ג

2 **רחומים**: האבות, הש' פדר"כ כג,ז: אימתי אתם מזכירים זכות אבות ואתם זכים לפני בדין, בחדש
השביעי באחד לחדש. 3 **עקרות...לה(י)פקד**: הש' תנח' וירא יז: וארבעה עקרות נפקדו בראש
השנה ואלו הן שרה ורבקה ורחל ולאה. **מסוימים**: קבועים לר"ה. 4 **לחיי...רשומים**: האבות. 5
הנחתם בכסאך: ר' תנח' במדבר יט: אמר לו הקב"ה ליעקב יעקב הרבה אתה יקר בעיני למה
כביכול קבעתי איקונין שלך בכסא הכבוד. **סיחו ליבבתה**: אהבת את תפילתו. 6 **ושמו ...סיגבתה**:
על פי תה' כ,ב: ישגבך שם אלהי יעקב. **איש תם**: יעקב, ר' [יא],ה,13. 7 **ועליו... נצבתה**: על פי בר'
כח,יב: והנה ה' נצב עליו. 8 **ילדים...הצבתה**: ה' הקים מיעקב י"ב בנים. 9 **עצמה**: גברה. 10
מעשה...שנה: כלומר, לשפוט בר"ה. 11 **אם...תלין**: על פי יש' א,כא: צדק ילין בה. **איומה**: ישראל,
ר' [יד],א,1. 12 **תחסוך...ומהומה**: אם ישראל תתנהג בצדקה, לא יהיה לה משפט רע. 13
השויתה...במשמע: ה' הביא כל מעשה לבדיקה כדי להבין את ערכו. 14 **מעשה... לבדוק**: המשפט
בר"ה. **כחק שמע**: הודיע כהלכה. 15 **סיחינו**: תפילתנו. **פני...יושמע**: יישמע לפני אל. 16
באם...במשמע: תפילתנו נשמעה ביום הזכרון ויום הפקודה.

ד

1 **מפעל...שקדתה**: ה' שמר על מעשה הדין בר"ה. 2 **כל...בדין**: להעביר כל בני אדם בדין. **פקדתה
וצרפתה**: צווית וחיברת. 3 **איתני צדק**: האבות. **יקרתה**: ר' [א],ג,6. 4 **ורבת בנות**: על פי מש'
לא,כט: רבות בנות עשו חיל, האמהות. 5 **ראש...קבעתה**: הש' משנה ר"ה א,א: באחד בתשרי
ראש השנה לשנים. 6 **הכל**: כל הבריות. **בו**: בר"ה. 7 **וגאות...לבשתה**: על פי תה' צג,א: ה' מלך
גאות לבש. 8 **וחסדי...זכרתה**: הש' יר' ב,ב: זכרתי לך חסד נעוריך. 9 **בתרועה... ונתפארתה**: על
פי תה' מז,ו: עלה אלהים בתרועה ה' בקול שופר. 10 **נתאדרתה**: ה' נאדר על הכל. 11 **דרתה**:
שכנת. 12 **וכובע ישועה**: וכובע ישועה בראשו.

ה

1 **חמש עקרות**: ברוב המקורות שבע עקרות, ר׳ אג״ב נב: הראשונה שרה.. השנייה רבקה.. השלישית לאה.. הרביעית זו רחל.. החמישית זו חנה.. הששית זו הצללפונית אמו של שמשון.. השביעית זו ציון. **נעצרו ברחמתים**: על פי שופ׳ ה,ל: רחם רחמתים, הנשים האלה לא היו יכולות ללדת, הש׳ בר״ר מה,ד: ולמה נתעקרו האמהות.. שהקב״ה מתאוה לתפלתן ומתאוה לשיחתן. 2 **וצר...בנערות**: קשה להן בימי נעורים. **ונפרחו בזקנה**: כשהיו זקנות ילדו בנים ובנות. **על האבנים**: שמ׳ א,טז. 3 **וחמישית**: והיא ציון. **ברוב צירים**: בכאבי הלידה, על פי יש׳ כא,ג: צירים אחזוני כצירי יולדה. 5 **הראשונה**: שרה. **געה לתשעים**: הגיעה לגיל תשעים, על פי בר׳ יז,יז: ואם שרה הבת תשעים שנה תלד. **בשורה**: על פי בר׳ יז,טז: נתתי ממנה לך בן. 6 **למועד... נתבשרה**: על פי בר׳ יח,יד: למועד אשוב אליך כעת חיה ולשרה בן. 7 **עצרני מלדת**: על פי בר׳ טז,ב: הנה נא עצרני ה׳ מלדת. **[נ]תישרה**: הסתדרה ללדת. 9 **השנייה**: רבקה. **בת בתואל**: על פי בר׳ כה,כ: רבקה בת בתואל. **הנעקרה...רחמים**: שהיתה בלי בנים. 10 **הועקרה...רחמים**: היא נשארה עקרה עד שה׳ ריחם עליה. 11 **ועיתר לנכחה**: על פי בר׳ כה,כא: ויעתר יצחק לה׳ לנכח אשתו. **וימלאו...בתאומים**: על פי בר׳ כה,כד: וימלאו ימיה ללדת והנה תומים בבטנה. 13 **השלישית**: רחל. **זאת... תואר**: על פי בר׳ כט,יז: ורחל היתה יפת תאר. **אשר...הרימה**: הק הרים אותה מעל לאה. 14 **ונמה**: ואמרה. **הבה...בנים**: בר׳ ל,א. **ובגערה הדמימה**: יעקב השתיק אותה בחרון אפו, ר׳ בר׳ ל,ב: ויחר אף יעקב ברחל. 15 **חינונה נשאה**: התפללה. **וזכרה מרחמה**: ה׳ המרחם עליה הוא זכר אותה, ר׳ בר׳ ל,כב: ויזכר אלהים את רחל. 17 **הרביעית**: חנה. **טוענת אונח**: נושאת אנחות, ר׳ ש״א א,י: והיא מרת נפש. 18 **חשבה...לשכורה**: על פי ש״א א,יג: ויחשבה עלי לשכרה. **כנתחננה...אל**: כשהיא התפללה בבית ה׳. 19 **יה...ללדת**: על פי ש״א א,יט: ויזכרה ה׳. **ותהואל**: ש״נ ותואל, לפי רצונה היא ילדה בן. 21 **העקרה החמישית**: ציון. **כי...קץ**: כשהגיעה הגאולה. **וכבודו יגלה**: ויגלה כבוד ה׳. 22 **ומשובב...הבית**: על פי תה׳ קיג,ט: מושיבי עקרת הבית, הש׳ פדר״כ כ,א: מושיבי עקרת הבית זו ציון. **ואביון ידלה**: אולי קשור לטור הבא, הש׳ יר׳ כב,טז: דן דין עני ואביון. 23 **עת...דינה**: ר׳ טור 22. **מוריד ומעלה**: ה׳, ר׳ [ג],ב,17.

[לג] ראש השנה

ד

עַד מָתַי תִּקְצַר רוּחִי
וַאֲנִי מְחַכֶּה וּמְקַוֶּה לְבִיאַת מְשִׁיחִי
עָלֶיךָ אַשְׁלִיךְ יְהָבִי מִצָּרָה לְהַרְוִיחִי
בְּיָדְךָ אַפְקִיד רוּחִי <תה׳ לא:ו>

פָּקְדֵנִי בִישׁוּעָתֶיךָ נוֹרָא וְאָיוֹם
כְּמוֹ פָּקַדְתָּה אַבְרָהָם וְשָׂרָה
לְקַיֵּים בִּרְכָתְךָ הָרְשׁוּמִים בַּתּוֹרָה
לֹא יִהְיֶה בְךָ עָקָר וַעֲקָרָה <דב׳ ז:יד>

בְּעֵת נִפְקְדָה אֵם כָּל עֲקָרִים
בִּזְכוּתָהּ נִפְקְדוּ כָּל עֲקָרוֹת וַעֲקָרִים
וְיָצְאָה בַת קוֹל וְהִכְרִיזָה אֲמָרִים
וְקוֹוֵי ייי יַחֲלִיפוּ כֹחַ יַעֲלוּ אֵבֶר כַּנְּשָׁרִים <יש׳ מ:לא>

וּמְבַשְּׂרִים יְשׁוּעָתִי מִיּוֹם אֶל יוֹם בָּהּ יִשְׂמְחוּ
בְּזִכְרוֹן טוֹב יִזָּכְרוּ וְיַצְלִיחוּ
כְּפָקַד אוֹתָם בְּהַשְׁקֵט יָנוּחוּ
שְׁתוּלִים בְּבֵית ייי בְּחַצְרוֹת בֵּית אֱלֹהֵינוּ יַפְרִיחוּ <תה׳ צב:יד>

וְיֵדְעוּ כָּל עֲצֵי הַשָּׂדֶה אֶת גְּבוּרָתִי
כִּי לַח הוֹבַשְׁתִּי וְעֵץ יָבֵשׁ הִפְרַחְתִּי
כִּי יֵשׁ לָעֵץ תִּקְוָה נָתַתִּי
אֲנִי ייי דִּבַּרְתִּי וְעָשִׂיתִי <יח׳ יז:כד>

חי וקיים מרום נורא וקדוש

Variant Readings:

Oxford Heb.e.37 = basic text; T-S N.S. 101.96:

5 **בישועתיך**] בישועתך. **נורא ואיום**] איום ונורא. \ 6 **כמו פקדתי**] כפקדת בטהרה. **אברהם**] לאברהם. 7 **לקיים**] וקיים. \ 9 **בעת**] אם. **עקרים**] היקרים. \ 10 **בזכותה**] חסר. **נפקדו**] ונפקדו עמה. \ 11 **אמרים**] באזנם מוקרים. \ 14 **ויצליחו**] ויוצלחו. \ 15 **כפקד**] בפקדי. \ 18 **לח**] להוסיף: עץ. \ 19 **נתתי**] נמתי.

ד

1 **עו׳...רוחי**: על פי איוב כא,ד: לא תקצר רוחי. 3 **עליך...יהבי**: על פי תה׳ נה,כג: השלך על ד׳ יהבך. **מצרה להרויחי**: לשחרר אותי מצרה. 5 **פקדני בישועתיך**: תה׳ קו,ד. **נורא ואיום**: צ״ל איום ונורא, ה׳, ר׳ [ג],ד,7. 7 **ברכתך...בתורה**: ר׳ טור 8, דב׳ ז,יד: ברוך תהיה מכל העמים. 9 **אם. עקרים**: שרה. 10 **בזכותה...ועקרים**: השׁ׳ בר״ר נג,ח: בשעה שנפקדה אמנו שרה הרבה עקרות נפקדו עמה. 13 **ומבשרים ...יום**: על פי דה״א טז,כג: בשרו מיום אל יום ישועתו. 15 **כפקד אותם**: כמו שד׳ פקד את אברהם ושרה. **בהשקט**: בשלווה. 17 **וידעו...גבורתי**: על פי יח׳ יז,כד: וידעו כל עצי השדה כי אני ה׳. 18 **כי...הפרחתי**: הובשתי עץ לח והפרחתי עץ יבש, השׁ׳ בר״ר נג,א: וידעו כל עצי השדה אלו הבריות.. הובשתי עץ לח אלו נשי אבימלך.. הפרחתי עץ יבש זו שרה. 19 **כי... תקוה**: איוב יד,ז, השׁ׳ בר״ר סא,ב: כי יש לעץ תקוה יש לאברהם אבינו תקוה.

[לד] ראש השנה

ה

אָמְנָם עֲשָׂרָה יָמִים הִתְקַנְתָּה לְשַׁעַשְׁעִי
בְּ[כֵן] שִׁמַּעְתָּ לִמְנַהֲגֵי רוֹעִי
גִּילִּיתָ לִּי סִדְרֵי תְּרוּעָה לְהוֹדִיעִי
וְהַעֲבַרְתָּ שׁוֹפַר תְּרוּעָה בַּחֹדֶשׁ הַשְּׁבִיעִי <ויק׳ כה:ט>

דְּרִישַׁת יוֹם זִכָּרוֹן יַאֲזִינְכֶם
הֵן מֵהַיּוֹם בְּסֵ[פֶר] חַיִּים יִכְתָּבְכֶם
וּבְיוֹם כִּפּוּר סְלִיחָה יַשְׁמִיעֲכֶם
תַּעֲבִירוּ שׁוֹפָר בְּכָל אַרְצְכֶם <ויק׳ כה:ט>

ה

1 **עשרה ימים**: עשרת ימי התשובה. **התקנתה**: קבעת. **לשעשעי**: כדי לשמח אותי. 2 **ב[כן] שמער** כך הודעת. **למנהגי רועי**: למשה, ר׳ [כה],א,9. 3 **סדרי תרועה**: סדר תקיעות ותרועות השופר. **דרישת...יאזינכם**: ה׳ ישמיע לכם את מצוות ר״ה. 6 **הן...יכתבכם**: ר׳ ר״ה טז, ע״ב: מר״ה ועד יוה״כ זכו נכתבין לחיים.

[לה] סוכות (שבת חול המועד)

א [.......]

יוֹשְׁבֶיהָ טוּב לֹא תֶּיחָסֵר
כְּפָץ ושור יְמִי[נָ]הּ לחס[ר]
לִימַּדְתָּה אוֹחֲזֶיהָ תְּבוּאָתָהּ לְעַשֵּׂר

ככ׳ עשר תעשר א<ת> תבואת זרעך היצא השדה שנה שנה <דב׳ יד:כב>
ונ׳ אל תיראי אדמה גילי ושמחי כי היגדיל ייי לעשות <יואל ב:כא>
ונ׳ מי הקדימני ואשלים תחת כל השמים לי הוא <איוב מא:ג>

הוּא מִישְׁעָן לְגוֹי אוֹהֲבוֹ
אֲצִיפֶנּוּ בְּמִסְבּוֹ
אֵלִי צוּרִי אֶחֱסֶה בּוֹ <תה׳ יח:ג> ב מגן א<ברהם>

ב מַעֲמִיד בְּמִישׁוֹר רַגְלֶיךָ
נְהוֹג לְחַלּוֹתוֹ בִרְגָלֶיךָ
שיבע [זַ]עַף דָּשֵׁן מֵ[עָלֶיךָ]
עוד[. ט]וב לזון [..ליך]

[.......]

שָׁלוֹם בְּמִרְבַּץ פְּדוּיִם
בְּטַל סלא דְּחוּיִם
היתהלך לִפְנֵי ייי בְּאַרְצוֹת הַחַיִּים <תה׳ קטז:ט> [ב מחייה]

ג יַחַד הֵירָאוּ
פְּנֵי אֵל פָּעֳלוֹ רְאוּ
שְׁמוֹ בְּעֵת תִּיקְרְאוּ
טוֹבַתְכֶם תִּירְאוּ

הֲבָאַתְכֶם בְּטוּב עַיִן שְׂאוּ
וּשְׁעָרִים יִנָּשְׂאוּ
וְעוֹד לֹא יִשְׂאוּ
וְצָרִים בַּל יַשִּׂיאוּ

דְּגַן מַעְשְׂרוֹתֵי[כֶם] הוֹצִיאוּ
וּכְמוֹצֵא מֵ[אָה] שְׁעָרִים תִּימְצְאוּ
כמלא[כו ... ...]
ש[.. ... ...]

ה[.. ... ...]
[.......]

א

1 **יושביה**: תושבי ארץ ישראל. **טוב...תיחסר**: ר׳ תה׳ לד,יא: לא יחסרו כל טוב. 2 **כפץ**: כשאמר ה׳ **ושור...לחס[ר]**: הקריאה לא בטוחה. 3 **אוחזיה**: בני ישראל שירשו את הארץ לאחוזתם. **תבואת** **לעשר**: לעשר את תבואת הארץ. 7 **הוא מישען**: ה׳, על פי ש״ב כב,יט: ויהי ה׳ משען לי. **לגו** **אוהבו**: לבני ישראל שהם מזרע אברהם, ר׳ [כה],א,21. **אציפנו**: אולי מובנו: ארומם את ה׳, מלשו צוף. **במסבו**: ר׳ שה״ש א,יב: עד שהמלך במסבו, הש׳ שהש״ר א,יב: עד שמלך מלכי המלכים הקב״ז במסבו ברקיע.

ב

1 **מעמיד...רגליך**: על פי תה׳ כו,יב: רגלי עמדה במישור. 2 **נהוג...ברגליך**: תתרגל להתפלל לפני ד בשלוש הרגלים. 3 **שיבע...דשן**: אולי קשור לדב׳ לא,כ: ושבע ודשן. 6 **במרבץ**: בארץ. **פדוים**: בנ ישראל הגאולים. 7 **בטל**: ר׳ [ג],ב,19. **דחוים**: מתים.

ג

1 **יחד היראו**: ר׳ שמ׳ כג,יז: שלש פעמים בשנה יראה כל זכורך אל פני האדון ה׳. 2 **פני אל**: ר׳ טו 1, לפני ה׳. **פעלו ראו**: תראו את מעשהו. 3 **שמו...תיקראו**: בזמן שתקראו את שמו. 4 **טובתכ** **תיראו**: תראו את טובת ארצכם. 5 **הבאתכם**: תבואתכם. **בטוב...שאו**: תקחו בלי קנאה. 6 **ושערי** **ינשאו**: על פי תה׳ כד,ז: שאו שערים ראשיכם והנשאו פתחי עולם. 7 **ועוד...ישאו**: עוד לא יקח **וצרים...ישיאו**: לא יפריעו להם אויבים, ר׳ תה׳ פט,כג: לא ישיא אויב בו. 9 **דגן...הוציאו**: הש׳ דב יב,יא: שמה תביאו את כל אשר אנכי מצוה אתכם.. מעשרתיכם, ר׳ פס״ר כה: הוי זהירים אף את לחוציא את המעשרות.. הוו זהירים להיות מפריש את המעשרות כדי שתבא טובה בעולם. 0 **וכמוצא...שערים**: על פי בר׳ כו,יב: וימצא בשנה ההוא מאה שערים.

[לו] שמיני עצרת

ה אָמְנָם רוֹעִים שִׁבְעָה וּנְסִיכִים שְׁמוֹנָה
בְּחַסְדְּךָ הָחֵישׁ לַעֲדַת מִי מָנָה
גְּאוּלֶיךָ תְּקַבֵּץ חוֹגְגֵי שְׁמוֹנָה
תֶּן חֵלֶק לְשִׁבְעָה וְגַם לִשְׁמוֹנָה <קה׳ יא:ב>

דָּגוּל לְעַמְּךָ יָסַפְתָּה וְנִ[כְ]בַּדְתָּה
הוֹרֵיתָה לָחוֹג שִׁבְעָה וּשְׁמִינִי יִיחַדְתָּה
וּלְהֵעָצֵר לְפָנֶיךָ בּוֹ פִּיקַּדְתָּה
יָסַפְתָּה לַגּוֹי ייי יָסַפְתָּה לַגּוֹי נִכְבַּדְתָּה <יש׳ כו:טו>

זְמַנֵּי רְגָלִים קִיַּימְתָּה בְאִמְרָתֶיךָ
חַג שְׁמִינִי עֲצֶרֶת הוֹסַפְתִּי בְמִצְוֹתֶיךָ
טָהוֹר תַּנְחֵנִי כְרֹב צִדְקוֹתֶיךָ
וַאֲנִי תָּמִיד אֲיַיחֵל וְהוֹסַפְתִּי עַל כָּל תְּהִלָּתֶיךָ <תה׳ עא:יד>

ה

1 **אמנם...שמונה**: על פי מיכה ה,ד: והקמנו עליו שבעה רעים ושמנה נסיכי אדם, ר׳ סוכה נב, ע״ב: מאן נינהו שבעה רועים דוד באמצע אדם שת ומתושלח מימינו אברהם יעקב ומשה בשמאלו ומאן נינהו שמנה נסיכי אדם ישי ושאול ושמואל עמוס וצפניה צדקיה ומשיח ואליהו. 2 **החיש**: תביא אותם במהירות. **לעדת...מנה**: ישראל, ר׳ [כב],ה,10. 3 **גאוליך**: בני ישראל, ר׳ [כה],ו,5. **שמונה**: חג שמיני עצרת, השׁ׳ קה״ר יא,ב: ר׳ לוי אמר תן חלק לשבעה אלו ז׳ ימי הסוכה וגם לשמונה ביום שמיני עצרת. 5 **דגול**: ה׳, ר׳ [ג],ד,9. **לעמך...ונ[כ]בדתה**: ר׳ טור 8. 6 **לחוג שבעה**: לחגוג את חג הסוכות. **ושמיני ייחדתה**: במיוחד קבעת את שמיני עצרת. 7 **להעצר**: לעשות עצרת. **בו פיקדתה**: צווית ביום ההוא. 9 **רגלים**: שלוש הרגלים. 10 **הוספתי**: עם ישראל הוסיף. 11 **טהור**: ה׳, ר׳ [יב],ז,9. **תנחני**: השׁ׳ תה׳ לא,ד: למען שמך תנחני ותנהלני.

[לז] שבת חנוכה וראש חודש

ב ככת׳ [ו]יקומו ראשי האבות ליהודה ובנימין והכהנים והלוים לכל העיר האל[הי]ם את רוחו לעלות לבנות את בית ייי אשר בירושלם <עזרא א:ה>
ונא׳ כל כבודה בת מלך פנימה ממשבצות זהב לבושה <תה׳ מה:יד>
ונא׳ ויתאו המלך יפיך כי הוא אדוניך והשתחוי לו <תה׳ מה:יב>
ונא׳ ומבני יששכר יודעי בינה לעתים לדעת מה יעשה ישראל ראשיהם מאתים וכל אחיהם על פיהם <דה״א יב:לג>
ונא׳ וישמחו [כל חוסי בך לעולם ירננו ותסך עלימו ויעלצו] בך אהבי ש[מך] <תה׳ ה:יב>
ונא׳ מתן אדם ירחיב לו ולפני גדולים ינחנו <מש׳ יח:טז>
ונא׳ יראה אל עבדיך פעליך והדרך [על בניהם] <תה׳ צ:טז>
ונא׳ זאת העצה היעוצה על כל הארץ וזאת היד הנטויה על כל הגוים <יש׳ יד:כו>
ונא׳ אם יתקפו האחד הש<נים יעמדו נגדו והחוט המשלש לא במהרה ינתק><קה׳ ד:יב>

יְנַתֵּק עֹל מוֹטֵנוּ
בְּעֵת תְּשַׁכְּנֵינוּ לְ[מַ]בָטֵינוּ
בְּתְחִיַּית רְבִיבֶיךָ חַדֵּשׁ קְמוּטֵינוּ
וּתְקִימֵנוּ מֵרֶדֶם עֲלָטֵינוּ ב מח<ייה> המ<תים>

ג יְרַנֵּן שְׁמָךְ בְּכָל לָשׁוֹן
בִּישׁוּעַת נְצוּרֵי כְאִישׁוֹן
בְּשֵׁשׁ לְחַנֵּךְ נַחְשׁוֹן
בְּיוֹם הַחוֹדֶשׁ הָרִאשׁוֹן <שמ׳ מ:ב>

הָג אִישׁ מְנוּחָה בַמִּנְהָג
בּוֹ שִׁיר חֲנֻכַּת חָג
וְחִינֵּךְ גַּם הוּא כַמִּנְהָג
בְּיֶרַח הָאֵיתָנִים בֶּחָג <מ״א ח:ב>

דִּבְרֵי נֶאֱמָן עָשׂ נָגִיד
וְשִׂמְחָה עַל שִׂמְחָה לְהַאֲגִיד
וּמִנְחָה וְנִיחוֹחָיו מַגִּיד
וּמַעֲשֶׂה עִנְיָן הִגִּיד

הִתְגַּדֵּל עַל מַמְלָכָה
כְּמַבְהִיק נֵרוֹת הַמַּעֲרָכָה
וּבְגִילוֹת יֶרַח וַחֲנֻכָּה
נֶפֶשׁ כְּשָׁבַת מִכָּל מְלָכָה

ב

10 **ינתק...מוטנו**. ר׳ יח׳ לד,כז. מוטות עלם. 11 **בעת...לנ[מ]בטינו**: בזמן שאנו רואים שה׳ ישיב אותנו למקומנו. 12 **רביביך**: גשמיך, הש׳ יר׳ יד,כב: ואם השמים יתנו רבבים. **חדש קמוטינו**: אולי מובנו: תשים קץ לדיכאוננו. 13 **מרדם**: מתרדימה. **עלטינו**: חושך גלותנו, ר׳ בר׳ טו,יז: ועלטה היה.

ג

1 **ירנן שמך**: הש׳ תה׳ פט,יג: בשמך ירננו. 2 **נצורי כאישון**: ישראל, ר׳ [כה],ו,9. 3 **בשש לחנך**: חנוכת המשכן והמזביח, הש׳ במ״ר יג,ט: ולכך יבא בן נחשון בשש מדות שלמים ויבנה יסוד בית המקדש. **נחשון**: נשיא לבני יהודה, על פי במ׳ א,ז: ליהודה נחשון בן עמינדב. 5 **הג**: למד. **איש מנוחה**: שלמה, על פי דה״א כב,ט: הוא יהיה איש מנוחה. 6 **בו...חג**: שיר חג החנוכה, ר׳ תה׳ ל,א: מזמור שיר חנכת הבית לדוד. 7 **וחינך...כמנהג**: שלמה חינך את בית המקדש לפי חוקי התורה. 9 **נאמן**: משה, ר׳ [טז],ה,10. **עש**: עשה. **נגיד**: שלמה, על פי מ״א א,לה: ואתו צויתי להיות נגיד על ישראל ועל יהודה. 10 **להאגיד**: לצרף, להוסיף. 11 **ומנחה...מגיד**: שלמה לימד איך להביא קרבן המנחה לריח ניחוח. 12 **ומעשה ענין**: ענייני המזביח. 13 **התגדל...ממלכה**: ה׳, ר׳ דנ׳ יא,לו: כי על כל יתגדל. 14 **כמבהיק**: כמי שמדליק. **נרות המערכה**: על פי שמ׳ לט,לז. 15 **ובגילות**: ובשמחות. **ירח**: ראש חודש. 16 **נפש כשבת**: כשבתה נפש, הש׳ שמ׳ לא,יד: שבת וינפש. **מכל מלכה**: צ״ל מלאכה, הש׳ בר׳ ב,ג: כי בו שבת מכל מלאכתו.

[לח] שבת חנוכה וראש חודש

ה אָמְנָם שְׁלֹשָׁה סְדָרִים חַקְתָּה בְתוּשִׁיָּה
לִבְחוּרִים וּבְרוּכִים מִכָּל דָּרֵי נְשִׁיָּה
בְּיוֹם תְּחִיָּיתוֹ כְּבִימֵי יֹאשִׁיָּה
בַּיּוֹם הַהוּא יִהְיֶה יִשְׂרָאֵל שְׁלִישִׁיָּה <יש׳ יט:כד>

ה

1 **שלשה סדרים**: חנוכה, שבת וראש חודש. **חקתה**: קבעת. **בתושיה**: בחכמה, בתורה, על פי מש ח,יד: לי עצה ותושיה. 2 **לבחורים וברוכים**: לבני ישראל. **דרי נשיה**: תושבי העולם, על פי תד

ח,יג: בארץ נשיה. 3 **ביום...יאשיה**: הש׳ מ״א יג,ב: ויקרא על המזבח ויאמר מזבח מזבח כה אמר
׳ הנה בן נולד לבית דוד יאשיהו שמו, ר׳ מ״ב כב,ה-ו.

לט] חנוכה

אָמְ[נָם] שֶׁבַע חֻ[פּוֹת] הִסְבִּיב אָבוֹת וְעֶדְרֵיהֶם
מוּל שִׁבְעָה כּוֹכָבִים וְשִׁבְעָה נֵרוֹת בִּמְנוֹרַת סְדָרֵיהֶם
בַּתְּחִילָּה חֻופָּה רִאשׁוֹנָה מוּל חַמָּה וְנֵר רִאשׁוֹן וְסִידּוּרֵיהֶם
וַיִּסַּע עַמּוּד הֶעָנָן מִ[פְּנֵיהֶם] וַיַּעֲמֹד מֵאַחֲרֵיהֶם <שמ׳ יד:יט>

[ג.. ... בָּרָקִיעַ הַשֵּׁנִי ... ... הִ]סְבִּיבוֹ
מוּל נֵר מְנוֹרָה [הַשֵּׁנִי ... ...] הֱכִינוֹ וְהִסְבִּיבוֹ
[ד..] חֻופָּה שְׁנִיָּה זִיו מֵהוֹדוֹ [... ...] מִסְּבִיבוֹ
כִּי עֲנַן ייי עַל הַמִּשְׁכָּן יוֹמָם [וְאֵ]שׁ תִּהְיֶה לַיְלָה בּוֹ <שמ׳ מ:לח>

הֻוקְבַּע [פ.. ... בָּרָקִיעַ] הַשְּׁלִישִׁי כּוֹכַב חַמָּה וְהֻונְהַר
[מוּל נֵר מְנוֹרָה הַשְּׁלִישִׁי ... ...]
[ו.. ...] קָשַׁרְתִּי [... ... ...]
[וַיְהִי] קוֹלוֹת וּבְרָקִים [וְעָנָן כָּבֵד עַל הָ]הָר <שמ׳ יט:טז>

זוֹרֵחַ בָּרָקִיעַ הָרְבִיעִי אוֹ[ר] לְבָנָה מֵאִיר לְכָל תְּלוּלֵיהֶם
מוּל נֵר מְנוֹרָה הָרְבִיעִי אֲשֶׁר בְּהֵיכְלֵיהֶ[ם]
חֻופָּה רְבִיעִית קָשַׁרְתִּי וְרָעֲשׁוּ לְאֻומִּים וַיֵּבוֹשׁוּ בִּכְלוּלֵיהֶם
אֲשֶׁר עַיִן בְּעַיִן [נִרְאָ]ה אַתָּה ייי וַעֲנָנְךָ עוֹמֵד [עֲלֵיהֶ]ם <במ׳ יד:יד>

טִיכַּסְתִּי בָרָקִיעַ [הַחֲמִישִׁי] אֲזוֹר צֶדֶק לְתִלְיוֹן
[מוּל נֵר מְנוֹרָה הַחֲ]מִישִׁי הֻונְהַר לְרִצְיוֹן
[י.. ... .]
וַיְהִי [בְשָׁלֵם סוּכּוֹ וּמְעוֹנָתוֹ בְ]צִיּוֹן <תה׳ עו:ג>

[כ.. ... בָּרָקִיעַ הַשִּׁשִּׁי ..]דים רוצה כְּשָׁבִיב
מוּל נֵר מְנוֹרָה הַשִּׁשִּׁי מַדְלִיקִים [ל]יחבי[ב]
לֶעָתִיד חֻופָּה אֶקְשׁוֹר לְצִיּוֹן וּמַחֲרִיבָהּ אַשְׁבִּיב
וַ[אֲנִ]י אֶ[הְיֶ]ה לָּהּ נְאֻם יי חוֹמַת אֵשׁ סָבִיב <זכ׳ ב:ט>

[מ..] בָּרָקִיעַ הַשְּׁבִיעִי שַׁבְּתַי בְּפֵירוּשָׁם
מוּל גּוּלָּה עַל רֹאשָׁהּ מא[.. ...] בְּמִקְדָּשָׁם
נִקְשׁוֹר חֻופָּ[ה ...] במופתה כְּיַעַבְרוּ לְצַד [...] וּלְחַפְּשָׂם
וַיַּעֲבֹר מַלְכָּם [לִפְנֵיהֶם וַייי בְּרֹאשָׁם] <מיכה ב:יג>

ה

1 **שבע חו[פות]**: שבע חופות של שבעה ענני הכבוד, הש׳ במ״ר א,ב: וכמה ענני כבוד היו מקיפין אר ישראל במדבר... ר׳ הושעיה אמר שבעה ארבעה לארבע רוחות השמים וא׳ מלמעלן וא׳ מלמט ואחד שהיה מהלך לפניהם רחוק ג׳ ימים, הש׳ גם תנח׳ בשלח ג: את מוצא שבעה ענני כבוד היו **הסביב**: ה׳ הקיף וכיסה את ישראל בשבע חופות. **אבות ועדריהם**: אבות ישראל והמוניהם, הש׳ תה עח,נב: וינהגם כעדר במדבר. 2 **מול**: כנגד. **שבעה...סדריהם**: הש׳ תנח׳ בהעלותך ז: אלו שבעה כוכבים שמשוטטין בכל הארץ יאירו שבעת הנרות שבעה אלה כך הם חביבין לפניו שלא תהיו מבזי עליהן לכך נאמר אל מול פני המנורה. 3 **חמה**: שמש. **וסידוריהם**: ה׳ הסדיר את הכוכבים ברקי ואת הנרות של המנורה. 7 **זיו מהודו**: קשור לכבוד ה׳. 8 **הוקבע**: נקבע. **כוכב חמה**: הש׳ אוצו המדרשים רפ: כוכב חמה אינו מתרחק מן החמה אלא מדת מזל אחד בין לפניו ובין לאחריו ויש אומר שני מזלות. **והונהר**: ניתן לאור. 13 **תלוליהם**: ר׳ יח׳ יז,כב: על הר גבה ותלול. 14 **בהיכליה[ם]**: בבית המקדש. 15 **ורעשו...בכלוליהם**: הש׳ חגי ב,ז: הרעשתי את כל הגוים. 17 **טיכסתי**: סידרתי. **אזור צדק**: הכוונה לכוכב צדק. **לתליון**: מלשון תלייה, כוכב צדק במרומים? 18 **לרציון**: לרצון. 21 אולי להשלים: [מא]דים. **כשביב**: כמו אש. 23 **ומחריבה אשביב**: אבעיר את מ שרוצה להחריב את ציון, הש׳ שמ״ר מ,ד: אמר הקב״ה בעוה״ז אני חומה לכם וכן לע״ל כשיבנה ציון אני נעשה לה חומה. 25 **שבתי**: כוכב שבתאי. 26 **מול...ראשה**: על פי זכ׳ ד,ב: והנה מנורת זהב כלה וגלה על ראשה ושבעה נרתיה עליה שבעה ושבעה מוצקות לנרות אשר על ראשה, הש׳ פס״ר ח: וגולה על ראשה ויעבר מלכם לפניהם וה׳ בראשם, ברב״ת ע׳ 157: וגלה על ראשה, גואלה. ויעבור מלכם לפניהם וה׳ בראשם, ר׳ טור 28.

[מ] פסח

ה

אָמְנָם עֶשֶׂר מַכּוֹת לָקוּ בָם זֵידוֹנַי
בְּתֵשַׁע מֵהֶם הֶחֱזִיק לִבָּם לְהַכְאִיבָם שׁוֹכֵן מְעוֹנַיי
בָּעֲשִׂירִית שִׁיבֵּר גְּאוֹנָם וְנִפְדּוּ אֱמוּנַי
זְרוֹעוֹת רְשָׁעִים תִּשָּׁבַרְנָה וְסוֹמֵךְ צַדִּיקִים יי <תה׳ לז:יז>

גַּם רִאשׁוֹנָה דָם בְּאִיָּיר נֶהֶפְכוּ מַבּוּעֵי מַעְיָינָם
וְזָדוּ לְהַרְבּוֹת מֵיאוּנָם
דְּוּחֲפוּ בַשְּׁנִיָּיה בְסִיוָן וּ[צְ]פַרְדֵּעַ לְהַחֲרִיב קִינָּם
וּפָקַדְתִּי בְשֵׁבֶט [פִּשְׁעָם וּבִנְגָעִים] עֲוֹנָם <תה׳ פט:לג>

ה

1 **עשר...לקו**: הש׳ משנה עדויות ב,י: משפט המצריים שנים עשר חדש, סע״ר ג: לקו המצריים עשו מכות כל י״ב חדש. **בם**: במצרים. **זידוני**: על פי תה׳ קכד,ה: המים הזידונים. 2 **החזיק לבם**: על פ שמ׳ ט,יב: ויחזק ה׳ את לב פרעה, ה׳ חיזק את לב המצרים. **שוכן מעוניי**: ה׳, ר׳ [ג],ד,13. 3 **בעשירית**: במכת הבכורות. **שיבר גאונם**: ר׳ ויק׳ כו,יט: ושברתי את גאון עזכם. **אמוני**: ישראל, ר [יז],ד,17. 5 **דם באייר**: הש׳ סע״ר ג: לקושש קש לתבן (שמ׳ ה,יב), אימתי הקש מצוי שם, באייר **נהפכו...מעיינם**: מקורות המים נהפכו לדם. 6 **וזדו...מיאונם**: המצרים המשיכו לעשות רע והתעקש בסירובם לשלח את עם ישראל. 7 **דוחפו**: נדחפו. **בשנייה**: במכה השנייה. **ו[צ]פרדע... קינם** הצפרדעים החריבו את מושבם של המצרים.

[מא] שבועות

א אַרְקָא וָדוֹק הִרְעִישׁ קְדוֹשִׁי
בְּיוֹם הַנְחִילִי כְּתָב שָׁלִישִׁי
גָּעֲשׁוּ עֶלְיוֹנִים וְתַחְתּוֹנִים וְעִמָּם הִגְעִישִׁי
דִּבְּרוֹת עֶשֶׂר כְּהוֹרִישִׁי

הֵן בְּטָהֳרָה לִשְׁמוֹ הִקְדִּישִׁי
וְעַל מַיִם הִפְרִיחַ שָׁרְשִׁי
זֹאת הַתּוֹרָה לַהֲגוֹת בְּרַחֲשִׁי
חֲמוּרוֹת וְקַלּוֹת בָּהּ מָצָאתִי בְּפָגְשִׁי

טָמֵא מִטָּהוֹר בְּהַפְרִישִׁי
יְקָרָה מִפְּנִינִים הִיא תּוֹרַת חֻמְשִׁי
כִּי בִשְׁנֵי עוֹלָמוֹת הִיא עֲטֶרֶת רֹאשִׁי
לָנוּ צִוָּה מֹשֶׁה בַּחֹדֶשׁ הַשְּׁלִישִׁי

ככת׳ בחדש השלישי לצאת <בני ישראל מארץ מצרים ביום הזה באו מדבר סיני> <שמ׳ יט:א>
ונא׳ הלא כתבתי לך שלישים <במועצות ודעת> <מש׳ כב:כ>
ונא׳ ותגעש ותרעש הארץ <ומסדי הרים ירגזו ויתגעשו כי חרה לו> <תה׳ יח:ח>
ונא׳ ביום ההוא יהיה ישראל שליש<יה> <יש׳ יט:כד>
ונ׳ תורה צוה לנו משה מורשה <קהלת יעקב> <דב׳ לג:ד>

יַעֲקֹב אָהַב
כְּהִשְׁלִיךְ עָלָיו יַהַב
בְּכֵן שָׂח לְהַצִּילִי מֵהַבְהַב
מָגִנִּי טוֹב לִי תּוֹרַת פִּיךָ מֵאַלְפֵי זָהָב ב מגן

ב מַחֲנוֹת שַׂרְפֵי גְדוּדִים
נִתְרַגְּשׁוּ מוּל קוֹלוֹת וְלַפִּידִים
סִינַי כְּהִשְׁפִּיל עַצְמוֹ בִפְחָדִים
עִלָּהוּ עַל כָּל הָרִים מוֹשִׁיב יְחִידִים

פִּקּוּדִים יְשָׁרִים קִבְּלוּ יְדִידִים
צוּפִים נוֹפֶת וּמִפַּז נֶחֱמָדִים
קְדוּמָה אַלְפַּיִם יְרֵשׁוּהָ מְכֻובָּדִים
רֵאשִׁית דַּרְכּוֹ עִיתְּדָה בְעִיתּוּדִים

שְׁלוֹשֶׁת יָמִים מִנְּשֵׁיהֶם נִפְרָדִים

שָׁמוֹר וְזָכוֹר בָּהּ אֲגוּדִים   10

תָּמְהוּ אֻמּוֹת שִׁבְעִים הַמְנֻדִים

תְּמִימִים כְּנָסְעוּ מֵרְפִידִים

ככת׳   ויסעו מרפידים ויבאו מד<בר> סיני <ויחנו במדבר ויחן שם
ישראל נגד ההר> <שמ׳ יט:ב>

ונ׳   והר סיני עשן כולו מפני אשר <ירד עליו ה׳ באש ויעל עשנו כעשן
הכבשן ויחרד כל ההר מאד> <שמ׳ יט:יח>

ונ׳   פקודי ייי ישרים משמחי לב <מצות ה׳ ברה מאירת עינים>   15
<תה׳ יט:ח>

ונ׳   הנחמדים מזהב ומפז רב <ומתוקים מדבש ונפת צופים>
<תה׳ יט:יא>

ונ׳   ייי קנני ראשית דרכו קדם <מפעליו מאז> <מש׳ ח:כב>

מֵאָז הָיְתָה אֶצְלוֹ

לְהַנְחִילָהּ לִקְהָלוֹ

מָדַד מַיִם בְּשָׁעֲלוֹ   20

לְהַחֲיוֹת בְּטַלּוֹ עַם מְיַחֲלוֹ   ב   מחיה

ג   יָהּ מִבֵּין שְׁנֵי הַכְּרוּבִים כְּנִגְלָה

תֵּבֵל וּמְלוֹאָהּ נִתְחַלְחֲלָה

וְאֵימָה גְדוֹלָה עַל כֹּל נָפְלָה

וְנִתְמַלְאוּ מָתְנֵיהֶם חַלְחָלָה

הוּא אֵשׁ אוֹכְלָה   5

וְדָתוֹ לַהֶבֶת אֵשׁ אוֹכְלָה

וְעַל שִׁבְעָה רְקִיעִים נִתְעַלָּה

וְסוֹדוֹ לַעֲבָדָיו גִּילָה

דִּבְּרוֹת עֶשֶׂר לְהַנְחִילָה

לַאֲיֻמָּה כַנִּדְגָּלָה   10

עֵץ חַיִּים הִיא וּתְהִלָּה

לְעַם הוֹגֵי בָהּ יוֹמָם וָלַיְלָה

הֵימָן צָם וְלֹא טָעַם אֲכִילָה

אַרְבָּעִים יוֹם בְּשִׂמְחָה וְגִילָה

עִיר גִּבּוֹרִים חָכָם נִתְעַלָּה   15

אֶל הָאֱלֹהִים מֹשֶׁה עָלָה

ככת' ומשה עלה אל האלהים ויקרא <אליו אלהים מן ההר לאמר כה
תאמר לבית יעקב ותגד לבני ישראל> <שמ' יט:ג>
ונ' עיר גבורים עלה חכם <וירד עז מבטחה> <מש' כא:כב>
ונ' ימלוך יי לעולם אלהיך ציון <לדר ודר הללויה> <תה' קמו:י>
ואתה קדוש <יושב תהלות ישראל> <תה' כב:ד>

אל נא

ד אָנֹכִי יָצָאתִי לְיִשְׁעֲךָ בְּאֶרֶץ מַעֲבִידִים
וּבְחוֹזֶק יָד הוֹצֵאתִיךָ מִבֵּית עֲבָדִים
לֹא יִהְיֶה לְךָ זָרִים נֶעֱבָדִים
כִּי אֶרֶץ וְשָׁמַיִם בָּךְ מְעִידִים

לֹא תִשָּׂא כְּזָבִים אָלוֹת שָׁוְא מְלַמְּדִים
כִּי שְׁבוּעַת שָׁוְא תַכֶּה יְלָדִים
זָכוֹר אֶת יוֹם הַמְקוּדָּשׁ בַּמּוֹעֲדִים
כִּי מְחַלְלָיו בִּשְׁתֵּי מִיתוֹת אוֹבְדִים

כַּבֵּד לִשְׁנֵי יוֹלְדֶיךָ בְּכָל כִּיבּוּדִים
כִּי מְכַבְּדֵיהֶם בִּשְׁנֵי עוֹלָמוֹת מִתְכַּבְּדִים
לֹא תִרְצַח חִנָּם וּתְחֻוַּיַּב שְׁמָדִים
כִּי מִדָּה בְמִדָּה לָךְ מוֹדְדִים

לֹא תִנְאַף יוֹקֶשֶׁת יְקָרִים בִּמְצוֹדִים
כִּי דְרָכֶיהָ דַרְכֵי מָוֶת יוֹרְדִים
לֹא תִגְנוֹב יְגִיעוֹת לְרֵעֲךָ מִתְוַעֲדִים
כִּי מָמוֹנָם יְחַסְּרוּ גַנָּבִים וְשׁוֹדְדִים

לֹא תַעֲנֶה עִינְיָנִים שְׁקָרִים מַגִּידִים
כִּי עֵדֵי שֶׁקֶר בָּתֵּיהֶם מַכְחִידִים
לֹא תַחְמוֹד וְתִתְאַיו חוּץ מִתַּלְמִידִים
כִּי חָמֵשׁ עֲבֵרוֹת נִמְצָא בַּחוֹמְדִים

לָךְ הִזְהַרְתִּי כָל הַפִּקּוּדִים
הִזָּהֵר בָּם כִּי לָךְ מֻופְקָדִים
מִכָּל אֻומָּה וְלָשׁוֹן נִפְקָדִים
לָךְ נִגְלֵתִי בְקוֹלוֹת וּבְרָקִים הַמְלֻופָּדִים
וְכָל הָעָם רוֹאִים אֶת הַקּוֹלוֹת וְאֶת הַלַּפִּידִים <שמ' כ:טו>

חי וקיים מ<רום> נו<רא> וק<דוש>

ה

אָמְנָם בַּעֲלוֹת שְׁבִיעִי לַדּוֹרוֹת
אֶל שְׁמֵי רוֹם לְהוֹרִיד עֲשֶׂרֶת הַדִּבְּרוֹת
בֵּיאֵר לוֹ מִקְרָא וּמִשְׁנָה לְהוֹרוֹת
אֵלֶּה הַחֻוקִּים וְהַמִּשְׁפָּטִים וְהַתּוֹרוֹת <ויק׳ כו:מו>

גֵּאֶה הוֹדִיעוֹ בְּמֵיטַב אֲמָרִים
דַּת הֶגְיוֹן חֲמִשָּׁה סְפָרִים וְשִׁשָּׁה סְדָרִים
וּמִקְרָא סוֹפְרִים וְעִיטּוּר סוֹפְרִים מְסוּרִים
וְעַל לוּחוֹת הַבְּרִית עֲשֶׂרֶת הַדְּבָרִים

זִיהֵר סֵדֶר זְרָעִים בְּחָכְמָה
חֶשְׁבּוֹן מַסֶּכְיוֹתָיו אַחַת עֶשְׂרֵה לְסַיְּימָה
טַעֲמֵי פְרָקָיו אַרְבָּעָה וְשִׁבְעִים לְפַרְסְמָה
תּוֹרַת ייי תְּמִימָה <תה׳ יט:ח>

Variant Readings:

Oxford Heb.d.51 = **א** (basic text piyyutim **א,ב,ג,ד**, lines 1-3); Paris 259.1 VIII = **ב** (basic text piyyut **ד**, lines 4-20, piyyut **ה**, lines 1-10); T-S N.S. 275.46 = **ג** (piyyutim **א,ב,ג,ד,ה**, basic text piyyut **ה**, lines 11-16); Strasbourg 4077 = **ד** (piyyut **ב**, lines 9-21, piyyutim **ג,ד**); London Or. 5557Z, fol. 21a = **ה** (piyyut **ג**, lines 11, 17-21); T-S N.S. 140.1 = **ו** (piyyut **ב**, lines 13-21, piyyut **ג**, lines 1-18); T-S N.S. 235.63+64 = **ז** (piyyut **ג**); T-S N.S. 275.55 = **ח** (piyyut **ד**, lines 19-26, piyyut **ה**, lines 1-12); T-S N.S. 275.99 = **ט** (fragments of piyyut **ב,ד**); T-S N.S. 276.41 = **י** (piyyut **ג**); New York Adler 2858,19 piyyut **א,ב,ג**, lines 1-10); T-S N.S. 235.10 (piyyut **ה**, lines 1-4); T-S N.S. 235.35 piyyut **א**, lines 1-10); T-S N.S. 235.62 (piyyut **ב**, lines 18-21, piyyut **ג**, lines 1-4); Frankfurt 87 (piyyut **א**).

א 3 **ועמם**] ועולנו ג \ 19 **שח**] סח ג.
ב 2 **נתרגשו**] נתגדשו ג. \ 4 **עלהו**] עילהו ג. \ 8 **עיתדה**] עתדה ג. \ 15 להוסיף: יראת ייי טהורה עומדת לעד <תה׳ יט:ט> ג.
ג 1 **מבין...הכרובים**] מבין הכרובים ז. \ 7 **שבעה רקיעים**] רום שמים י. \ 8 **לעבדיו**] להוסיף: הנביאינ ז. \ 9 **דברות**] דיברות ז. **להנחילה**] כהנחילה י. \ 11 **ותהלה**] ותחלה ו. \ 12 **הוגי**] הגוי ט. \ 17 **ככת ומשה עלה וג׳**] ככת׳ עיר גבורים ה. \ 18 **ונ׳ עיר גבורים**] ונא׳ ומשה עלה ה. **גבורים**] גברים ו להוסיף: ונ׳ כי לא יעשה וג׳ <עמ׳ ג:ז> י. \ 19 **גלה**] גולה ה. \ 21 **קדוש**] להוסיף: ישב ה.
ד 8 **אוכדים**] אובדים גד. \ 11 **ותחויב**] ותחוייב גד. \ 15 **מתועדים**] מתוועדים ד. \ 17 **עינינים**] עניינים ד. \ 18 **עדי׳**] עידי גד. \ 19 **תתאיו**] תתאו ד. \ 20 **עברות**] עבירות גד. \ 21 **פקודים**] פיקודים ד. \ 22 **הזהר**] היזהר ג. \ 24 **נגלתי**] נגליתי גד.
ה 2 **הדברות**] הדיברות ח. \ 3 **לו**] חסר ח. \ 7 **סופרים**] ומשנה ג. **ועיטור**] ועטור ג. \ 9 **זיהר**] זהר ג. \ 10**מסכיותיו**] מסכיות ג.

א

1 **ארקא ודוק**: ארץ ושמים, ר׳ [ל],ז,1. **הרעיש**: על פי חגי ב,ו: ואני מרעיש את השמים ואת הארץ **קדושי**: ה׳, ר׳ [כה],ב,2. 2 **ביום...שלישי**: ביום שקיבלתי את התורה. **כתב שלישי**: התורה, על פ משׁ׳ כב,כ: הלא כתבתי לך שלישים, הש׳ תנח׳ יתרו י: זו תורה שאותותיה משולשים.. תור משולשת תורה נביאים וכתובים. 3 **געשו**: רעדו. **עליונים ותחתונים**: שמים וארץ, ר׳ שמ״ר יב,ג

התחתונים יעלו לעליונים והעליונים ירדו לתחתונים. **ועמם הגעישי**: ה׳ הרעיד אותי יחד אתם. 4 **דברות...כהורישי**: כשה׳ נתן לי את עשרת הדברות לירושה. 5 **הן**: הנה. **לשמו הקדישי**: לכבוד שמו ה׳ הקדיש אותי. 6 **מים**: התורה, השׁ׳ שמ״ר ב,ה: ישראל אינן גדילים אלא בזכות התורה שנקראת מים. **הפריח שרשי**: ה׳ נתן קיום לעם ישראל דרך התורה. 7 **זאת התורה**: דב׳ ד,מד. **להגות ברחשי**: ללמוד ולהזכיר בתפילתי. 8 **חמורות...בפגשי**: כשאני, כנסת ישראל, לומדת תורה, אני מוצאת בה מצוות חמורות ומצוות קלות. 9 **טמא...בהפרישי**: התורה מלמדת להפריש טמא מטהור. 10 **יקרה מפנינים**: התורה, ר׳ [ל],ב,11. **תורת חמשי**: חמשה חומשי תורה. 11 **בשני עולמות**: בעולם הזה ובעולם הבא. **עטרת ראשי**: התורה, השׁ׳ פס״ר י: כשעמדו בסיני ואמרו נעשה ונשמע ניתן להם עטרת בראשם, ר׳ איכה ה,טז: נפלה עטרת ראשנו. 12 **לנו...משה**: ר׳ טור 17. 18 **יעקב**: עם ישראל. 19 **כהשליך...יהב**: על פי תה׳ נה,כג: השלך על ה׳ יהבך, כשקיבל את התורה. 20 **שח**: ה׳ דיבר. **להצילי מהבהב**: על פי מש׳ ל,טו: לעלוקה שתי בנות הב הב, להציל אותי ממצרים הדומה לגהינום. 21 **טוב...זהב**: על פי תה׳ קיט,עב.

ב

1 **מחנות...גדודים**: צבאות המלאכים בהר סיני. 2 **קולות ולפידים**: על פי שמ׳ כ,טו: וכל העם ראים את הקולת ואת הלפידם. 3 **סיני...בפחדים**: כשהשפיל הר סיני את עצמו בפחד. 4 **עלהו...הרים**: ה׳ רומם את הר סיני מעל כל ההרים, השׁ׳ שו״ט סח,ט: אין רצוני אלא בסיני שהוא שפל מכולכם. **מושיב יחידים**: ה׳, ר׳ [ב],ו,11. 5 **ידידים**: ישראל, ר׳ [כב],ו,22. 6 **צופים...נחמדים**: מצוות התורה, ר׳ טור 16. 7 **קדומה אלפים**: התורה, השׁ׳ שו״ט צ,יב: שבעה דברים קדמו לעולם אלפיים שנה, התורה.. **מכובדים**: בני ישראל. 8 **ראשית דרכו**: התורה, ר׳ טור 17. 9 **שלושת... נפרדים**: על פי שמ׳ יט,טו: היו נכנים לשלשת ימים אל תגשו אל אשה. 10 **שמור...אגודים**: מחוברות בתורה מצות ״שמור״ (דב׳ ה,יב) ומצות ״זכור״ (שמ׳ כ,ח). 11 **אמות שבעים**: שבעים אומות העולם. **המנודים**: לשון נידוי, המרוחקים. 12 **תמימים**: בני ישראל. 18 **מאז...אצלו**: מאז התורה היתה גנוזה אצל ה׳. 19 **להנחילה**: כדי להנחיל אותה. 20 **מדד... בשעלו**: ה׳, ר׳ [ל],ו,15. **לקהלו**: לעם ישראל. 21 **להחיות בטלו**: ר׳ [ג],ב,19. **עם מיחלו**: ישראל, על פי תה׳ קל,ז: יחל ישראל אל ה׳.

ג

1 **יה...כנגלה**: כשה׳ נגלה על הר סיני, השׁ׳ שהש״ז א,יג: זו השכינה שהיתה נתונה בין שני הכרובים. 2 **תבל ומלואה**: תה׳ נ,יב. **נתחלחלה**: נבהלה, על פי אסתר ד,ד: ותתחלחל המלכה. 3 **ואימה...נפלה**: על פי בר׳ טו,יב: אימה חשכה גדלה נפלת עליו. 4 **ונתמלאו...חלחלה**: על פי יש׳ כא,ג: על כן מלאו מתני חלחלה. 5 **הוא...אוכלה**: על פי דב׳ ד,כד: כי ה׳ אלהיך אש אכלה הוא. 6 **ודתו...אוכלה**: התורה, על פי דב׳ לג,ג: אש דת למו, ר׳ גם יש׳ כט,ו: ולהב אש אוכלה. 7 **ועל... נתעלה**: ר׳ תנח״ב כי תשא נו: שהוא נתון למעלה משבעה רקיעים. 8 **וסודו...גילה**: על פי עמ׳ ג,ז: כי אם גלה סודו אל עבדיו הנביאים. 10 **לאיומה כנדגלה**: לישראל, ר׳ [יד],א,1. 11 **עץ חיים**: התורה, ר׳ [כג],ד,11. 12 **הוגי בה**: שלומדים בתורה. 13 **הימן**: משה, ר׳ [כח],ג,1. **צם...אכילה**: על פי שמ׳ לד,כח: לחם לא אכל ומים לא שתה. 14 **ארבעים יום**: על פי שמ׳ לד,כח: ויהי שם עם ה׳ ארבעים יום. 15 **עיר...נתעלה**: משה, על פי מש׳ כא,כב: עיר גברים עלה חכם, השׁ׳ שמ״ר מג,ב: זה משה שנקרא חכם שנאמר עיר גבורים עלה חכם.

ד

1 **אנכי**: אנכי ה׳, הטור הראשון והשלישי של כל מחרוזת פותח באחת מעשרת הדיברות חוץ מהמחרוזת האחרונה. **בארץ מעבידים**: מצרים. 2 **ובחוזק...הוצאתיך**: על פי שמ׳ יג,ט: כי ביד חזקה הוציאך ה׳ ממצרים. **מבית עבדים**: ממצרים, על פי שמ׳ יג,ג. 3 **זרים נעבדים**: אלילים. 4 **כי ...מעידים**: השׁ׳ דב׳ לא,כח: ואעידה בם את השמים ואת הארץ. 5 **אלות...מלמדים**: ר׳ הוש׳ י,ד: דברו דברים אלות שוא. 6 **כי...ילדים**: אולי מובנו: על שבועת שוא תייסר את הבנים. 7 **יום המקודש**: יום השבת, על פי בר׳ ב,ג: ויברך אלהים את יום השביעי ויקדש אתו. 8 **כי...אובדים**: על פי שמ׳ לא,יד: מחלליה מות יומת, השׁ׳ שבת ע, ע״א: התורה רבתה מיתות הרבה על חילול אחד, אלה שמחללים שבת חייבים מוות משום חילול שבת ומשום מלאכות. 9 **יולדיך**: הוריך. 10 **כשני...מתכבדים**: משנה פאה א,א: אלו דברים שאדם אוכל פירותיהן בעולם הזה והקרן קיימת לו לעולם הבא, כיבוד אב ואם.., ר׳ דב׳ ה,טז: למען יאריכון ימיך ולמען ייטב לך. 11 **ותחויב שמדים**:

תהיה חייב מוות. 12 **כי...מודדים**: הש׳ מכ׳ בשלח א: במדה שאדם מודד בה מודדין לו, הש׳ שמ׳ כא,כג: נפש תחת נפש. 13 **יוקשת...במצודים**: הש׳ קה׳ ז,כו: האשה אשר היא מצודים, האשה הנואפת לוכדת אנשים יקרים במצודים, קה״ר ט,יב: אוי לה לעבירה שעוברין בה על עשרת הדברות. 14 **כי...יורדים**: הניאוף והזנות מביאים למוות. 15 **יגיעות...מתועדים**: כל מה שאסף אדם ביגיעות מלאכתו. 16 **כי...ושודדים**: לוקחים מרכוש הגנבים והשודדים כעונש. 17 **שקרים מגידים**: עדי שקר. 18 **בתיהם מכחידים**: מענישים עדי שקר בהריסת בתיהם. 19 **ותתאיו**: ותתאווה, על פי דב׳ ה,יח: ולא תחמד.. ולא תתאוה. **חוץ מתלמידים**: ר׳ אבות א,א: והעמידו תלמידים הרבה. 20 **כי...חומדים**: אלה שחומדים עוברים על ׳לא תחמוד׳ חמש פעמים, על פי שמ׳ כ,יד, דב׳ ה,יח, דב׳ ז,כה. 21 **לך...הפקודים**: אני, ה׳, צוויתי לך את כל חוקי התורה. 22 **הזהר ...מופקדים**: תשמור את החוקים השמורים אצלך. 23 **מכל...נפקדים**: נבחרים מכל עם, ר׳ [יד],ו,11. 24 **לך...המלופדים**: ר׳ טור 25.

ה

1 **שביעי לדורות**: הש׳ פדר״כ כג,י: באבות השביעי חביב... משה, ומשה עלה אל האלהים. 3 **ביאר...להורות**: הש׳ ירוש׳ פאה ב,ד: מקרא משנה תלמוד ואגדה.. כבר נאמר למשה בסיני. 5 **גאה**: ה׳, ר׳ [ל],ה,5. 6 **דת...ספרים**: התורה. **וששה סדרים**: המשנה. 7 **ומקרא...מסורים**: הש׳ נדרים לז, ע״ב: מקרא סופרים ועיטור סופרים וקריין ולא כתיבן וכתיבן ולא קריין הלכה למשה מסיני. 8 **ועל... הדברים**: על פי דב׳ ד,יג: ויגד לכם את בריתו אשר צוה אתכם לעשות עשרת הדברים ויכתבם על שני לחות אבנים. 9 **זיהר**: לימד. **סדר זרעים**: הסדר הראשון של המשנה. 10 **חשבון...לסיימה**: לסדר זרעים יש י״א מסכתות במדוייק. 11 **טעמי...לפרסמה**: ע״ד משניות יש לגלות בכל פרקי הסדר.

[מב] שבת זכור

ה אָמְנָם שִׁבְעָה רְשָׁעִים קָמוּ לְאַבֵּד גּוֹי אֶחָד בָּאָרֶץ
לוּלֵי בִיטֵל עֲצָתָם בּוֹרֵא קְצוֹת הָאָרֶץ
בַּדָּבָר אֲשֶׁר זָדוּ עֲלֵיהֶם דָּנָם שׁוֹכֵן שְׁמֵי עָרֶץ
לְמַעַן דַּעַת כָּל עַמֵּי הָאָרֶץ <מ״א ח:ס>

הָרִאשׁוֹן אֲרַמִּי [כְּנִגְנַב] אֱלוֹהָיו לְבוּשׁוֹ קָרַע
וּבָא לַעֲקוֹר אוֹתִי כְּמוֹ אֵירַע
לוּלֵי נִרְאָה בַחֲלוֹם וּמִמֶּנִּי נִגְרַע
וְנָם לוֹ הִשָּׁמֶר לְךָ מִדַּבֵּר עִם יַעֲקֹב מִטּוֹב עַד רָע <בר׳ לא:כט>

הַשֵּׁינִי הוּא פַּרְעֹה דִּבֵּר הָבָה נִתְחַכְּמָה לְמִסְפָּרָם כְּחוֹל הַיָּם
הָג כָּל הַ[בֵּן] הַיִּלּוֹד לְהַשְׁלִיכוֹ לְתוֹךְ הַיָּם
וּבְרִשְׁתּוֹ אֲשֶׁר טָמַן נִלְכַּד בִּמְאֹד אֵל חַי וְקַיָּם
מַרְכְּבוֹת פַּרְעֹה וְחֵילוֹ רָמָה בַיָּם <שמ׳ טו:ד>

הַשְּׁלִישִׁי הוּא עֲמָלֵק זֵירֵז לַעֲשׂוֹת מִצְוַת הוֹרוֹ וְנָאֲמוֹ
חַרְבּוֹ שָׁלַף עַל עָיֵף וְיָגֵיעַ לְהַחֲרִימוֹ
לוּלֵי טָהוֹר וְקָדוֹשׁ בְּיַד בִּן נוּן הֶתִימוֹ
וַיַּחֲלֹשׁ יְהוֹשֻׁעַ אֶת עֲמָלֵק וְ[אֶת] עַמּוֹ <שמ׳ יז:יג>

הָרְבִיעִי הוּא סִיסְרָא יָבִין מֶלֶךְ כְּנַעַן הִשְׁלִיטוֹ עַל עַם אֶחָד לְכַלּוֹתוֹ
כִּי תְשַׁע מֵאוֹת רֶכֶב בַּרְזֶל הִקְשׁר עָלֵינוּ בַּחֲמָתוֹ
לוּלֵי לוֹבֵשׁ צְדָקָה בְּיַד אִשָּׁה הִמְסִירוֹ לַהֲמִיתוֹ
וַתִּתְקַע אֶת הַיָּתֵד בְּרַקָּתוֹ <שופ׳ ד:כא>

הַחֲמִישִׁי הוּא גָלְיָת מִגַּת בָּא לְחָרֵף אֱלֹהֵי מַעַרְכוֹת יִשְׂרָאֵל בְּשִׂיחוֹ
נָטַל שִׁרְיָן וְהִבְרִיק חַרְבּוֹ וְרָומְחוֹ
לוּלֵי סוֹמֵךְ נוֹפְלִים בְּיַד מְנַגֵּן הִשְׁפִּילוֹ וְהִשִּׂיחוֹ
וַיַּךְ אֶת הַפְּלִשְׁתִּי אֶל מִצְחוֹ <ש״א יז:מט>

הַשִּׁישִׁי הוּא סַנְחֵרִיב עָלָה בְּמֵאָה וּשְׁמוֹנִים וַחֲמִשָּׁה אֶלֶף וְעָמַד עַל הַר הַזֵּיתִים
פִּיו פָּתַח בְּגֵאוּת לְחָרֵף בְּיָדוֹ מְמִתִים
לוּלֵי צוּר צִוָּה שַׂר צְבָאוֹ וּשְׂרָפָם וְהִנָּם נְחוּתִים
וַיַּשְׁכִּימוּ בַבֹּקֶר וְהִנֵּה כֻולָּם פְּגָרִים מֵתִים <מ״ב יט:לה>

הַשְּׁבִיעִי הוּא הָמָן כְּרָאָה מָרְדְּכַי לְהִשְׁתַּחֲוֵה לוֹ
רָץ וְשָׁקַל עֲשֶׂרֶת אֲלָפִים לְאַבְּדוֹ וְלִקְהָלוֹ
לוּלֵי תַּקִּיף קִלְקֵל עֲצָתוֹ וּבְרֹאשׁוֹן הֵשִׁיב עֲמָלוֹ
וַיִּתְלוּ אֶת הָמָן עַל הָעֵץ אֲשֶׁר הֵכִין לוֹ <אסתר ז:י>

ה

1 **לאבד**: להשמיד. **גוי...בארץ**: ישראל, ר׳ [טז],א,10. 2 **עצתם**: תכניתם הרעה. **בורא...הארץ**: ה׳, על פי יש׳ מ,כה. 3 **בדבר...עליהם**: שמ׳ יח,יא. **דנם**: דן אותם. **שוכן...ערץ**: ה׳. 5 **הראשון**: הרשע הראשון. **ארמי**: לבן, על פי בר׳ כה,כ: לבן הארמי. **אלוהיו**: התרפים, ר׳ בר׳ לא,לב. 6 **אותי**: יעקב. **כמו אירע**: על פי בר׳ לא,לג: ויבא לבן באהל יעקב. 7 **נראה בחלום**: על פי בר׳ לא,כד: ויבא אלהים אל לבן הארמי בחלם הלילה. **וממני נגרע**: לבן סר מיעקב. 9 **הבה נתחכמה**: שמ׳ א,י. **למספרם...הים**: ישראל, ר׳ [כז],ב,10. 10 **הג**: אמר. **כל...הים**: על פי שמ׳ א,כב: כל הבן הילוד היארה תשליכהו. 11 **וברשתו...נלכד**: על פי תה׳ ט,טז: ברשת זו טמנו נלכדה רגלם. **במאד**: בכוח. **אל...וקים**: ה׳, על פי דנ׳ ו,כז: אלהא חיא וקים. 13 **זירז**: מיהר. **לעשות...ונאמו**: עמלק הוא מזרע עשיו והלך בעקבותיו, ר׳ בר׳ לו,יג: ותלד לאליפז את עמלק אלה בני עדה אשת עשו. 14 **עיף ויגיע**: ישראל, על פי דב׳ כה,יח: ואתה עיף ויגע. **להחרימו**: כדי להשמיד את עם ישראל. 15 **טהור וקדוש**: ה׳. **בן נון**: יהושע, על פי שמ׳ לג,יא. **התימו**: הרג אותו. 17 **השליטו**: מינה אותו כשליט. **עם אחד**: ישראל, על פי אסתר ג,ח. **לכלותו**: להשמדת ישראל. 18 **תשע...ברזל**: שופ׳ ד,יג. **הקשר עלינו**: אסף נגדנו. 19 **לובש צדקה**: ה׳, על פי יש׳ נט,יז: וילבש צדקה. **אשה**: יעל, על פי שופ׳ ד,יז: יעל אשת חבר. 21 **גלית מגת**: על פי ש״א יז,כג: גלית הפלשתי שמו מגת. **בא...ישראל**: על פי ש״א יז,כו: חרף מערכות אלהים חיים. 22 **נטל...ורומחו**: על פי ש״א יז,ה-ו. 23 **סומך נופלים**: ה׳, על פי תה׳ קמה,יד: סומך ה׳ לכל הנפלים, אירוניה: חוץ מגלית. **מנגן**: דויד, על פי ש״א יח,י: ודוד מנגן. **והשיחו**: והפיל אותו. 25 **עלה...אלף**: על פי מ״ב יט,לה. **ועמד...הזיתים**: על פי מ״ב יח,יז. 26 **פיו...בגאות**: על פי תה׳ יז,יא: פימו דברו בגאות. **ממתים**: ישראל שהם מתי מספר. 27 **צור**: ה׳, ר׳ [ג],ד,13. **שר צבאו**: מלאך. **ושרפם**: שרף אותם, הש׳ סנהדרין צד, ע״ב: סנחריב שחירף ע״י שליח נפרע הקב״ה ממנו ע״י שליח. **נחותים**: מונחים מתים. 29 **כראה ...לו**: על פי אסתר ג,ה, כשהוא ראה שמרדכי לא השתחווה לפניו. 30 **רץ...ולקהלו**: על פי אסתר ג,ט: יכתב לאבדם ועשרת אלפים ככר כסף אשקול. 31 **תקיף**: ה׳. **קלקל עצתו**: הפריע לו בתכניתו הרעה. **ובראשון... עמלו**: צ״ל ובראשו, על פי תה׳ ז,יז: ישוב עמלו בראשו.

[מג] שבת שמעו <יר׳ ב:ד>

ה אָמְנָם חָמֵשׁ עָרְלוֹת רָמַז צִיר לַעֲדָתוֹ
אַרְבַּע בָּאָדָם וְאַחַת בָּעֵץ חִיוָּה בְמִילָּתוֹ
בֵּיאוּר רִאשׁוֹנָה זָכָר כִּי יִוָּלֵד דָּתוֹ
בַּיּוֹם הַשְּׁמִינִי יִמּוֹל בְּשַׂר עָרְלָתוֹ <ויק׳ יב:ג>

גַּם הַשְּׁנִיָּה צִיר לִסְנֶה בְּהַגִּיעוֹ
לֵךְ וְאֶשְׁלָחֲךָ אֶל תַּנִּין הִשְׁמִיעוֹ
דִּבֵּר מֵשִׁיב לִפְנֵי מוֹשִׁיעוֹ
הֵן אֲנִי עֲרַל שְׂפָתַיִם וְאֵיךְ יִשְׁמַע אֵלַי פַּרְעֹה <שמ׳ ו:ל>

הַשְּׁלִישִׁית הוֹרָה לְעַמּוֹ לְחַנְּכֶם
הִשְׁמִיעָם עָנָיו אֶחָד הוּא מַלְכְּכֶם
וּתְפִילָּה בְּהַשְׁמִיעוֹ לְפָנָיו בַּעַדְכֶם
וּמַלְתֶּם אֵת עָרְלַת לְבַבְכֶם <דב׳ י:טז>

זְדוּ בְרְבִיעִית וְהִקְצִיפוּ לִפְנֵי קוֹנָם
הֵעֵיזוּ מִצְחָם וְהִכְבִּידוּ עֲוֹנָם
חִזְּקוּ לִבָּם וְהִכְבִּידוּ כְאֵיבָם
וְנָבִיא שִׁמְּעָם הִנֵּה עֲרֵלָה אָזְנָם <יר׳ ו:י>

טִיכּוּס חֲמִישִׁית נָם אָדוֹן בְּחִיוּוּיוֹ
לִשְׁמוֹר וְלַעֲשׂוֹת חָוק צִיוּוּיוֹ
יִהְיֶה לָכֶם עֲרֵלִים עֵץ נָטוּעַ בְּרִיוּוּיוֹ
וַעֲרַלְתֶּם עָ[רְ]לָתוֹ אֶת פִּרְיוֹ <ויק׳ יט:כג>

ה

1 **חמש ערלות**: הש׳ פדר״א כט: חמש ערלות בעולם, ארבע באדם ואחת באילן. **רמז**: לימד. **ציר**: משה, ר׳ [טז],ה,10. **לעדתו**: לישראל. 2 **ארבע באדם**: הש׳ בר״ר מו,ה: ד׳ ערלות הן נאמרה ערלה באוזן.. ונאמרה ערלה בפה.. ונאמר ערלה בלב.. ונאמר ערלה בגוף. **חיוה במילתו**: הודיע בדיבורו. 3 **זכר...דתו**: מצווה היא למול כל בן שיוולד. 5 **ציר...בהגיעו**: כשהגיע משה לסנה, על פי שמ׳ ג,ב. 6 **לך ואשלחך**: על פי שמ׳ ג,י. **תנין**: פרעה, על פי יח׳ כט,ג: הנני עליך פרעה מלך מצרים התנים הגדול. **השמיעו**: הודיע ה׳ למשה. 7 **דבר משיב**: משה ענה. **מושיעו**: ה׳, על פי יש׳ מט,כו: אני ה׳ מושיעך. 9 **לחנכם**: ללמד אותם. 10 **עניו**: משה, ר׳ [ט],ה,15. **מלככם**: ה׳, על פי יש׳ מג,טו: בורא ישראל מלככם. 11 **ותפילה...בעדכם**: כשמשה התפלל לפני ה׳ בעד ישראל. 13 **זדו**: עשו רע. **והקציפו**: הכעיסו. **קונם**: ה׳, על פי בר׳ יד,יט: קנה שמים וארץ. 14 **העיזו מצחם**: התעקשו. 15 **חזקו...כאיבם**: המשיכו לחטוא וגבר עונשם. 17 **טיכוס**: סידור. **נם**: אמר. **אדון**: ה׳, ר׳ [כד],ג,6. **בחיויו**: בהודעתו. 18 **חוק ציוויו**: מצוות התורה. 19 **יהיה...ערלים**: על פי ויק׳ יט,כג: ונטעתם כל עץ מאכל וערלתם ערלתו. **בריוויו**: שמקבל מספיק מים.

פיוטים שייחוסם מסופק

POEMS OF UNCERTAIN ATTRIBUTION

[1] בראשית <בר׳ א:א>

ו [.......]

[כ.. ... ...]
[... ... .]ם
[ל.. ...] אֲדָמָה [...]
וַיֹּאמֶר אֱ[לֹ]הִים יִקָּווּ הַמַּ<יִם> <בר׳ א:ט>

[מ.. זר]ע [...] וְעֵץ [...]
[... ...] נ[.. ...·..]
[נ.. ...] גַּן עֵדֶן [...] בָּאָרֶץ
וַיֹּאמֶר אֱלֹ<הִים> תַּדְשֵׁא הָאָרֶ<ץ> <בר׳ א:יא>

[ס]לל [..]וו ואשנבה הַתְלָה
אֵל אַדִּיר נוֹרָא עֲלִילָה
עֲשׂוֹת בֶּדֶל בֵּין נְהוֹרָא לַאֲפֵילָה
וַיֹּאמֶר אֱלֹ<הִים> יְהִי מְאוֹרוֹת בִּרְ<קִיעַ> הַשָּׁ<מַיִם> לְהָאִיר בֵּין הַיּ<וֹם> וּבֵין הַלָּ<יְלָה> <בר׳ א:יד>

פָּעַל בְּחָכְמָה קוֹרֵא הַדּוֹרוֹת
[... ... ..]ור [... ...]
[צ.. ... ...] לְדוֹרוֹת
וַיַּעַשׂ אֱלֹהִים אֶ<ת> שְׁנֵי הַמְּאוֹרוֹת <בר׳ א:טז>

[ק.. ...] גָּדוֹל [... ... ...]
[... ..]ות [... ... ...]
[ר.. ...] עַל מַ[יִם ... ...]
וַיֹּא[מֶר אֱ]לֹהִים יִשְׁרְצוּ הַמַּ<יִם> שֶׁרֶץ נֶ<פֶשׁ> חַיָּה <בר׳ א:כ>

שָׁקַד לִבְרוֹת בְּהֵמָה וְחַיָּ[ה]
אֲשֶׁר הוּא יִהְיֶה וְהוּא הָיָה
תִּיכְּנוֹ שְׁכוֹן בְּהָרֵי אָלֶף לִסְעוּדָה רְאוּיָה
וַיֹּאמֶר אֱלֹ<הִים> תּוֹצִיא הָאָ<רֶץ> נֶפֶ<שׁ> חַיָּה <בר׳ א:כד>

ו

9 **ואשנבה התלה**: הש׳ פ״ר מו: ויום ראשון של עולם נבראו המאורות ולא נתלו עד יום ד׳ ועכשי האריכה אותה אורה שלשה ימים שהן ל״ו שעות ויאמר אלהים יהי מאורות ברקיע השמים למו יהיו, להבדיל בין היום ובין הלילה, עכשיו נתלו וקודם לכן לא היה לילה שהבדיל ליום. 10 **אי אדיר**: ה׳, על פי יש׳ לג,כא: אדיר ה׳ לנו. **נורא עלילה**: ה׳, ר׳ [א],ב,1. 11 **עשות בדל**: להבדיל **בין...לאפילה**: בין אור לחשך, ר׳ טור 9. 13 **פעל**: ברא, עשה, הש׳ פדר״כ כב,ה: ויעש אלהים או

שני המאורות.. עשייה שנאמר כן ליתן אורה לעולם. **קורא הדורות**: ה׳, על פי יש׳ מא,ד: מי פעל ועשה קרא הדרות. 21 **שקד**: מיהר. **לברות...וחי[ה]**: על פי תה׳ נ,י: כי לי כל חיתו יער בהמות בהררי אלף, הש׳ אוצר המדרשים שיא, ה,א: בששי ברא בהמות בהררי אלף ושאר כל מיני בהמה ושאר מיני חיה. 22 **אשר...היה**: ה׳. 23 **שכון**: לשכון. **בהרי...ראויה**: הש׳ תנח׳ פינחס יב: בהמה אחת בראתי בעולמי ואין אתה יכול לעמוד במזונותיה ואיזה זו בהמות בהררי אלף, הש׳ גם פדר״כ ו,א: ר׳ יוחנן אמר בהמה אחת היא רבוצה על אלף הרים ואלף הרים מגדלין לה מזונות והיא אוכלת.

[2] אלה תולדות השמים <בר׳ ב:ד>

ד [.......]

שִׁבְעָה רְקִיעִים וְיִפִּיתָה מַ[רְאָ]ם
וְשֶׁבַע אֲרָצוֹת לְהַצִּיבָם וּלְהַצְבִּיאָם
לְהוֹדִיעַ לַכֹּל כִּי אַתָּה בוֹרְאָם
אֵלֶּה תּוֹלְדוֹת הַשָּׁמַיִם וְהָאָרֶץ בְּהִבָּרְאָם <בר׳ ב:ד>

[... ... ..]לש [... ... ...]
[... ... מְ]אוֹרוֹת [... ... ...]
[... ... ...]
[... ... ...]

[... ...] אמרו עם [... ...]
[... ... ...]
[... ... ...] לָךְ לְעוֹלָם
[... ... ...]

נורא מרום וקדוש

ה אָמְנָם שֶׁבַע אֲרָצוֹת [תָּ]קַעְתָּה
וְעַל בְּלִימָה כְּוֹלָּה תְּלִיתָה
בְּכֵן מוּל שִׁבְעַת יְמֵי בְרֵאשִׁית תִּיקַּנְתָּה
נָכוֹן כִּסְאֲךָ מֵאָ<ז> מֵ<עוֹלָם> אָתָּה <תה׳ צג:ב>

[.......]

שבעה רקיעים: הש׳ אדר״נ לז: שבע רקיעין הן אלו הן וילון רקיע שחקים זבול מעון מכון ערבות. **יפיתה מ[רא]ם**: אולי מובנו: שיפרת את צורתם. 2 **ושבע ארצות**: הש׳ שם,שם: כנגדן (הרקיעים) קרא לארץ ז׳ שמות אלו הן ארץ אדמה ארקא חרבה יבשה תבל חלד. **להציבם**: להקים אותם. **להצביאם**: לכנס בהם צבאות, לאכלס אותם.

ה

1 **שבע ארצות**: ר׳ פיוט ד, טור 2. **[ת]קעת**: קבעת. 2 **ועל...תליתה**: על פי איוב כו,ז: תלה ארץ ע[ל] בלימה, הש׳ שמ״ר טו,כב: העמיד אותן על אויר העולם על בלימה. 3 **מול**: כנגד. **שבעה...תיקנתה** הש׳ שו״ט צב,ב: בששת ימי המעשה פעלתי את העולם ובשבת נחתי.. שבעה רקיעים בראתי. שבעה ארצות בראתי.

[3] ואברהם זקן <בר׳ כד:א>

?
אָב אֲשֶׁר מֵחֲלָ[צָיו] כָּמוֹהוּ הֵקָם
בִּדְמוּתוֹ בְּכָל מַעֲשֶׂ[ה ..]קם
[גַּ]ם כב[י]שרו אָבִיו בּוֹ קָם
דְּבָרִי אֲשֶׁר [יֵצֵ]א מִפִּי לֹא יָשׁוּב רֵקָם <יש׳ נה:יא>

הא[.. ... .]ל מעשיוני
וה[..] אֲשֶׁר נִמְלַט מֵחֶרֶב שְׁנוּנָי
זֶה דוֹמֶה לָזֶה בְּלֹא גְנָי
חַ[סְ]דֵי [ייי] אַזְכִּיר [תְּהִ]לֹּת ייי <יש׳ סג:ז>

טוֹב בְּ[י]שֶׁר בּוֹ מְשַׂחֵק
יוקר [... ...] וְלֹא [ת]רחק
[.......]

?

1 **אב**: אברהם, על פי בר׳ יז,ד: והיית לאב המון גוים. **אשר...הקם**: אשר יוצא מחלציו בן כמוהו. **בדמותו**: בדמות אברהם, הש׳ בר׳ א,כו: ויולד בדמותו כצלמו. 3 **[ג]ם...קם**: מה שהבטיח לאברה[ם] התקיים ביצחק. 6 **נמלט**: יצחק נמלט מן המאכלת. **מחרב שנוני**: על פי תה׳ סד,ד: שננו כחרב. **זה...לזה**: יצחק דומה לאברהם? **גני**: גנאי. 9 **טוב...משחק**: על פי בר׳ יז,יז: ויפל אברהם על פני[ו] ויצחק: אברהם צוחק על בשורת הטוב להוליד בן.

[4] ויצא <בר׳ כח:י>

מעמד ויצא מעמד כביר לפרשה ויצא יעקב

א
אִישׁ תָּם מֵאֶבֶן נִתְבַּשָּׂר
בָּנִים לְהוֹלִיד שְׁנֵים עָשָׂר
גֶּיְא כְּקַפְּצָה לְפָנָיו לֹא חוּסַּר
דֶּרֶךְ חַיִּים תּוֹכְחוֹת מוּסָר <מש׳ ו:כג>

הוּא כְּפָץ הַצִּילֵנִי מִיַּד דּוֹדִי
וְצִדְקַת אֲבִי אָבִי בָּהּ תַּעֲמִידִי
זְעוֹף רוֹדְפַי מַצִּילִי וּפוֹדִי
חַיִּים וָחֶסֶד עָשִׂיתָ עִמָּדִי <איוב י:יב>

טָעַן מוֹרָא וְעָמַד בִּתְחִנָּה
יָרֵא מֵאֵת אֲשֶׁר נָטַר עָלָיו שִׂטְנָה
כִּי תַעֲבֹר בַּמַּיִם הִבְטִיחוֹ שׁוֹכֵן מְעוֹנָה
לְעֵת יָצָא וַיֵּלֶךְ חָרָנָה

ככת׳ ויצא יעקב מבאר שבע וילך חרנה <בר׳ כח:י>
ונא׳ צדקה תצור תם דרך <ורשעה תסלף חטאת> <מש׳ יג:ו>
ונא׳ כי תעבר במים אתך אני <ובנהרות לא ישטפוך כי תלך במו אש לא תכוה ולהבה לא תבער בך> <יש׳ מג:ב>
ונא׳ בלכתך לא יצר צעדיך ואם <תרוץ לא תכשל> <מש׳ ד:יב>
[.......]

א

1 **איש תם**: יעקב, ר׳ [יא],ה,13. **מאבן נתבשר**: יעקב קיבל בשורה על אבן, על פי בר׳ כח,יא: ויקח מאבני המקום וישם מראשתיו. 2 **בנים...עשר**: להוליד שנים עשר בנים, הש׳ בר״ר סח,יא: ר׳ יהודה אמר שנים עשר אבנים נטל כך גזר הקב״ה שהוא מעמיד שנים עשר שבטים. 3 **גיא...לפניו**: כשקפצה לפניו הארץ, הש׳ תרגום ירושלמי: כיון דנטל אבונו יעקב רגלוי מבאר שבע קפצת ארעא קדמוי ואשתכח יתיב בחרן. **לא חוסר**: לא היה חסר. 5 **הוא כפץ**: כשהוא אמר. **הצילני...דודי**: על פי בר׳ לב,יא: הצילני נא מיד אחי: בהקשר זה מיד דודי שהוא לבן. 6 **וצדקת...אבי**: בזכות אברהם. **בה תעמידי**: במקום תעמידני, תעמיד אותי בצדקתו. 7 **זעוף רודפי**: תזעף על אויביי. **מצילי ופודי**: ה׳. 9 **טען מורא**: יעקב היה מלא פחד. **ועמד בתחנה**: התפלל. 10 **ירא...שטנה**: הוא ירא מעשו, על פי בר׳ לב,יא: כי ירא אנכי אתו. 11 **כי...במים**: ר׳ טור 15. **שוכן מעונה**: ה׳, ר׳ [ג],ד,13.

[5] ויצא <בר׳ כח:י>

ה אָמְנָם שְׁתֵּי פְעָמִים שְׁכִינָה עָלָיו בָּהֲקָה
בְּצֵאתוֹ מִבֵּית אָבִיו וּמִבֵּית חָמִיו זָרְקָה
גַּם לַצַּדִּיקִים רְשׁוּמָה אוֹתָם לְהַצְדִּיקָה
וְזָרְחָה לָכֶם יִרְאֵי שְׁמִי שֶׁמֶשׁ צְדָקָה <מלאכי ג:כ>

ה

1 **שכינה...בהקה**: פעמיים נראה ה׳ אל יעקב. 2 **מבית אביו**: יצחק. **ומבית חמיו**: לבן. **זרקה**: השכינה ליוותה אותו. 3 **גם...רשומה**: גם לצדיקים אחרים נגלה זיו השכינה. **אותם להצדיקה**: כדי להעניק להם צדק.

[6] וישלח <בר׳ לב:ד>

א
אַשְׁרֵי אִישׁ יָרֵא אוֹתָךְ שׁוֹכֵן מַעְלָה
בֵּן יַעֲשֶׂה חַיִל וּגְדוּלָּה
גָּעוּל בָּא בְרִשְׁתּוֹ אוֹתוֹ לְהַפִּילָה
דֶּרֶךְ רְשָׁעִים כָּאֲפֵילָה <מש׳ ד:יט>

הֵבִיא בְלִבִּי אֲנִינָה
וּדְאָגָה בְלֵב אִישׁ יַשְׁחֶנָּה
זוֹרֵז הוּא וְאַרְבַּע מֵאוֹת בִּי אִם יִפְגְּעוּ נָא
חַרְבָּם תָּבוֹא בְלִבָּם וְקַשְּׁתוֹתָם תִּשָּׁבַרְנָה <תה׳ לז:טו>

טַפְסְרִים לִיוּוּהוּ בַדְּרָכִים
יָצְאוּ עִמּוֹ מַהְלְכִים
כִּיוּן תְּשׁ[וּרָ]ה וְהִקְדִּימָהּ עִם מְהַלְּכִים
לְעֵשָׂיו אָחִיו שָׁלַח מַלְאָכִים

ככ׳ וישלח יעק<ב> מלאכים לפניו אל עשיו אחיו ארצה שעיר שדה אדום <בר׳ לב:ד>
ונא׳ חרבם תבוא <בלבם וקשתתם תשברנה> <תה׳ לז:טו>
ונא׳ צופה רשע <לצדיק ומבקש להמיתו> <תה׳ לז:לב>
ונא׳ כי מלאכיו יצוה <לך לשמרך בכל דרכיך> <תה׳ צא:יא>
ונא׳ קומה יי קדמה פניו <הכריעהו פלטה נפשי מרשע חרבך> <תה׳ יז:יג>

[חַר]בָּךְ תַּרְ[בֶּ]ה [מַעֲרָךְ]
וְתִנָּתֵן בְּיַד [... ... ...]
[.......]

ה
אָמְנָם שְׁתֵּי מַחֲנוֹת הֶחֱצָ[ה] יַעֲקֹב אָבִי
בְּעֵת יָרֵא מֵאָח נפ[..] תַּכְאִיב לְבָבִי
גַּם בָּךְ חסי[.. ..]וך קרבי
אִם תַּחֲנֶה עָלַי מַחֲנֶה [לֹא יִי]רָא לִבִּי <תה׳ כז:ג>

מַחַן רִאשׁוֹן דיב[.. ..]ם בְּמִילוּלֵיהוּ
הִשְׁתַּחֲווּ לְאָחִי אִם תִּפְ[גְּע]וּ בוֹ לְכַבְּדֵיהוּ
וְאִם יִשְׁאַל לְמִי זֶה מִנְחָה שְׁלוּחָה לָךְ הֲשִׁיבוּהוּ
וַיֹּאמֶר אִם יָבוֹא עֵשָׂו אֶל הַמַּחֲנֶה [הָ]אַחַת [וְ]הִכָּהוּ <בר׳ לב:ח>

מַחַן הַשֵּׁנִי זֵירֵז וְהִרְחִיק וְהִטָּה
חֲזוֹת מַה יַּעֲשֶׂה בָרִאשׁוֹן וְרַחֲשִׁים בִּיטָּה
טַעַם תְּחִינָּה פָּץ פְּנֵי שׁוֹכֵן מַעְלָה וָמַטָּה
וְהָיָה הַמַּחֲנֶה הַנִּשְׁאָר לִפְלֵיטָה <בר׳ לב:ח>

יָשַׁב לְהַרְהֵר וְטוֹרַח יַרְבֶּה עָלָיו יַטְרִיחַ
כסו בַּתְּפִלָּה כרת וה[.. ... ...]
לְלִבּוֹ הָג מַה יּוֹם וְהִבְטִיחַ
[אִ]ם תָּ[קוּ]ם עָלַי מִלְחָמָה בְּזֹאת אֲנִ[י ב]וֹטֵחַ <תה׳ כז:ג>

א

אשרי...אותך: על פי תה׳ קיב,א: אשרי איש ירא את ה׳. **שוכן מעלה**: ה׳ הדר בשמי מעלה. 2 **בן**: ה׳ יעשה ליעקב בן חיל? 3 **געול**: עשיו. **בא ברשתו**: רצה ללכוד את יעקב. **אותו להפילה**: כדי להכשיל אותו. 5 **הביא...אנינה**: עשיו הביא יגון ליעקב. 6 **ודאגה...ישחנה**: מש׳ יב,כה. 7 **זורז הוא**: עשיו הוא זריז. **וארבע מאות**: על פי בר׳ לב,ו: ארבע מאות איש עמו. **בי...נא**: אם יבקשו לפגוע בי. 9 **טפסרים**: מלאכים. **ליווהו בדרכים**: הש׳ תנח׳ וישלח ג: בשעה שהלך יעקב לארם נהרים היו מלאכי ארץ ישראל משמרין אותו ומלוין אותו כיון שהגיעו לחוץ לארץ נסתלקו וירדו אחרים ונתלוו לו כיון שחזר מן לבן היו אותן מלאכים שנסמרו לו מלוין אותו עד ארץ ישראל כשהרגישו מלאכי ארץ ישראל שיעקב בא יצאו לקראתו להתלוות לו. 10 **יצאו...מהלכים**: על פי זכ׳ ג,ז: ונתתי לך מהלכים. 11 **כיוון...מהלכים**: על פי בר׳ לב,כ: אכפרה פניו במנחה ההלכת לפני.

ה

שתי...החצ[ה]: על פי בר׳ לב,ז: ויחץ את העם.. לשני מחנות. **יעקב אבי**: על פי יש׳ נח,יד: יעקב אביך. 2 **בעת...מאח**: כשהיה ירא מן עשיו. 5 **מחן**: מחנה. **במילוליהו**: בדבריו. 6 **השתחוו...לכבדיהו**: על פי בר׳ לג,ג: וישתחו ארצה שבע פעמים. 7 **ואם...שלוחה**: על פי בר׳ לב,יז-יח: כי יפגשך עשו אחי ושאלך לאמר למי אתה.. מנחה הוא שלוחה לאדני לעשו. **לך השיבוהו**: תענו לו: לך, עשיו. 9 **זירז...והטה**: מיהר יעקב להרחיק ולהסיר את המחנה השני. 10 **חזות...בראשון**: קודם רצה לראות מה יעשה עשיו למחנה הראשון. **ורחשים ביטה**: אמר תפילות. 11 **טעם...פץ**: אמר דברי תפילה, הש׳ בר״ר עה,יג: באותה שעה נשא יעקב את עיניו וראה את עשו שהוא בא מרחוק תלה עיניו למרום בכה ובקש רחמים מלפני הקב״ה ושמע תפלתו והבטיחו שהוא מושיעו מכל צרותיו בזכותו של יעקב. **פני**: לפני. **שוכן...ומטה**: ה׳ השוכן בשמים ובארץ. 13 **להרהר**: לחשוב. **טורח...יטריח**: ר׳ בר׳ לב,ז: ויירא יעקב מאד ויצר לו. 15 **ללבו הג**: אמר בלבו. **מה יום**: מה יהיה היום.

[7] ראו כי ה׳ נתן <שמ׳ טז:כט>

בשם האל

א אִוִּיתָה מֵאָז יוֹם הַמְכֻובָּד
בּוֹ בְזֶמֶר נֶצַח נִתְכַּבָּד
גּוֹלֶם בְּיִשְׁעוֹ נִזְבָּד
דִּצְתָּה לְבָחֳרוֹ מִיָּמִים לְבָד

הֲלֹא בְקָדְשׁוֹ פּוֹעַל כָּלַלְתָּה
וְלַמַּקְדִּישׁ חוֹק הִסְכַּלְתָּה
זְנוּחִים בְּדָת הִשְׂכַּלְתָּה
חַנּוּן לְחוֹשְׁקָיו מָן הִכְפַּלְתָּה

טְפוּחִים וִיסוֹדִים אֲשֶׁר נִבְרְאוּ
יַעַמְדוּ יַחְדָּיו מְזִמּוֹת יִקְרְאוּ
כַּלְכָּלָה אֲשֶׁר בְּיֶדְכֶם קָרְאוּ
לָ[כֶ]ם הוּא בָּחַר רְאוּ

[ככ׳ ראו כי] ייי <נתן לכם השבת על כן הוא נתן לכם ביום הששי לחם ימים שבו איש תחתיו אל יצא איש ממקמו ביום השביעי> <שמ׳ טז:כט>

ונ׳ וענוים <יירשו ארץ והתענגו על רב שלום> <תה׳ לז:יא>

[... ... ...]
וְתִשָּׂא אֶל אֱלוֹהַּ פָּנֶיךָ
[... ... ...] בְּגִנּוּנֶיךָ
הִתְפָּאֵר [... ... ...]

ב

מַרְגּוֹעַ אֲשֶׁר אֲרַבְּתָּה
נת[.. ... ...]
שו[אינה מ.. ...] חִיַּבְתָּה
[ע.. ... ...]

פִּנַּקְתִּי בְּשֶׁבַע בְּרָכוֹת
צִירִי ש[.. ... ...]
קְדוֹשִׁים בְּכֵן חִלַּצְתָּה מִמַּפְרִיכוֹת
[ר.. ...] מבוח[ר]ות מַמְלָכוֹת

שנה הֲלִיכָ[ה] הִסְכִּיתוּ
שְׁבָחָךְ בְּעוֹלָמָךְ הֵשִׁיתוּ
[ת.. ... ...] בָּךְ הֶעֱמִיתוּ
תִּיקּוּן נֶפֶשׁ תְּחִלָּה שָׁבְת[וּ]

[ככ׳ וישבתו] העם <ביום השביעי> <שמ׳ טז:ל>
ונאמר ואת שבת קדשך [הודעת להם] ומצות וחוקים ותורה צויתה להם ביד משה עבדך <נח׳ ט:יד>
ונאמר [זאת מנוחתי] עדי עד פוה אשיב כי אות<יה> <תה׳ קלב:יד>
וגם את שבתותי [תשמרו כי אות ביני] וביניכם לד[ורותיכם לדעת] כי אני ייי מקדשכם <שמ׳ לא:יג>

[... ... ...] לְשׁוּבָתִי
לַעֲנָגָה בחוק [... ...]
[... ... ...]
יֵשַׁע קְהִלָּה הֻונְפַּשְׁתִּי ברוך אתה יי מחיה המית<ים>

א יְגִילוּן עֲרוּגִים
בַּשּׁוֹ[שַׁנִּ]ים סוּגִים
אַחֲרֶיךָ נְהוּגִים
עָלֶיךָ מִתְעַנְּגִים

הֲקִימֵם לְסַגֵּל
וּכְבוֹדָם יָגֵל
יְקַוֶּה כְּהָ[סֵ]ר רֵיגֶל
מְשִׁיבֵי מִשַּׁבָּת רֶגֶל

דָּשֵׁן וְשָׁמֵ[ן]
אוֹתוֹ תְּאַמֵּן
עֲנוֹת עַל כָּל בְּרָכָה אָמֵן
בְּטוּב אֲשֶׁר לָכֶם הִשְׁמִין

[הַ]אֲסַף מְנֻופָּצִים
נוֹצְרֵי עוֹנֶג [מכ.. ...]
[... ...] חפצם [...]
מִזִּיו הַכָּבוֹד תְּאַמְּצֵם לְהִתְעַנֵּג מעליצים

ככ אם תשיב משבת <רגלך עשות חפצך ביום קדשי וקראת לשבת ענג לקדוש ה׳ מכבד וכבדתו מעשות דרכיך ממצוא חפצך ודבר דבר> <יש׳ נח:יג>
ונ אז <תתענג על ה׳ והרכבתיך על במתי ארץ והאכלתיך נחלת יעקב אביך כי פי ה׳ מדבר> <יש׳ נח:יד>
ונ ימלוך ייי לעו<לם אלהיך ציון לדר ודר הללויה> <תה׳ קמו:י>
ואתה קדוש <יושב תהלות ישראל> <תה׳ כב:ד>

יוֹם אֲשֶׁר הִנְפַּשְׁתָּה מִכָּל מְלָאכוֹת
[... ... ... בא..] לְאוֹ[ם] מַמְלָכוֹת
שֶׁבַע בְּרָכוֹת [... ...] מְבָרְכוֹת
שְׁתַּ[יִם] מַעֲרָכוֹת בּוֹ עוֹרְכוֹת עָלָיו שְׁבָחוֹת

[... ...] וְעַל דָּתוֹ מְחֻונָּכוֹת
עֶבֶד וְאָמָה וּבְהֵמָה וְגֵר בּוֹ לֹא פּוֹרְ[כ]וֹת
גְּבוּל שַׁבָּת אַרְבַּע פְּסִיעוֹת מְהַלְּכוֹת
בְּרוּחָךְ נִשְׁמָרוֹת בְּדַעְתָּךְ נִנְסָכוֹת
לִנְוָתָךְ נִמְשָׁכוֹת

תַּחַת צִילָּךְ נורא מרום וקדוש

ה אַלְפַּיִם שָׁנָה עַד לֹא כֹל בְּרָאתָה
דִּיקְדּוּק [... ...] שַׁבָּת בְּמַחֲשָׁבָה בּ[וֹ]ראתה
כְּבוּדָּה בַּת מֶלֶךְ [פְּנִימָה ... ...]
עֲטוּרָה בְרֹאשָׁךְ מֶלֶךְ מְלָכִים הִיתְקַנְתָּה
[... ..]לה אַלְפַּיִים תְּחוּמִין הִתְקִין לִי לְכָל רוּ[חַ]
[... ...] נִשְׁתַּעְשַׁעְתָּה בָּהּ בְּרוּחַ דָּר שִׁבְעָ[ה ...]
[קִ]דַּשְׁתָּה מִכָּל יָמִים רֹאשׁ לְקָהָל [... ...]
[...]תה לָךְ פּוֹעֵל כֹּל בְּמַאֲמָר [... ...]
ושקט וניפש ימ[.. ... ...] פָּצִיתָה
בֵּינֶיךָ וּבֵין צִבְאוֹתֶיךָ לְאוֹת עוֹלָם כּוֹנַנְתָּה
זוֹ הִקְדַּשְׁתָּה תְהִלָּה מִיֶּגַע כַּף לְנַחַת וְאָז [...]
חשו[..] מתו[..]ות טַעְתָּה אֶל עֲמָלָךְ פָּעַל וְעָשָׂה מְנוּחָה
הִיא לְחַיִּים וַאֲרוּכָה הִיא [... ... ...]

אל נא לעולם תוערץ ועד לעולם

ו אוֹם תַּעֲנוּגַיי לָכֶם אֶשְׁלְחָה [כשמע ... ...]
לָכֶם זָרְחָה בְשִׂמְחָה קֹדֶשׁ [... ... ...]
ייי אֲשֶׁר נָתַן מְנוּחָה [... ... ...]
לָעַד שַׁי לְשֶׁבַע [... ... ...]
א[.. ... ...]
הָנִיחַ לְעַמָּךְ בְּיוֹם נָוֹפְשׁוֹ [... ... ...]
אָז קָדְשׁוֹ כְהוֹפִיעַ [בה.. ... שַׁבַּת ...]
זָכוֹר אֶת יוֹם הַשַּׁבָּת לְקַדְּ[שׁוֹ] אֶ[ת שַׁבַּת ...]
להורתם [... ... ...]
חֻוקֶּיהָ בלי[ל.. ... ... תהלה יום ... ...]
אֶת הַשַּׁבָּת לְדוֹרוֹתָיו [... בטוב ... ...]
לְמִי זאת ת[מח]או לְהַלֵּל [... ... ...]
אַשְׁרֵי אֱנוֹשׁ יַעֲשֶׂה זֹאת [... ... ...]
שִׁירִים חִידְּשׁוּ יוצ[רות ... ...]
סָח כְּעֶרְכּוֹ הִנְפִּישׁוּ אוֹר שַׁ[בַּת ...]
מִקֶּדֶם שַׁבָּת בֵּירַךְ וְקִידֵּשׁ יוֹ[ם ...]
חי[ד]ש נְתָנָהּ כְּמַתָּנָה [... ... ...]
שַׁבַּת [שַׁבָּתוֹן] מִקְרָא קוֹדֶ[שׁ ...]

א

1 **אותה**: רצית. **מאז**: מימי מעשה בראשית. **יום המכובד**: יום השבת, על פי יש׳ נח,יג: וקראת לשבת ענג לקדוש ה׳ מכבד. 2 **בזמר...נתכבד**: יום השבת התכבד לנצח בשירה. 3 **גולם**: אדם הראשון, ר׳ תה׳ קלט,טז: גלמי ראו עיניך ועל ספרך כלם יכתבו ימים יצרו ולא אחד בהם, הש׳ תנח״ב בראשית יא: עד שאדם היה מוטל גולם הראהו הקב״ה דור דור ודורשיו.. ד״א ולא אחד בהם זה יום השבת. **בישעו נזבד**: ניתן לו השבת לעזרתו, הש׳ בר״ר יא,ב: אדם הראשון ניצל מהחשך בזכות השבת. 4 **דיצתה**: שמחת. **לבחרו...לבד**: לבחור ביום השביעי מכל הימים. 5 **בקדשו**: קדושת שבת, על פי בר׳

ב,ג: ויברך אלהים את יום השביעי ויקדש אתו. **פועל כללתה**: השלמת מעשה בראשית. 6 **חוק הסכלתה**: לימדת מצוות השבת. 7 **זנוחים**: בני ישראל, ר׳ תה׳ ס,ג: אלהים זנחתנו. **בדת השכלתה**: נתת להם תורה. 8 **חנון**: ה׳, על פי שמ׳ לד,ו: אל רחום וחנון. **לחושקיו**: הש׳ דב׳ ז,ז: חשק ה׳ בכם, בני ישראל שאוהבים אותו. **מן הכפלתה**: על פי שמ׳ טז,כט: הוא נתן לכם ביום ששי לחם יומים. 9 **טפוחים ויסודים**: השמים והארץ, על פי יש׳ מח,יג: ידי יסדה ארץ וימיני טפחה שמים. 10 **יעמדו יחדיו**: על פי יש׳ מח,יג: קרא אני אליהם יעמדו יחדו, הש׳ פדר״א יח: ועמדו יחדו ארץ ושמים שנאמר ויכלו השמים והארץ וכל צבאם. **מזמות יקראו**: על פי מש׳ כד,ח: בעל מזמות יקראו. 11 **כלכלה**: מזון. **אשר...קראו**: בני ישראל נתכלכלו במן. 16 **ותשא...פניך**: איוב כב,כו.

ב

1 **מרגוע**: מנוחה, ר׳ יר׳ ו,טז: ומצאו מרגוע לנפשכם. **ארבתה**: שמרת. 5 **פנקתי...ברכות**: ה׳ עידן את ישראל בשבע ברכות של העמידה בשבת. 6 **צירי**: משה, ר׳ [טו],ה,10. 7 **קדושים**: בני ישראל, ר׳ ויק׳ יא,מד: והייתם קדשים. **חלצתה**: שחררת. **ממפריכות**: מעבודות הפרך, ר׳ שמ׳ א,יג: ויעבדו מצרים את בני ישראל בפרך. 9 **הסכיתו**: הקשיבו. 10 **השיתו**: שמו. 11 **העמיתו**: התחברו. 12 **תיקון...שבת[ו]**: בני ישראל שמרו שבת לתיקון נפש, הש׳ דב״ר עקב א,ה: את מקדש את השבת במאכל ובמשתה ובכסות נקיה ובתענוג ומהנה את נפשך. 18 **לענגה**: ישראל, על פי יש׳ מז,א: רכה וענגה. 20 **ישע...הונפשתי**: ה׳ קבע את מנוחת שבת לטובת עם ישראל.

ג

1 **יגילון**: ישמחו, ר׳ תה׳ פט,יז: בשמך יגילון. **ערוגים**: בני ישראל האהובים, על פי תה׳ מב,ב: כן נפשי תערג אליך אלהים. 2 **בשו[שנ]ים סוגים**: בני ישראל, על פי שה״ש ז,ג: סוגה בשושנים. 3 **אחריך נהוגים**: הולכים אחרי ה׳. 4 **עליך מתענגים**: על פי יש׳ נח,יד: אז תתענג על ה׳, ר׳ טור 18. 5 **הקימם**: ה׳, תרים אותם. **לסגל**: להיות לעם סגולה, ר׳ דב׳ ז,ו. 6 **יגל**: ייגלה, הש׳ יש׳ מ,ה: ונגלה כבוד ה׳. 7 **כה[ס]ר ריגל**: על פי מש׳ ד,כז: הסר רגלך מרע, הש׳ מדרש משלי ד,ה: אמר רבי יוסי הגלילי הוי זהיר בדברי תורה שלא תטה מהם לא ימין ולא שמאל הסר רגלך מרע. 8 **משיבי...רגל**: על פי יש׳ נח,יג, ר׳ טור 17. 9 **דשן ושמ[ן]**: ישראל, על פי יש׳ ל,כג: והיה דשן ושמן. 10 **אותו תאמן**: תאמין בה׳. 11 **ענות**: לענות. 12 **השמין**: ה׳ נתן בשפע. 13 **[ה]אסף מנופצים**: ה׳ יאסוף את בני ישראל הפזורים. 14 **נוצרי עונג**: השומרים על עונג שבת, על פי יש׳ נח,יג: וקראת לשבת ענג. 16 **מזיו...להתענג**: אולי צ״ל: מִזִּיז, על פי יש׳ סו,יא: והתענגתם מזיו כבודה. **מעליצים**: משמחים.

ד

1 **יום...הנפשתה**: יום השבת שאתה נחת בה. 3 **שבע ברכות**: ר׳ המחייה, טור 5. 4 **שת[ים] מערכות**: על פי ויק׳ כד,ו: ושמת אותם שתים מערכות. **בו...שבחות**: בשבת הן לשבחי ה׳. 5 **ועל... מחונכות**: לפי תורתו של ה׳ נלמדות <המצוות>. 6 **עבד...פור[כ]ות**: על פי שמ׳ כ,י: ויום השביעי שבת לה׳ אלהיך לא תעשה כל מלאכה אתה ובנך ובתך עבדך ואמתך ובהמתך וגר אשר בשעריך. 7 **גבול שבת**: תחום שבת. **ארבע...מהלכות**: הש׳ מכ׳ בשלח ויסע ה: אלו ארבע אמות יציאות השבת. 8 **ברוחך נשמרות**: מצוות שבת נשמרות ברוחך. **בדעתך נסכות**: מוחזקות בדעתך. 9 **לנותך**: בית המקדש, ר׳ [יד],ג,9.

ה

1 **אלפים...בראתה**: התורה, על פי בר״ר ח,ב: אמר ר״ש בן לקיש שני אלפים שנה קדמה התורה לברייתו של עולם. 2 **דיקדוק**: פרטי מצוות השבת. **שבת... בנ[ו]ראתה**: הש׳ פדר״א ג: עשרה דברים עלו במחשבה.. השבת. 3 **כבודה ...[פנימה]**: השבת, על פי תה׳ מה,יד: כל כבודה בת מלך פנימה. 4 **עטורה... היתקנתה**: ה׳ קבע את השבת לעטרת ראש. **מלך מלכים**: ה׳. 5 **אלפיים...רו[ח]**: הש׳ ויק׳ ב,ט: אלפים אמה לכל רוח ורוח. 6 **נשתעשעתה בה**: ה׳ התענג בשבת. **דר שבע[ה]**: ה׳ השוכן ברקיע השביעי. 7 **[ק]דשתה...ימים**: על פי שמ׳ כ,יא: על כן ברך ה׳ את יום השבת ויקדשהו. 8 **פועל...במאמר**: ה׳ ברא את הכל ע״י אמירה. 9 **פציתה**: אמרת, צווית. 10 **בינך...כוננתה**: על פי שמ׳ לא,יז: ביני ובין בני ישראל אות הוא לעלם. 11 **זו**: השבת. **תהלה**: לתהלה. **מיגע כף**: על פי בר׳ לא,מב: ואת יגיע כפי ראה אלהים. **לנחת**: למנוחה. 12 **טעתה**: נטעת, חסר הקשר. **אל עמלך**:

הש׳ קה׳ ט,ט: ובעמלך אשר אתה עמל. **פעל ועשה**: ברא. 13 **מנוחה...לחיים**: השבת היא יום מנוחה לכל חי. **ארוכה**: רפואה.

ו

1 **אום**: עם ישראל. **תענוגיי**: עונג שבת. 4 **לעד שי**: השבת היא מתנה לעולם. 6 **ביום נופשו**: ביום מנוחתו. 7 **קדשו כהופיע**: בשהופיע ה׳ בקדושתו. 8 **זכור...לקד[שו]**: שמ׳ כ,ח. 9 **להורתם**: ר׳ שמ׳ כד,יב: התורה והמצוה אשר כתבת להורתם. 11 **את...לדורותיו**: על פי שמ׳ לא,טז: לעשות את השבת לדרתם. 12 **למי זאת**: ישראל, על פי שה״ש ג,ו: מי זאת עלה מן המדבר. 13 **אשרי...זאת**: יש׳ נו,ב. 15 **סח**: אמר. **כערכו**: לפי סדרו? **הנפישו**: נחו? 16 **מקדם...יו[ם]**: ר׳ ה,7. 18 **שבת...קוד[ש]**: על פי ויק׳ כג,ג: וביום השביעי שבת שבתון מקרא קדש.

[8] וירא בלק <במ׳ כב:ב>

ד [.......]

בֶּן צִפּוֹר וַחֲבֵרָיו לְקַלֵּל מְבוֹרָכָה
וְנֶמְתָּה וַיַּהֲ]פוֹךְ ייי אֱלֹהֶיךָ לְּךָ אֶת הַקְּלָלָה לִבְרָכָה <דב׳ כג:ו>

בְּעַמִּי יִתְגָּרוּ בְּנֵי יִשְׁמָעֵאל וַאֲדוֹמָה
נִטְמֵאתִי בק[..]ם כְּטָמֵא וָאֶטַּמָּא
עַד [... ... ..]ם מִמְּרוֹמָךְ אַ[דִּי]ר אֲיֻומָּה
כִּי זֶרַע בְּרוּכֵי ייי הֵמָּה <יש׳ סה:כג>

מָתַי תִּרְצֶה לְקַבֵּץ קְהָלֵנוּ
וְתוֹבִילֵנוּ לְאַדְמָתֵינוּ וְתִפָּרַע לָנוּ מִצָּרֵינוּ
חֲזֵה צִיּוֹן קִרְיַית מוֹעֲדֵינוּ וּגְאָלֵינוּ מִיַּד אֹיְבֵינוּ
וְנַעַן וְנֹאמַר כֻּולָּנוּ הַפַּח נִשְׁבָּר וַאֲנַחְנוּ נִמְלָטְנוּ <תה׳ קכד:ז>

ה אָמְנָם שִׂשָּׂה רָאוּ וְשָׂמְחוּ בִּקְהַל קְרוֹבוֹ
וְשִׁשָּׁה רָאוּ וַיֵּבֹשׁוּ בְּתִיעֲבָם כְּתִיעוּבוֹ
בַּעֲבוּר קְלָלָה נֶאֱמַר בְּמִכְתַּב מֶלֶךְ בִּמְסִיבּוֹ
כַּצִּפּוֹר לָנוּד וְכַדְּרוֹר לָעוּף [בּוֹ] כֵּן קִלְלַת חִנָּם לֹא תָבוֹא <מש׳ כו:ב>

אֵיתָן רָאָה וְשָׂמַח אָז בְּיוֹם נִמְלָא פִּיו שְׂחֹק
כְּהָלַךְ הוּא וּנְעָרָיו לַמָּקוֹם נִרְמַז לוֹ בַחוֹק
בַּיּוֹם הַשְּׁלִישִׁי שְׁבוּעָה לִבְנוֹ לָחוֹק
ככת׳ וַיִּשָּׂא אַבְרָהָם אֶת עֵי<נָיו> וַיַּרְא אֶ<ת> הַמָּק<וֹם> מֵרָח<וֹק>
<בר׳ כב:ד>

נֶעֱקַד רָאָה וְשָׂמַח גַּם לִפְנוֹת עֶרֶב כְּעָמַד בִּפִילּוּלִים
שָׂר דְּמוּת אֱלִיעֶ[זֶ]ר וּסְכוּנַת (מְ)עֻוטֶּפֶת בְּצָעִיף וְהוֹסִיף הִילּוּלִים
דָּץ וְשָׂמַח בְּשׁוֹכֵן זְבוּלִים
וַיִּשָּׂא עֵינָיו וַיַּרְא וְהִ<נֵּה> גְמַ<לִּים> בָּאִים <בר׳ כד:סג>

תָּם רָאָה וְשָׂמַח כְּהִיכִּיר תְּבוּאָתוֹ עֶרֶב וָבֹקֶר וְצָהֳרַיִם
כִּי יִשַּׁק לִמְנַשֶּׁה וְאֶפְרַיִם
[וְ]לִשְׁבּוֹר שָׁלַח לְרוֹאֵי קוֹמַת תְּמָרַיִם
וַיַּרְא יוֹסֵף כִּי יָשִׁ<ית> אָ<בִיו> יַד יְ<מִינוֹ> עַ<ל> ר<אשׁ> אֶפְ<רַיִם>
<בר׳ מח:יז>

עָנָיו רָאָה וְשָׂמַח זִיו לֶהָבָה בְבִינָה הִיסְכַּל
וְיָדַע כִּי יֵשׁ אֵשׁ שֶׁתִּשְׁתֶּה וְאֵשׁ שֶׁתֹּאכַל
חָזָה אוֹתָם בְּמָקוֹם דּוֹחַק וְהוּא בּ[א] לֹא יוּכַל
וַיַּרְא [וְ]הִנֵּה הַסְּנֶה בֹּעֵ<ר> בָּ<אֵשׁ> וְהַ<סְּנֶה> אֵ<ינֶנּוּ> אֻוכָּל <שמ׳ ג:ב>

בִּן נוּן רָאָה וְשָׂמַח טֻוטַּיֵּב לְמוּלוֹ שַׂר זֶרַע יְדִידוֹ
הוּא מִיכָאֵל בְּתוֹאַר זִיו הוֹדוֹ
יָדָיו אֲחֻזוֹת בְּחֶרֶב וּבְאֶמֶת הִירְעִדוֹ
וַיַּרְא וְהִנֵּה אִישׁ עוֹמֵד לְנֶגְדּוֹ <יה׳ ה:יג>

פִּנְחָס רָאָה וְשָׂמַח כַּחַיָּה טָסִים קִנֵּא לְלִבּוֹת בּוֹחֵן
לַעְצוֹר מַגֵּפָה מֵעַם מָצָא חֵן
לְזַרְעוֹ אַחֲרָיו נִתְּנָה כְּהֻונָּה לְכַהֵן
וַיַּרְא פִּנְחָס בֶּן אֶלְ<עָזָר> בֶּן אַהֲ<רֹן> הַכֹּהֵן <במ׳ כה:ז>

הַנְּפִילִים רָאוּ וַיֵּבוֹשׁוּ מ[..]רים כְּפָשְׁעוּ לְשׁוֹכֵן מְעוֹנוֹת
בְּחֶטְאָם בָּא הַמַּבּוּל עַל אַרְבַּע פִּינּוֹת
נִיאֲצוּ כֻּולָּם בָּנִים עִם בָּנוֹת
וַיִּרְאוּ בְנֵי הָאֱלֹהִים אֶת בְּנוֹת <בר׳ ו:ב>

אֲבִי כְנַעַן רָאָה וַיֵּבוֹשׁ סֻופַּח בְּעַבְדוּת וּמַחֲשַׁבְתּוֹ הֻודַּת
וְאָבְדָה מִמֶּנּוּ כָל תִּקְוַת
עֶבֶד עֲבָדִים יִהְיֶה לְאֶחָיו מִילָּה הִישְׁוַת
וַיַּרְא חָם אֲבִי כְנַעַן אֶ[ת עֶרְוַת] <בר׳ ט:כב>

[...] רָאָה וַיֵּבוֹשׁ פָּחַד לִבּוֹ [... ...]
לְהִתְחַתֵּן בִּכְנַעַן וּמֵהֶם הֻורְחַק
צַעַר אד[.. ... מָ]חֲלַת לָקַח וְהֻורְ[חַק]
וַיַּרְא עֵשָׂו [כִּי רָעוֹת בְּנוֹת כְּנָעַן בְּעֵינֵי יִצְחָק] <בר׳ כח:ח>

הָאסַפְסוּף רָאוּ וַיֵּבוֹשׁוּ קוֹל דִּבָּה בְּפִיהֶם [...]ק
[... ...] מאשר מָן וּסְלָיו ל[...] אַרְנָק
רָעָה הוֹצִיאוּ עַל אֶרֶץ אֲשֶׁר [...] בָּהּ נִיתְפַּנָּק
וְשָׁם רָאִינוּ אֶ<ת> הַנְּ[פִילִים בְּנֵי עֲנָק] <במ׳ יג:לג>

אֲגָגִי רָאָה וַיֵּבוֹשׁ שִׁמְּשׁוֹ בְּקִילְקוּלוֹ
חוֹפֵר גֻּמָּוּץ לְהַפִּיל מָרְדֳּכַי וְהוּשַׁב בְּרֹאשׁוֹ גְמוּלוֹ
שׁוֹרֶשׁ נָחָשׁ הוצאי צֶפַע אָמַר בִּיכָּשְׁלוֹ
וַיַּרְא הָמָן [כִּי אֵין מָרְדֳּכַי כֹּרֵעַ וּמִשְׁתַּחֲוֶה לוֹ] <אסתר ג:ה>

בָּלָק רָאָה וַיֵּבוֹשׁ תִּינָּה לַקּוֹסֵם עֲבוּר עֲמוּסָה
תָּעוּ שְׁנֵיהֶם [מ.. ..ימי] מכמירת לִי לְפָוּרְסָה
תָּכְפוּ לחופר גֻּומָּץ וּבוֹ נָפְלוּ בִמְאִיסָה
וַיַּרְא בָּלָק בֶּ<ן> צִ<פּוֹר> אֵ<ת> כָּ<ל> אֲ<שֶׁר> עָ<שָׂה> <במ׳ כב:ב>

ה

אָמְנָם בִּשְׁ[תַּיִ]ם [רָעוֹת] פָּעֲלוּ בְנֵי תְמִימִי
[ו.. ..פה ע]ם [בעבר.. ... .מי]
בְּנָתְנָם לַנָּשִׁים חֵילָם בָּהֶם חָרָה זַעְמִי
כִּי שְׁתַּיִם רָעוֹת עָשָׂה עַמִּי <יר׳ ב:יג>

גַּם הָרִאשׁוֹן לַבַּעַל הִתְחַבְּרוּ לְעָבְדוֹ
וְזָבְחוּ ת[.. ... ...] לְכַבְּדוֹ
דְּבַר פִּקוּדֵי בָזוּ סַחְתִּ[י לְ]הִתְלַכְּדוֹ
זבח[.. ... ...] <?>

[ה.. ... חַ]יִּים בַּעֲלוֹ[ת ... ...] פּוֹרִיָּה
נַמְתִּ[י ... ...] עַם הוֹגֵי תוֹרָה [... ..יה]
וְאֵיךְ נֶהְפַּכְתְּ לִי סוּ[רֵי] הַגֶּפֶן נָכְרִיָּה
[וְ]לָמָּה תִשְׁגֶּה [בְנֵי בְזָרָה] וּתְחַבֵּק חֵיק נָכְרִיָּה <מש׳ ה:כ>

זַכִּים [אֲ]שֶׁר [שְׁתַּיִם אשר באה ...] הִכְעִיסוּנִי
כְּאָכְלוּ זֶבַח [... .תים] גבר [... ... ...]
חָטָא עַמִּי וּפִלְּלוּ לִי עושה למ[..] עֲנֵנִי
הֶרֶבה כַּ<בְּסֵנִי> מֵעֲוֹנִיי וּמֵחַטָּאתִ<י> טַהֲרֵ<נִי> <תה׳ נא:ד>

טָהוֹר נִטְהָר אָסוּר בָּרְהָטִים
הִבְטִיחַ לְעַם [מְ]יעוּטִים
יִטְּפוּ הֶהָרִים עָשִׂישׁ לְזֶרַע שְׁבָטִים
וּמַעְיָן מִבֵּית ייי יֵצֵא וְהִשְׁ[קָ]ה אֶ<ת> נַחַ<ל> הַשִּׁטִּים <יואל ד:יח>

ו

אֲשֶׁר עיני[..] כַּעֲנִינַת צִפּוֹר
בִּיקֵּשׁ שׁוֹטֶה גֻּומָּץ לָהֶם לַחְפּוֹר
בָּאִים לִסְפֹּר
וַיַּרְא בָּלָק בֶּן צִפּוֹר <במ׳ כב:ב>

גְּדוּדַי בִּמְאֹד מְאֹד
דְּגָלַי נִרְאוּ לְמְעוֹד
דָּאֲגוּ [..]ילו לִמְאֹד
וַיָּגָר מוֹאָב מִ<פְּנֵי> הָ<עָם> מְאֹד <במ׳ כב:ג>

הָוּאֳחַז חִיל וָזַחַל
וְעָמְדוּ כֻּולָּם בְּבַהַל
וַהֲמוֹנִים לִמְאֹד הִבָּהַל
וַיֹּאמֶר מוֹאָב אֶל זִקְנֵי מִ<דְיָן> עַ<תָּה> יְלַ<חֲכוּ> הַקָּ<הָל> <במ׳ כב:ד>

זֶרַע בְּרוּכִים אָץ לְא[וֹ]רֵר וְלִגְעוֹר
[חֲ]רוּבִים לְהַמְעִיט וְלִזְעוֹר
[ח.. ... ...]
[וַיִּשְׁלַח מַלְאָכִים אֶל בִּלְעָם בֶּן בְּעוֹר] <במ׳ כב,ה>

ד

1 **בן צפור**: בלק בן צפור, על פי במ׳ כב,ב. **וחבריו**: בלעם בן בעור ושרי מואב, על פי במ׳ כב,ח. **מבורכה**: ישראל. 2 **ונמתה**: ואמרת. 3 **יתגרו**: יריבו במלחמה. **בני...ואדומה**: ערבים ונוצרים. 4 **נטמאתי...ואטמא**: נעשיתי טמא בין האויבים הנלחמים בי. 5 **ממרומך**: מן השמים. **א[די]ר**: ה׳, ר׳ [1],ו,10. **איומה**: ישראל, ר׳ [יג],א,1. 7 **קהלנו**: עם ישראל. 8 **ותובילנו**: ומתי תוליכנו. **ותפרע ...מצרינו**: מתי תעניש את אויבינו. 9 **חזה...מועדינו**: יש׳ לג,כ.

ה

1-2 **אמנם...ויבשו**: הש׳ אס״ר ז,ט: תחשכנה עיניהם של רשעים מראות (תה׳ סט,כד) לפי שמראית עיניהם של רשעים מורידות אותם לגיהנם הה״ד ויראו בני האלהים את בנות האדם וירא חם אבי כנען וירא עשו כי רעות בנות כנען וירא בלק בן צפור וירא בלעם כי טוב בעיני ה׳ לברך את ישראל וירא המן כי אין מרדכי כורע ומשתחוה לו אבל מראית עיניהם של צדיקים תאר לפי שמראית עיניהם של צדיקים מעלה אותם למעלה העליונה הה״ד וישא עיניו וירא והנה שלשה אנשים וירא והנה איל וירא והנה באר בשדה וירא והנה הסנה וירא פנחס לפיכך הם שמחים במראית עיניהם שנאמר יראו ישרים וישמחו (תה׳ קז,מב). **בקהל קרובו**: ישראל, ר׳ [א],א,13. **בתיעבם כתיעובו**: בשחיתותם כמו שהם נמאסים לה׳. 3 **בעבור**: בגלל. **נאמר במכתב**: כתוב בתורה, על פי שמ׳ לב,טז: מכתב אלהים. **מלך במסיבו**: ה׳, על פי שה״ש א,יב: עד שהמלך במסיבו. 5 **איתן**: אברהם, הש׳ ויק״ר ט,א: איתן זה אברהם אבינו. **אז...שחק**: על פי תה׳ קכו,ב: אז ימלא שחוק פינו. 6 **כהלך**: כשאברהם הלך. **הוא ונעריו**: על פי בר׳ כב,ג: ויקח את שני נעריו אתו. **למקום...בחוק**: על פי בר׳ כב,ג: וילך אל המקום אשר אמר לו האלהים. 7 **ביום השלישי**: בר׳ כב,ד. **שבועה...לחוק**: על פי בר׳ כב,טז: בי נשבעתי נאם ה׳.. ולא חשכת את בנך. **לחוק**: לחקוק, לכתוב. 9 **נעקד**: יצחק, על פי בר׳ כב,ט: ויעקד את יצחק בנו. **גם...בפילולים**: על פי בר׳ כד,סג: ויצא יצחק לשוח בשדה לפנות ערב. 10 **שר**: ראה. **אליע[ז]ר**: בר׳ טו,ב: ובן משק ביתי הוא דמשק אליעזר. **וסכונת**: רבקה, ר׳ מ״א א,ב: ותהי לו סכנת. **(מ)עוטפת בצעיף**: על פי בר׳ כד,סה: ותקח הצעיף ותתכס. **הילולים**: שבחים, תהלות. 11 **דץ**: שמח. **בשוכן זבולים**: ה׳, ר׳ [ז],ד,10. 13 **תם**: יעקב, ר׳ [י],ה,13. **כהיכיר**: כשהוא הכיר. **תבואתו**: ר׳ בר״ר צא,ה: וכי במצרים היה יעקב שראה תבואה במצרים שאמר הכתוב וירא יעקב כי יש שבר במצרים (בר׳ מב,א-ב) והלא אמר לבניו ויאמר שמעתי אלא מיום שנגנב יוסף נסתלקה רוח הקודש ממנו. **ערב...וצהרים**: ר׳ תה׳ נה,יח. 14 **כי...ואפרים**: על פי בר׳ מח,י: וישק להם. 15 **[ו]לשבור שלח**: על פי בר׳ מב,א. **לרואי...תמרים**: לישראל, על פי שה״ש ז,ח: זאת קומתך דמתה לתמר, הש׳ פ״ר מז: בזכות ישראל שנא׳ זאת קומתך דמתה לתמר, מדרש תהלים כב,ה: אלו ישראל דכתיב זאת קומתך דמתה לתמר. 17 **עניו**: משה, ר׳ [ט],ה,15. **זיו להבה**: מראה להבת אש, על פי שמ׳ ג,ב: וירא מלאך ה׳ אליו בלבת אש. **בבינה היסכל**: הבין וידע, על פי דנ׳ ט,כב: להשכילך בינה. 18 **וידע...שתאכל**: הש׳ יומא כא, ע״ב: שש אשות הן יש אוכלת ואינה

שותה ויש שותה ואינה אוכלת ויש אוכלת ושותה.. 19 **חזה אותם**: משה ראה את האשות. **במקום דוחק**: בתוך הסנה. **והוא...יוכל**: לא היה יכול לגשת אליו. 21 **בן נון**: יהושע, על פי שמ׳ לג,יא. **טוייב**: נעשה טוב. **למולו**: לנגדו. **שר**: מלאך. **זרע ידידו**: עם ישראל שהוא מזרע אברהם, הש׳ אדר״נ מג: אברהם נקרא ידיד שנאמר מה לידידי בביתי (יר׳ יא,טו). 22 **מיכאל**: על פי דנ׳ י,כא: ואין אחד מתחזק עמי על אלה כי אם מיכאל שרכם. **בתואר**: בדמות. **זיו הודו**: הש׳ שמ״ר ב,ה: כל מקום שמיכאל נראה שם הוא כבוד השכינה. 23 **ידיו...בחרב**: על פי יה׳ ה,יג: וחרבו שלופה בידו. **הירעדו**: הפחיד אותו. 25 **כחיה טסים**: אולי מובנו: רוח החיה באופנים (יח׳ א,כ-כא)? **קנא**: על פי במ׳ כה,יג: אשר קנא לאלהיו. **ללבות בוחן**: ה׳, על פי תה׳ ז,י: ובחן לבות וכליות אלהים. 26 **לעצור מגפה**: על פי במ׳ כה,ח: ותעצר המגפה מעל בני ישראל. **מעם...חן**: ישראל. 27 **לזרעו...לכהן**: על פי במ׳ כה,יג: והיתה לו ולזרעו אחריו ברית כהנת עולם. 29 **הנפילים**: על פי בר׳ ו,ד: הנפלים היו בארץ בימים ההם. **כפשעו**: כשהם חטאו. **לשוכן מעונות**: ה׳, ר׳ [ג],ד,13. 30 **בחטאם...המבול**: על פי בר׳ ה,יז: ואני הנני מביא את המבול מים על הארץ. **על...פינות**: ארבע רוחות העולם. 31 **ניאצו**: חיללו. **כולם...בנות**: על פי בר׳ ו,ב, ר׳ טור 32. 33 **אבי כנען**: חם, על פי בר׳ ט,כב: וירא חם אבי כנען. **סופח בעבדות**: חם חייב לעבדות מתמידה. **ומחשבתו הודות**: נעלבה ונכאבה מחשבתו. 34 **ואבדה...תקות**: ר׳ יח׳ לז,יא: ואבדה תקותנו. 35 **עבד...לאחיו**: בר׳ ט,כה. **מילה הישות**: כך נאמרה במפורש. 37 **ראה**: ר׳ טור 40: וירא עשו. **פחד לבו**: הש׳ תה׳ קיט,קסא: פחד לבי. 38 **להתחתן...הורחק**: על פי בר׳ כח,ו: לא תקח אשה מבנות כנען. 39 **צער...והור[חק]**: על פי בר׳ כח,ט: ויקח את מחלת בת ישמעאל. 41 **האספסוף**: על פי במ׳ יא,ד: והאספסף אשר בקרבו. **קול...בפיהם**: על פי במ׳ יד,לו: והאנשים אשר שלח משה לתור את הארץ וישבו וילונו עליו את כל העדה להוציא דבה על הארץ. 42 **מן וסליו**: על פי שמ׳ טז,יג-טו: ותעל השלו.. ויאמרו איש אל אחיו מן הוא. 43 **רעה...ארץ**: על פי במ׳ יד,לז: ומוצאי דבת הארץ רעה. 45 **אגגי**: המן, על פי אסתר ג,א: המן בן המדתא האגגי. **שמשו בקילקולו**: מה שרצה לעשות התקלקל. 46 **חופר...להפיל**: על פי קה׳ י,ח: חפר גומץ בו יפול, הש׳ קה״ר י,ח: חפר גומץ זה המן שנאמר להשמיד להרוג ולאבד (אסתר ג,יג) בו יפול שנאמר ישוב מחשבתו הרעה (אסתר ט,כה). **והושב...גמולו**: הש׳ עוב׳ טו: גמלך ישוב בראשך. 47 **שושר...צפע**: על פי יש׳ יד,כט: כי משרש נחש יצא צפע. **ביכשלו**: בהיכשלו, בכשלונו. 49 **תינה**: דיבר. **לקוסם**: בלעם, על פי יה׳ יג,כב: בלעם בן בעור הקוסם. **עבור**: בעבור. **עמוסה**: ישראל, ר׳ [ז],ו,27. 50 **תעו שניהם**: בלק ובלעם. **מכמירת...לפורסה**: צ״ל מכמורת, על פי יש׳ יט,ח: ופרשי מכמרת על פני מים. 51 **תכפו לחופר**: על פי קה׳ י,ח: ר׳ טור 46, אולי צ״ל לחפור: תכף חפרו. **במאיסה**: ונכשלו בתיעוב.

ה

1 פיוט ה נוסף: **אמנם...[רעות]**: על פי יר׳ ב,יג, ר׳ טור 4. **בני תמימי**: ישראל. 3 **בנתנם...חילם**: כנראה בגלל גילוי עריות, ר׳ מש׳ לא,ג: אל תתן לנשים חילך. **בהם...זעמי**: ר׳ יח׳ כב,לא: ואשפך עליהם זעמי. 5 **לבעל...לעבדו**: הש׳ שהש״ר א,ו: ויוסיפו בני ישראל לעשות הרע בעיני ה׳ ויעבדו את הבעלים.. כי שתים רעות עשה עמי הא ויתרו למאד אלא מלמד שעשו אחת שקשה כשתים שהן משתחוין לעבודת כוכבים ופורעין עצמן כנגד בית המקדש. 7 **פקודי**: תורתי, ר׳ [כ],ג,3. **בזו**: ר׳ במ׳ טו,לא: כי דבר ה׳ בזה. **סחת[י]**: אמרתי. 9 **פורייה**: ישראל, על פי יש׳ לב,יב: גפן פריה. 10 **נמת[י]**: אמרתי. **עם...תורה**: ישראל, ר׳ [כ],ב,19. 11 **ואיך... נכריה**: על פי יר׳ ב,כא. 13 **זכים**: ישראל, ר׳ [כה],א,7. 14 **כאכלו**: כשאכלו. **זבח...[.]תים**: אולי להשלים: זבחי מתים, על פי תה׳ קו,כח: ויאכלו זבחי מתים. 15 **חטא עמי**: ר׳ שמ׳ לב,לא: חטא העם הזה. **ופללו**: והתפללו. **ענני**: ר׳ מ״א יח,לז. 17 **טהור נטהר**: ה׳. **אסור ברהטים**: ה׳, על פי שה״ש ז,ו: מלך אסור ברהטים. 18 **לעם [מ]יעוטים**: ר׳ נח׳ ז,ד: והעם מעט. 19-20 **יטפו...השטים**: על פי יואל ד,יח. **לזרע שבטים**: לבני ישראל, ר׳ [יד],ב,10.

ו

1 **עיני[..]**: אולי להשלים: עיניהם. **כענינת צפור**: כענן צפורים? 2 **שוטה**: בלק. **גומץ...לחפור**: על פי קה׳ י,ח, ר׳ [ו],46,51. 3 **באים לספר**: רוצים לקבוע את מספר בני ישראל. 5 **גדודי...מאד**: ישראל, ר׳ איוב כה,ג: היש מספר לגדודיו. 6 **דגלי**: מחנות ישראל לדגליהם, על פי במ׳ ב,לד: כן חנו לדגליהם. **נראו למועד**: ראויים להביא כישלון למואב. 9 **הואחז חיל**: על פי שמ׳ טו,יד: חיל אחז. **וזחל**: ופחד, על פי איוב לב,ו: על כן זחלתי ואירא. 10 **בבהל**: בבהלה. 11 **והמונים**: ישראל בהמונם. **למאד הבהל**: הפחיד מאוד. 13 **זרע ברוכים**: ישראל, על פי יש׳ סה,כג: כי זרע ברוכי ה׳

המה. אץ: רצה בלק. לא[ו]רר: לקלל. ולגעור: ולהילחם. 14 [ח]רובים: האזורים בחרב? ולזעור: ולהפחית.

INDICES

TABLE OF EPITHETS

God - אדון, אדון ארץ, אדון השלום, אדון כל, אדון עולמים, אדיר במלוכה, אומר ועושה, אור כשלמה עוטה, אחרון וראשון, איום, איום ונורא, אל המאוזר, אל רם, אלוה נוראות, אמר ועשה, בורא, בורא בראשית, בורא קצות הארץ, בורא ניב שפתים, בחכמה יוסד ארץ, גאה, גדול העצה, גואל, גולה רזים, דגול, דגול מרבבה, דודי, דר, דר בזבולים, דר במעוניי, דר על אופניי, היחיד, זה, זך, חוקר לב, חיי, חיי וקיים, חסין יה, טהור, טוב ומטיב, יוצר, יוצר הרים, יוצר כל, יוצר רוחי, לגדולתו אין חקר, לובש, הדר והוד, לובש צדקה, מגן, מודד מים בשעלו, מוריד ויעל, מושיב יחידים, מושיע, מושיע וגואל, מלך, מלך הכבוד, מלך עוז לובש, ממית ומחיה, מנחיל חיים, מעולם מחשה, מפליא פלאות, מקור חיים, מרים אביון, מתנשא לכל לראש, נוטה שמים ויוסד ארץ, נוצרי כאישון, נורא ואיום, נורא ממקדשו, נורא עלילה, נקדש בצדקה, סומך נופלים, עיזוז וגבור, עליון, עתיק יומים, פועל צידקך, צור, צור תמים, צרור המור, קדוש, קונה, קרן ישעינו, ראש, רב העליליה גדול העצה, רחום, רם, רם על רמים, שדי, שוכן זבולים, שוכן כרובים, שוכן מעונה, שוכן מעונים, שוכן עלייה, שוכן שמי ערץ, שוכן שמי רומה, שכן מעונה, תמים פעלו, תקיף.

Israel - אהובים, אום בו דבוקה, אום בחורה מכל, אום יפה וברה, אום כרמים נוטרה, אום מיחדת, אום עיניה ברכות, איומה, איומה כנדגלות, איתני צדק, אמונים, בחורה משבעים, בחורים וברוכים, בנים, בני אבות, ברה, ברה ויפה, ברה ויפה כחמה, גאולים, גוי אהבו, גוי אחד בארץ, גוי גדול, גזע, גזע ברוכים, גזעי עבר, גינת אגוזות, גפן, דבקים, דגלים, דגלי מחניכם, המון קהליך, המונים, המונים בחירים מכל, העמוס ממעים, זכים, זרע אברהם אהבו, זרע אהבו, זרע איתני, זרע השלום, זרע חשוקים, זרע כה יהיה, זרע קדושי, חבצלת השרון, חיילים, חסידים, חפץ ארץ, טהורים, ידידים, יוצאי פדיום, יחידתי, ילדים, ילדי ישישי, ילדי תם, יפה וברה, יפה כלבנה וברה כחמה, יפה כתרצה, יקרים, כלולה, כמיהים, כתרצה יפה, מי זאת עולה, מיחדי אל, מכובדים, מסולאים בפז, מספרם כחול הים, מקבלי דת, מקהלות איומתו, מקודשי, מקטרת מור, מרעית, מרעית צאן, נאווה ושחורה, נוחלי דת לקח טוב, נוחלי דתותיי, נוחלי שמור, נוצרי דת, נטעי נאמני, נכונים, נצורי כאישון, נצורים כאישון, סגולה, סגולת עדתי, עדה, עדרים, עדרי קהלכם, עדת איומתי, עדת אל, עדת גאוליך, עדת מי מנה, עדת נבוני, עדת קהלו, עולה ממדבר, עם ייי אלה, עם אחד, עם אל, עם המוניך, עם חשוקיך, עם לך מיחדים, עם מגישי אשה, עם מקבלי הגיוני, עם נושע ביי, עם סודרי קרבני, עם קרובו, עם קרוביך, עמוסים, עמוסי מעים, ענוגה ורכה, עצת ברוכים, פרחי צדק, צאן ידו, צאן מרעיתו, צבאות קהלים, צבאות קהל חיילותיים, קדושי, קדושים, קהל, קהל

INDEX OF EPITHETS

TABLE OF BIBLICAL CITATIONS

LIST OF *PIYYUT* OPENINGS

LIST OF MANUSCRIPTS FOR REGULAR SABBATHS

Cambridge University Library, Taylor-Schechter Collection:

H 2.34	- המשך ישיר של כ״י אדלר 2048.1, ניקוד טברני מפוזר, פיוטים ה-ו, ר׳ כ״י 6 H 4.4.
6 H 4.4	- fol.1a: המשך ישיר של כ״י NS 315.297, מחרוזות ו מפיוט ה, פיוטים ו-ז, פורסם ע״י מ׳ זולאי, פיוטי יהודה, ע׳ 70,75-77.
	- fol.2a: המשך ישיר של כ״י H 2.34, פיוטים ו-ז, מקדושתא לוזאת הברכה <דב׳ לא:א>, פיוטים א-ב, פורסם ע״י מ׳ זולאי, פיוטי יהודה, ע׳ 78-81.
8 H 18.1	- fol.1: פיוט א לויצא <בר׳ כח:י>, ר׳ מ׳ זולאי, מחקרי יניי, ע׳ שנב, ע׳ פליישר, פזמוני האנונימוס, ע׳ 43-44. מסופק.
8 H 18.12	- fol.1-5b: ניקוד בבלי מורכב, שרידים מפיוטים ה-ו לפינחס <במ׳ כה:י>, קדושתא למטות <במ׳ ל:ב>, פיוטים א-ז, קדושתא למסעי <במ׳ לג:א>, פיוטים א-ז, פורסם ע״י מ׳ זולאי, פיוטי יהודה, ע׳ 27-36, ר׳ י׳ ייבין, מסורת הלשון, ע׳ 227.
8 H 19.9	- פיוט ז לוכי ימוך <ויק׳ כה:לה>, קדושתא לבחקותי <ויק׳ כו:ג>, פיוטים א-ד, פורסם ע״י מ׳ זולאי, פיוטי יהודה, ע׳ 70-74, ר׳ כ״י אדלר 3444.9-10.
Misc. 9.83	- מקדושתא לכי תבוא <דב׳ ג:כג>, פיוטים א-ד.
AS 62.28	- המשך ישיר של כ״י NS 315.23, פיוטים ה-ו.
AS 62.31	- מחובר לכ״י AS 62.37 כדף אחד, ניקוד בבלי מפוזר, מקדושתא לוישלח <בר׳ לב:ד>, פיוטים א-ד.
AS 62.37	- מחובר לכ״י AS 62.31 כדף אחד, ר׳ לעיל.
AS 62.62	- שרידים מקדושתא לואתה תצוה <שמ׳ כו:ב>ת פיוטים ב-ג.
AS 62.70	- נשתלב בכ״י 8 H 18.12, fol.1.
AS 62.77	- נשתלב בכ״י 8 H 18.12, fol.1.
NS 38a.138	- פיוט ה לויצא <בר׳ כח:י>. מסופק.
NS 93.76	- דף אחד, ניקוד בבלי מפוזר, מקדושתא ללך לך <בר׳ יב:א>, פיוטים ב-ג, ר׳ כ״י אדלר 2122.9.
NS 110.33	- ניקוד בבלי, מקדושתא לפינחס <במ׳ כה:י>, פיוטים א-ד.
NS 126.59	- ניקוד בבלי, שרידים מפיוט ז למשפטים <שמ׳ כא:א> או להנה אנכי שלח <שמ׳ כג:כ>, קדושתא לתרומה <שמ׳ כה:א>, פיוטים א-ד, ר׳ כ״י NS 315.23.
NS 217.2	- פיוט ה לשור או כשב <ויק׳ יז:ג> (= נוסח היסוד), ר׳ Acc.978.
NS 235.95	- פיוט א לוישלח <בר׳ לב:ד>, בהקשר קדושתא לפרשת וישלח, ר׳ כ״י NS 235.97.
NS 235.97	- פיוט ה לוישלח <בר׳ לב:ד>, ר׳ לעיל.
NS 243.34	- פיוט ה לואתם תהיו <שמ׳ יט:ו> או לשבועות.
NS 273.35	- fol.10: ניקוד בבלי מפוזר, מקדושתא לואברהם זקן <בר׳ כד:א>, פיוטים ג-ז. פיוט נוסף מסופק.

3444.9-10 - מן הטומוס של כ״י 19.9 H 8, מקדושתא לאיש כי יפלא <ויק׳ כז:א>, פיוטים ב-ו, שרידי קדושתא לבמדבר <במ׳ א:א>, פיוט ה-ו, נשתלב פזמון לאחר מחרוזת א בפיוט ו: בחומש הפקודים, ר׳ ע׳ פליישר, פזמוני האנונימוס, ע׳ 227.

Oxford, Bodleian Library:

Heb.e.41 - fol.139a: פיוט ה לאשה כי תזריע <ויק׳ יב:א>, ר׳ מ׳ זולאי, מחקרי ינאי, ע׳ שנח, ע׳ פליישר, פזמוני האנונימוס, ע׳ 47-48.

- fol.149b: פיוט ז לוירא <בר׳ יח:א>, פורסם ע״י מ׳ זולאי, פיוטי יהודה, ע׳ 70, ר׳ מ׳ זולאי, מחקרי ינאי, ע׳ שנו.

Heb.f.59 - fol.31a-32b: קדושתא לכי המצוה הזאת, פיוטים א-ז, פורסם ע״י ע׳ פליישר, ענייני חקריאח, ע׳ 25-47.

Paris, Moseri Collection:

VI 212.1 - פיוט ה למה תצעק <שמ׳ יד:טו>, פורסם ע״י י׳ דאווידזאן, גנזי שכטר ג, ע׳ 135-136.

LIST OF MANUSCRIPTS FOR FESTIVALS

Cambridge University Library, Taylor-Schechter Collection:

H 7.10	- פיוט ה לש״ע, מחרוזות א-ג.
10 H 9.5	- מקדושתא לעשר תעשר <דב׳ יד:כב>, פיוטים א-ג.
NS 96.56	- מקדושתא לשבת חנוכה ור״ח, פיוט ב-ג.
NS 101.30	- פיוט ה לר״ה, ר׳ כ״י NS 235.39.
NS 101.96	- פיוט ד לר״ה, ר׳ כ״י Heb.e.37.
NS 140.1	- פיוט ב-ג לשבועות, ר׳ כ״י Heb.d.51.
NS 235.10	- פיוט ה לשבועות, ר׳ כ״י Heb.d.51.
NS 235.39	- פיוט ה לר״ה, ר׳ כ״י NS 101.30.
NS 235.62	- פיוט ב-ג לשבועות, ר׳ כ״י Heb.d.51.
NS 235.63	- פיוט ג לשבועות, ר׳ כ״י Heb.d.51.
NS 235.64	- פיוט ב-ג לשבועות, ר׳ כ״י Heb.d.51.
NS 243.55	- פיוט ה לר״ה, ר׳ כ״י NS 101.30.
NS 243.103	- פיוט ה לפסח, ר׳ כ״י Heb.e.39.
NS 275.46	- fol.4a-5b: קדושתא ליום א דשבועות, פיוטים א-ה, ר׳ כ״י Heb.d.51 וכ״י סטרסבורג 4077.
NS 275.52	- פיוט ה לר״ה, ר׳ כ״י NS 101.30.
NS 275.55	- פיוט ד-ה לשבועות, ר׳ כ״י Heb.d.51.
NS 275.63	- פיוט ג לשבועות, ר׳ כ״י Heb.d.51.
NS 275.99	- שרידים מפיוט ד לשבועות, ר׳ כ״י Heb.d.51.
NS 275.125	- פיוט ה לר״ה או ליוה״כ.
NS 276.36	- פיוט ה לשבת חנוכה ור״ח, אולי המשך של כ״י NS 96.56.
NS 276.41	- פיוט ג לשבועות, ר׳ כ״י Heb.d.51.
NS 276.198	- שרידים מפיוט ה לש״ע, ר׳ כ״י H 7.10.

Cincinnati, Hebrew Union College:

Acc.1205	- פיוט ה מתוך קדושתא לשבת שמעו <יר׳ ב:ד>, ר׳ י׳ יהלום, בחזרה ל׳מחזור ארץ ישראל׳, ע׳ 197-198.

Frankfurt:

87	- פיוט א לשבועות, ר׳ כ״י Heb.d.51.

London, British Museum:

Or.5557 Z	- fol.21a: סוף פיוט ג לשבועות, ר׳ כ״י Heb.d.51.

New York, The Jewish Theological Seminary of America, Adler Collection:

Oxford, Bodleian Library:

Paris, Moseri Collection:

Strasbourg, University Library:

LIST OF BIBLIOGRAPHICAL REFERENCES
primary sources

אדר״נ (נו״א-ב) - אבות דרבי נתן (נוסחאות א-ב), מהד׳ ש״ז שכטר, ניו-יורק תשכ״ז

אג״ב - אגדת בראשית, מהד׳ ש׳ בובר, קראקא תרס״ג

איכ״ז - איכה זוטא, מהד׳ ש׳ בובר, ברלין תרנ״ד

איכ״ר - איכה רבה, דפוס ראם, וילנא תרמ״ה-תרמ״ז

אס״ז - אסתר זוטא, מהד׳ ש׳ בובר, ברלין תרנ״ד

אס״ר - אסתר רבה, מהד׳ ראם, וילנא תרמ״ה-תרמ״ז

בית המדרש - בית המדרש, מהד׳ א׳ יללינעק, ירושלים תשכ״ז[2]

במ״ר - במדבר רבה, דפוס ראם, וילנא תרמ״ה-תרמ״ז

בר״ר - בראשית רבה, מהד׳ י׳ תיאודור וח׳ אלבק, ירושלים תשכ״ה[2]

ברב״ת - בראשית רבתי, מהד׳ ח׳ אלבק, ירושלים תשד״מ[2]

בתי מדרשות - בתי מדרשות, מהד׳ ש״א ורטהימר, ירושלים תש״מ[2]

דב״ר - דברים רבה, דפוס ראם, וילנא תרמ״ה-תרמ״ז

דב״ר ליברמן - מדרש דברים רבה, מהד׳ ש׳ ליברמן, ירושלים תשל״ו[3]

ויק״ר - ויקרא רבה, מהד׳ מ׳ מרגליות, ניו יורק -ירושלים תשנ״ג[3]

ילק״מ - ילקוט המכירי על תהלים, מהד׳ ש׳ בובר, ברדיטוב תר״ס

ילק״ש - ילקוט שמעוני על התורה, מהד׳ א׳ הימן, ד׳ הימן, י׳ שילוני, ירושלים תשל״ג-תשנ״ב

ירוש׳ - תלמוד ירושלמי, דפוס חורב, ברלין תרפ״ט

מדה״ג - מדרש הגדול, הוצ׳ מוסד הרב קוק, ירושלים תש״ז-תשל״ו

מדרש אגדה - מדרש אגדה, מהד׳ ש׳ בובר, ירושלים תשל״ב[2]

מדמ״ש - מדרש משלי, מהד׳ ב״ל וויסאצקי, ניו-יורק תש״ן

מדרש תדשא - מדרש תדשא, מקדמוניות היהודים, ירושלים תשכ״ה[2]

מכ׳ - מכילתא דר׳ ישמעאל, מהד׳ ח״ש האראוויץ וי״א רבין, ירושלים תש״ל[2]

מכ׳ דרשב״י - מכילתא דר׳ שמעון בר יוחאי, מהד׳ י״נ הלוי-אפשטיין וע״צ מלמד, ירושלים תשט״ו

מר״א - משנת רבי אליעזר, מהד׳ ה״ג ענעלאו, ניו יורק תרצ״ד

סא״ז - סדר אליהו זוטא, מהד׳ מ׳ איש-שלום, ירושלים תשכ״ט

סא״ר - סדר אליהו רבה, מהד׳ איש-שלום, ירושלים תשכ״ט

סע״ר - סדר עולם רבה, מהד׳ ב׳ ראטנער, וילנא תרנ״ז

ספרא - ספרא דבי רב (תורת כהנים), הוצ׳ ספרא, ירושלים תשי״ט

ספרי במ׳ - ספרי במדבר, מהד׳ ח״ש האראוויץ, ירושלים תשכ״ו[2]

ספרי דב׳ - ספרי דברים, מהד׳ א״א פינקלשטיין וח״ש האראוויץ, ניו-יורק תשכ״ט[2]

פדר״א - פרקי דרבי אליעזר, הוצ׳ אשכול, ירושלים תשל״ג

פדר״כ - פרקי דרב כהנא, מהד׳ ד׳ מנדלבוים, ניו-יורק תשכ״ב

פס״ר - פסיקתא רבתי, מהד׳ מ׳ איש-שלום, תל-אביב תשכ״ג[2]

קה״ז - קהלת זוטא, מהד׳ ש׳ בובר, ברלין תרנ״ד

קה״ר - קהלת רבה, דפוס ראם, וילנא תרמ״ה-תרמ״ז

רו״ז - רות זוטא, מהד׳ ש׳ בובר, ברלין תרנ״ד

רו״ר - רות רבה, דפוס ראם, וילנא תרמ״ה-תרמ״ז

שו״ט - מדרש תהלים המכונה שוחר טוב, מהד׳ ש׳ בובר, וילנא תרנ״א

secondary sources

Allony, Nehemiah — המספרים בשירת ספרד, *Sinay* 25, 1948, תקד-תקיד.

Bekkum, Wout J. van — *The Qedushta'ot of Yehudah according to Genizah Manuscripts*, Ph.D. Univ. Groningen 1988.

Bekkum, Wout J. van — "The Byzantine Identity of the Poet Yehudah", *Bulletin of Judaeo-Greek Studies* 7, 1990, 13-17.

Bekkum, Wout J. van — "The Status of the Infinitive in Early Piyyut", *Studies in Hebrew & Aramaic Syntax*, Leiden: Brill 1991, 1-13.

Ben-David, Israel — שמות שנתנקדו במקרא ניקוד נסמך ואין השמות שאחריהם ביחסת -שֶׁל, *Leshonenu* 58, 1994, 25-48.

Davidson, Israel — "Recent Studies in Medieval Hebrew Poetry", *Jewish Quarterly Review* 24, 1934, 349-356.

Davidson, Israel — *Schechter Studies III* (גנזי שכטר ג, פיוטים ושירים מן הגניזה שבמצרים), New York 1969[2].

Edelmann, Rafael — *Zur Frühgeschichte des Mahzor, Genizafragmente mit palästinischer Punktation*, Frankfurt am Main 1933.

Elizur, Shulamit — *The Piyyutim of Rabbi El'azar birabbi Qillar*, Jerusalem: Magnes 1988.

Elizur, Shulamit — *Rabbi Jehuda Berabbi Binjaminis Carmina Cuncta* Jerusalem: Mekize Nirdamim 1988.

Elizur, Shulamit — *Shiv'atot for the weekly Tora Readings*, Jerusalem: World Union of Jewish Studies 1993.

Fleischer, Ezra — *The Pizmonim of the Anonymus* (פזמוני האנונימוס), Jerusalem: The Israel Academy of Sciences 1974.

Fleischer, Ezra — *Hebrew Liturgical Poetry in the Middle Ages*, Jerusalem: Keter Publishing House 1975.

Fleischer, Ezra — עיונים במנהגי-הקריאה של בני ארץ-ישראל בתורה ובנביאים, *Sefunoth* 1 (16), 1980, 25-47.

Fleischer, Ezra — *Erets-Israel Prayer and Prayer Rituals as portrayed in the Geniza Documents*, Jerusalem: Magnes 1988.

Fleischer, Ezra — פיוט ותפילה ב׳מחזור ארץ ישראל - קודקס הגניזה׳, *Kiryat Sefer* 63, 1990, 207-267.

Friedman, Mordechai A. — התנגדות לתפילה ולמנהגי תפילה ארץ-ישראליים בשאלות ותשובות שמן הגניזה (מתשובותיו של ר׳ יוסף ראש הסדר), *Knesset Ezra, Literature and Life in the Synagogue, Studies Presented to Ezra Fleischer*, Jerusalem: Yad Izhak Ben-Zvi 1994, 69-102.

Grosdidier de Matons, José — *Romanos le Mélode et les origines de la poésie religieuse à Byzance*, Paris 1977.

Mirski, Aharon — *Yosse ben Yosse, Poems*, Jerusalem: Bialik 1991[2].

Opher, Josef — סדרי נביאים וכתובים, *Tarbiz* 58, 1989, 155-189.

Rabinovitz, Zvi Meir	*The Liturgical Poems of Rabbi Yannai according to the Triennial Cycle of the Pentateuch and the Holidays*, 2 vols., Jerusalem 1985-1987.
Shirman, Hayyim	"Hebrew Liturgical Poetry and Christian Hymnology", *Jewish Quarterly Review* NS 44, 1953, 123-161.
Shirman, Hayyim	יניי הפייטן, שירתו והשקפת-עולמו, *Keshet* 6,3 1964, 45-66, *Studies in the History of Hebrew Poetry and Drama* I, Jerusalem 1979, 41-65.
Spiegel, Shalom	*The Fathers of Piyyut, Texts and Studies toward a History of the Piyyut in Eretz Yisrael*, edited by Menahem H. Schmelzer, New York and Jerusalem: The Jewish Theological Seminary of America 1996.
Weinberger, Leon J.	*Jewish Hymnography, A Literary History*, London: The Littman Library 1998.
Weisenstern, Nahum	*The Liturgical Poems of Rabbi Johanan ha-Kohen birabbi Jehoshua*, Ph.D. Hebrew Univ., Jerusalem 1984.
Yahalom, Joseph	תריסר דפים מהגניזה הקהירית, Israel Museum, Jerusalem 1984.
Yahalom, Joseph	*Liturgical Poems of Shim'on bar Megas*, Jerusalem: The Israel Academy of Sciences 1984.
Yahalom, Joseph	*Poetic Language in the Early Piyyut*, Jerusalem 1985.
Yahalom, Joseph	*Mahzor Eretz Israel, A Geniza Codex*, Jerusalem 1987.
Yahalom, Joseph	בחזרה ל'מחזור ארץ ישראל - קודקס הגניזה', *Kiryat Sefer* 63, 1990, 189-206.
Yeivin, Israel	*The Hebrew Language Tradition as reflected in the Babylonian Vocalization* (מסורת הלשון), 2 vols., Jerusalem: Academy of the Hebrew Language 1985.
Yeivin, Israel	אופייה של לשון הפיוט, *Studies in Hebrew and Jewish Languages presented to Shelomo Morag*, Jerusalem 1996, 105-118.
Zulay, Menahem	*Zur Liturgie der babylonischen Juden* (ZLBJ - פיוטי יהודה), Stuttgart 1933.
Zulay, Menahem	*Liturgical Poems of Yannai*, Berlin 1938.
Zulay, Menahem	מחקרי יניי, *Mitteilungen des Forschungsinstituts* (ידיעות המכון) II, Berlin 1938, ריג-שצא.
Zulay, Menahem	*Eretz Israel and Its Poetry, Studies in Piyyutim from the Cairo Geniza*, Jerusalem: Magnes 1995.

ARBEITEN ZUR GESCHICHTE
DES ANTIKEN JUDENTUMS UND DES URCHRISTENTUMS

———

MARTIN HENGEL *Tübingen* · PETER SCHÄFER *Berlin*
PIETER W. VAN DER HORST *Utrecht* · MARTIN GOODMAN *Oxford*
DANIEL R.SCHWARTZ *Jerusalem*

———

5 O. Betz. *Abraham unser Vater.* Juden und Christen im Gespräch über die
Bibel. Festschrift für Otto Michel zum 60. Geburtstag. Herausgegeben von
O. Betz, M. Hengel, P. Schmidt. 1963. ISBN 90 04 00110 7

6 A. Böhlig. *Mysterion und Wahrheit.* Gesammelte Beiträge zur spätantiken
Religionsgeschichte. 1968. ISBN 90 04 00111 5

7 B. J. Malina. *The Palestinian Manna Tradition.* The Manna Tradition in the
Palestinian Targums and its Relationship to the New Testament Writings.
1968. ISBN 90 04 00112 3

8 J. Becker. *Untersuchungen zur Entstehungsgeschichte der Testamente der zwölf
Patriarchen.* 1970. ISBN 90 04 00113 1

9 E. Bickerman. *Studies in Jewish and Christian History.*
1. 1976. ISBN 90 04 04396 9
2. 1980. ISBN 90 04 06015 4
3. 1986. ISBN 90 04 07480 5

11 Z. W. Falk. *Introduction to Jewish Law of the Second Commonwealth.*
1. 1972. ISBN 90 04 03537 0
2. 1978. ISBN 90 04 05249 6

12 H. Lindner. *Die Geschichtsauffassung des Flavius Josephus im Bellum Judaicum.*
Gleichzeitig ein Beitrag zur Quellenfrage. 1972. ISBN 90 04 03502 8

13 P. Kuhn. *Gottes Trauer und Klage in der rabbinischen Überlieferung.* Talmud und
Midrasch. 1978. ISBN 90 04 05699 8

14 I. Gruenwald. *Apocalyptic and Merkavah Mysticism.* 1980. ISBN 90 04 05959 8

15 P. Schäfer. *Studien zur Geschichte und Theologie des rabbinischen Judentums.* 1978.
ISBN 90 04 05838 9

16 M. Niehoff. *The Figure of Joseph in Post-Biblical Jewish Literature.* 1992.
ISBN 90 04 09556 X

17 W. C. van Unnik. *Das Selbstverständnis der jüdischen Diaspora in der hellenis-
tisch-römischen Zeit.* Aus dem Nachlaß herausgegeben und bearbeitet von
P. W. van der Horst. 1993. ISBN 90 04 09693 0

18 A. D. Clarke. *Secular and Christian Leadership in Corinth.* A Socio-Historical
and Exegetical Study of 1 Corinthians 1-6. 1993. ISBN 90 04 09862 3

19 D. R. Lindsay. *Josephus and Faith.* Πίστις and πιστεύειν as Faith Terminology in
the Writings of Flavius Josephus and in the New Testament. 1993.
ISBN 90 04 09858 5

20 D. M. Stec (ed.). *The Text of the Targum of Job.* An Introduction and Critical
Edition. 1994. ISBN 90 04 09874 7

21 J.W. van Henten & P.W. van der Horst (eds.). *Studies in Early Jewish Epigraphy*. 1994. ISBN 90 04 09916 6

22 B.S. Rosner. *Paul, Scripture and Ethics*. A Study of 1 Corinthians 5-7. 1994. ISBN 90 04 10065 2

23 S. Stern. *Jewish Identity in Early Rabbinic Writings*. 1994. ISBN 90 04 10012 1

24 S. Nägele. *Laubhütte Davids und Wolkensohn*. Eine auslegungsgeschichtliche Studie zu Amos 9:11 in der jüdischen und christlichen Exegese. 1995. ISBN 90 04 10163 2

25 C.A. Evans. *Jesus and His Contemporaries*. Comparative Studies. 1995. ISBN 90 04 10279 5

26 A. Standhartinger. *Das Frauenbild im Judentum der hellenistischen Zeit*. Ein Beitrag anhand von 'Joseph und Aseneth'. 1995. ISBN 90 04 10350 3

27 E. Juhl Christiansen. *The Covenant in Judaism and Paul*. A Study of Ritual Boundaries as Identity Markers. 1995. ISBN 90 04 10333 3

28 B. Kinman. *Jesus' Entry into Jerusalem*. In the Context of Lukan Theology and the Politics of His Day. 1995. ISBN 90 04 10330 9

29 J.R. Levison. *The Spirit in First Century Judaism*. 1997. ISBN 90 04 10739 8

30 L.H. Feldman. *Studies in Hellenistic Judaism*. 1996. ISBN 90 04 10418 6

31 H. Jacobson. *A Commentary on Pseudo-Philo's* Liber Antiquitatum Biblicarum. With Latin Text and English Translation. Two vols. 1996. ISBN 90 04 10553 0 (Vol. 1); ISBN 90 04 10554 9 (Vol. 2); ISBN 90 04 10360 0 (Set)

32 W.H. Harris III. *The Descent of Christ*. Ephesians 4:7-11 and Traditional Hebrew Imagery. 1996. ISBN 90 04 10310 4

33 R.T. Beckwith. *Calendar and Chronology, Jewish and Christian*. Biblical, Intertestamental and Patristic Studies. 1996. ISBN 90 04 10586 7

34 L.H. Feldman & J.R. Levison (eds.). *Josephus'* Contra Apionem. Studies in its Character and Context with a Latin Concordance to the Portion Missing in Greek. 1996. ISBN 90 04 10325 2

35 G. Harvey. *The True Israel*. Uses of the Names Jew, Hebrew and Israel in Ancient Jewish and Early Christian Literature. 1996. ISBN 90 04 10617 0

36 R.K. Gnuse. *Dreams and Dream Reports in the Writings of Josephus*. A Traditio-Historical Analysis. 1996. ISBN 90 04 10616 2

37 J.A. Draper. *The Didache in Modern Research*. 1996. ISBN 90 04 10375 9

38 C. Breytenbach. *Paulus und Barnabas in der Provinz Galatien*. Studien zu Apostelgeschichte 13f.; 16,6; 18,23 und den Adressaten des Galaterbriefes. 1996. ISBN 90 04 10693 6

39 B.D. Chilton & C.A. Evans. *Jesus in Context*. Temple, Purity, and Restoration. 1997. ISBN 90 04 10746 0

40 C. Gerber. *Ein Bild des Judentums für Nichtjuden von Flavius Josephus*. Untersuchungen zu seiner Schrift Contra Apionem. 1997. ISBN 90 04 10753 3

41 T. Ilan. *Mine and Yours are Hers*. Retrieving Women's History from Rabbinic Literature. 1997. ISBN 90 04 10860 2

42 C.A. Gieschen. *Angelomorphic Christology*. Antecedents and Early Evidence. 1998. ISBN 90 04 10840 8

43 W.J. van Bekkum. *Hebrew Poetry from Late Antiquity*. Liturgical Poems of Yehudah. Critical Edition with Introduction & Commentary. 1998. ISBN 90 04 11216 2

DATE DUE

MAR 22 90			
JAN 6			
			Printed in USA

HIGHSMITH #45230